人本主义美学概论

郭立田／著

U0804885

江西高校出版社
JIANGXI UNIVERSITIES AND COLLEGES PRESS

图书在版编目(CIP)数据

人本主义美学概论/郭立田著. --南昌:江西高校出版社,2017.11(2022.2重印)

ISBN 978-7-5493-6305-6

Ⅰ.①人… Ⅱ.①郭… Ⅲ.①马克思主义美学—概论 Ⅳ.①B83

中国版本图书馆CIP数据核字(2017)第280324号

出版发行	江西高校出版社
社址	江西省南昌市洪都北大道96号
总编室电话	(0791)88504319
销售电话	(0791)88592590
网址	www.juacp.com
印刷	天津画中画印刷有限公司
经销	全国新华书店
开本	700mm×1000mm 1/16
印张	14.5
字数	236千字
版次	2017年11月第1版 2022年2月第2次印刷
书号	ISBN 978-7-5493-6305-6
定价	54.00元

赣版权登字-07-2017-1365

目 录

引论　马克思人本主义与人本主义美学思想

无论是天上夜空中闪烁的星辰，还是地上鲜花盛开的草地；无论是远处蜿蜒起伏的山峦，还是近处轻轻流淌的小河；无论是拉斐尔的绘画，还是普希金的诗篇；无论是共产主义理想，还是大公无私的公仆人格……都唤起了人们的美感，给人们以美的精神享受。那么美，包括自然的美、艺术的美、心灵的美等，究竟是什么？这个问题已经争论了两千多年，至今还没有公认的答案。但美的问题却是一个与人类文明和人类各民族命运密切相关的重大问题，因为在我们看来：一个不懂得审美的人绝不能成为一个完整的人，一个不懂得审美的民族绝不能成为一个伟大的民族，而一个以丑为美的个人或民族更是一个可悲的没有希望和前途的个人或民族。这里我们推出的是人本主义美学，试图以马克思的人本主义美学思想为指导解开"美究竟是什么"的千古之谜。

什么是"人本主义美学"？要弄清这个问题，就必须先弄清人本主义和人本主义美学的关系。而要弄清人本主义和人本主义美学的关系，就必须先弄清马克思的人本主义(Humanismus)①思想。而马克思的人本主义思想从古代看可追

---

① Humanismus这个来自拉丁文的德文新词与英文Humanism同义，包括"人文主义""人本主义"和"人道主义"三重含义，在马克思《1844年经济学—哲学手稿》(以下简称《手稿》)中先后出现不下十次，在我们看来，马克思的Humanismus主要是指人与自然关系中"以人为本"的人本主义，包括以人为万物的主体、万物的尺度、万物的终极价值取向和万物的终极目的，其次才是指人与人关系中的"以仁为道"或"与人为善"的人道主义，因此刘丕坤在其所译《手稿》中一般把Humanismus译为"人本主义"是准确的。实际上马克思所使用的"人本主义"概念与费尔巴哈所使用的来自希腊文的德文Anthropologismus(人本主义、人类学或人本学)概念是有近缘关系的，可能是因为想与费尔巴哈形而上学的人本主义或人本学划清界限，马克思才使用了Humanismus(人本主义)这个德文新词。参见朱光潜《西方美学史》(人民文学出版社，1979年版)，上卷第149页的解释。

另，本书中小括号中的内容，包括外文原文、引文出处、作者的解释和引文中原本就有的内容等。为表示区别，本书中，除引文中原有内容、序号、人物生卒年和标题外，外文原文、引文出处、作者的解释均缩小字号处理。

溯到西方自古以来的人本主义思想传统,如古希腊哲学家普罗泰戈拉提出的“人是万物的尺度”的命题,而从近代看则要追溯到康德、黑格尔和费尔巴哈的人本主义思想。马克思的人本主义思想集中体现在他的带有哲学思辨色彩的《1844年经济学—哲学手稿》(刘丕坤译,人民出版社,1979年版①,以下简称《手稿》,本书译文个别地方则根据德文原文进行了修订)中。在我们看来,《手稿》的核心思想就是关于人的“类本质(Gattungswesen)”——即人的物质(或肉体)生活(physische Leben)和精神生活(geistige Leben)二者对立统一的思想(《手稿》,第49页)。而人的这种“类本质”则可以概括为:作为“自由自觉的活动”(freie bewußte Tätigkeit)的人类劳动(同上,第50页)。马克思所宣扬的人本主义,实即一种“人性”(Menschheit)论(同上,第88页)。我们的人本主义美学就是以马克思1844年《手稿》中的人本主义思想为理论依据和理论指导的。而马克思的人本主义美学思想则集中体现在“劳动创造了美”(同上,第46页)的命题上。从某种意义上看,人本主义美学也可以称之为普遍的人性论美学,实为共产主义的人性论美学,以与带有浓厚意识形态色彩的阶级论美学或无产阶级美学相区别。为此,我们将不厌其烦地大量重复地引用马克思《手稿》中的论点,为的是把马克思的美学思想充分挖掘和整理出来,这是首先需要向读者申明并请求原谅的。

1842年,刚从柏林大学毕业不久的年青哲学博士卡尔·马克思担任在德国科伦出版的激进资产阶级民主派报纸《莱茵报》的主编。从那时起,他迅速地在哲学上从青年黑格尔派唯心主义转向费尔巴哈派的人类学唯物主义,并在政治上从资产阶级民主主义转向刚刚在法国兴起的共产主义。《莱茵报》的工作使马克思接触到许多社会实际问题。他作为一个朝气蓬勃的有志青年,早就树立了为全人类幸福而献身的远大理想。这时他不仅在政治上为反对普鲁士专制制度而斗争,而且在经济上站在劳苦大众一边,为他们的切身利益进行辩护。1843年马克思移居巴黎,并在那里开始直接接触工人运动和共产主义思潮。但为了解决使他苦恼的一些问题,他需要静下心来,回到书房中去,自己先把问题弄清楚,为此他于1844年4月—8月写下了大量笔记,这就是《1844年经济学—哲学手稿》,又称《巴黎手稿》。《手稿》吸取了德国古典哲学的丰富思想资源,原想作

① 本书中引用的专著,作者、译者、出版者及出版时间等信息只在第一次引用时注明,之后再引用时不再标注。

为一部系统的著作出版，其内容非常丰富，涉及经济学、法学、道德、政治、哲学、艺术等领域，其核心概念和思想就是人、人的自由、人的劳动和人本主义，其中最可贵之处就是重视人、关爱人，而人作为主体则是“生活在社会、世界和自然界中的有眼睛、耳朵等等的属人和自然的主体”（同上，第131页注①），因此必须从人的本质（menschliche Wesen）出发，最后又归结为：“通过人并且为了人而对人的本质的真正占有；因此，它是人向作为社会的人即合乎人的本性的人的自身的复归，这种复归是彻底的、自觉的、保存了以往发展的全部丰富成果的。”（同上，第73页）这时他坚信必须用令人信服的理论去武装群众的头脑，否则就不能开展一场实际的运动，这就是他所说并成为他的名言的那段话：“批判的武器当然不能代替武器的批判，物质力量只能用物质力量来摧毁；但是理论一经掌握群众，也会变成物质力量。”（1843年《黑格尔法哲学批判》）当然这时的马克思还没最后完成向全新的共产主义世界观和理论体系的思想转型过程，既没有提出辩证唯物论与历史唯物论的哲学学说，也没有提出阶级斗争论和无产阶级专论的政治学说，更没有提出剩余价值论的政治经济学学说。这时他的共产主义理想还仅限于抽象的哲学范畴和理论思辨，但无疑已经包含了辩证唯物论与历史唯物论的哲学思想、剩余价值论的政治经济学思想以及阶级斗争论与无产阶级专政论的科学社会主义思想的萌芽，成为马克思主义的真正诞生地和秘密，因此具有划时代的理论意义和理论价值。当然《手稿》既然是“手稿”，就难免有些粗糙和不完全成熟的地方，甚至还有些不很精确的地方。关于1844年《手稿》中的人本主义思想，一百多年来，无论是在国外，还是在国内，都是一个众说纷纭的课题，特别是一些人故意歪曲或贬低《手稿》的理论价值，甚至干脆回避《手稿》中“人本主义”这一核心概念。但现在我们不想介入这类纷争，也不想对马克思1848年后开始的理论转型的是非加以评价。这里我们仅就自己的理解看一看马克思1844年《手稿》中所包含的人本主义思想的理论渊源和基本内容。

1. 回到德国古典哲学

马克思在1844年《手稿》的序言中宣称，要以一本单独的著作来对所批判的材料（包括国民经济学、法学、道德、国家学等）的整体联系加以阐明，同时对这些材料的“思辨加工”进行批判，这就是《手稿》中对黑格尔的辩证法和一般哲学思想所进行的批判。正是通过这种批判，马克思最终确立了他的人本主义思

想,而其最切近的理论渊源则包括以下三个方面:

第一,从康德出发。马克思早在中学时代就在其父亲的影响下开始涉猎康德哲学。1840年—1841年期间,他在柏林写下了大量哲学读书笔记(即《柏林笔记》),其中就包括许多关于康德哲学的内容,说明当时他对康德哲学已有了相当的了解。因此马克思的人本主义思想从最近的历史渊源来说,首先应当追溯到康德的人类学(Anthropologie,亦即人学)①那里。但康德是主观唯心论(即先验唯心论)者、二元论者和不可知论者,在他那里,人是被二元化的:一方面人是显像(作为表象),是主观的精神性的东西;另一方面人是物自身或自在之物(作为人本身),是客观的(在我们之外的)但却是不可知的东西。而对马克思而言,现实的"人的本质",即"人的类本质",是作为"自由自觉的活动"的"劳动"(Arbeit)或"生产生活",而"劳动本身"就是"生命活动本身"。"而生产生活也就是类生活","这是创造生命的生活",而"生命活动的性质包含着一个物种的全部特性、它的类的特性,而自由自觉的活动(freie bewußte Tätigkeit)恰恰就是人的类的特性。"(《手稿》,第50页)因此只有从马克思的人本主义思想出发,对康德的主观唯心论、二元论和不可知论的人类学加以批判地改造,才能真正理解康德的人本主义思想。例如我们看到,马克思《手稿》中"自由"的概念,就可以追溯到康德的"自由"概念。我们知道,康德本人是一个自由主义者,他的三批判书充满着自由主义精神,他不仅在《纯粹理性批判》和《实践理性批判》中提出和论述了"自由"或"自由意志"的概念,称自由是一种理念,是"自己决定的能力"。马克思正是在康德的"自由"概念的基础上,提出了人是"自由的存在物"(同上,第49页)、人的"自由自觉的活动"(同上,第50页)、人的"自由的劳动"(同上,第40页)等概念。还有,马克思《手稿》中的"实践"概念也可以追溯到康德的"实践理性"概念。我们知道,康德最先把人类理性区分为"理论理性"与"实践理性",同时把哲学区分为"理论哲学"与"实践哲学",而"实践哲学"则属于"道德形而上学"范畴。马克思对康德的"实践"概念加以改造,把"实践"理解为人的"劳动"或"生产活动",这种"劳动"或"生产活动"构成人的"类本质"。还有,马克思的"社会""社会性""社

① 人类学一词,起源于希腊文 ανθρωποϛ(人)和 λογοϛ(学科),意思是研究人的学科,可译为人学、人本学或人类学。从1501年起,德国学者洪德开始使用"人类学"(Anthropology)一词。这种"人类学"与来自拉丁文的"人本主义"(Humanismus)虽不完全一致,但却有着亲缘关系。

会存在”“社会生活”“社会活动”“社会关系”等概念也可以追溯到康德的“社会”“社会性”“社交性”等概念(康德:《判断力批判》,邓晓芒译,人民出版社,2002 年版,第 139 页)。当然还有马克思的“生命”(Leben)(《手稿》,第 16 页)、“生命活动”(Lebenstätigkeit)(同上,第 50 页)和“生命表现”(Lebensäußerung)(同上,第 60 页)等概念,也要追溯到康德的“生命”“生命感”和“生命力”等概念。按他的说法:生命乃是被促进和被阻滞这两种状态的继续不断的对抗性活动。他认为:对生命的轻微阻滞和对生命力的促进构成了健康状态,在“活动”中人们首先感觉到的是自己的生命,没有活动生命就会寂灭。(康德:《康德美学文集》,曹俊峰译,北京师范大学出版社,2003 年版,第 192—193 页)还有,马克思关于人与自然的和谐统一思想,更要追溯到康德的人与自然的和谐统一思想。因此马克思的人本主义思想,首先应当追溯到康德那里,马克思的 1844 年《手稿》到处都渗透着康德人本主义思想影响的痕迹。

第二,对黑格尔“否定的辩证法”和“异化论”的批判吸取。黑格尔是客观唯心主义者,在他看来,宇宙的本原是“绝对理念”或“宇宙精神”,无论是自然界还是人的精神,都是异化了的绝对精神或宇宙精神。而马克思则把黑格尔的异化论颠倒过来,在他看来:黑格尔整整一部《哲学全书》不过是哲学精神的“展开了的本质”,是哲学精神的“自我对象化”[即“自我异化”]①;而哲学精神不过是在它内部被思考为“自我异化”的,即抽象的自己理解的“异化了的宇宙精神(Geist der Welt)”[而其实对马克思来说,这种异化了的宇宙精神不过是异化了的时代精神]。因此逻辑学不过是“精神的货币”,是“人的思维”,是“抽象思维”;自然界(即自然哲学)不过是“抽象思维的自我丧失”,是“外化[即异化]了的抽象思维”;而精神(即精神哲学)则是“回到自己的诞生地的思维”,即“绝对知识”。因此在黑格尔那里,辩证法是倒立着的“纯思想的辩证法”(《手稿》,第 113—116 页,个别地方已重译)。但马克思敏锐地发现,黑格尔哲学的最后成果却是它的“作为推动原则和创造原则的否定的辩证法”,它的伟大之处,就在于他把劳动看作人的本质(Wesen des Menschen),并且把“现实的人”看成是他自己劳动的结果,同时他把人的“自我创造”看作是一个“外化”(即异化)和“外化的扬弃”的过程,即否定之否定过程。(同上,第 116 页)不过还有,黑格尔把“生命”这一概念列为贯穿他的整个哲学体

---

① 本书中中括号中的内容,均为作者所加的解释性的文字。

系的重要范畴,例如他把逻辑理念看作是从生命理念到认识理念再到绝对理念的发展过程。恩格斯称黑格尔的生命观为“辩证的生命观”(《自然辩证法》)。黑格尔的这些思想也充满了人本主义精神,这种人本主义精神特别体现在他的“人把他的环境人化了”的命题中(黑格尔:《美学》,商务印书馆,1979 年版,第一卷第 326 页注①)。正如恩格斯所说:黑格尔的体系是“倒置过来的唯物主义”(恩格斯:《路德维希·费尔巴哈与德国古典哲学的终结》)。当然,对马克思而言,黑格尔虽然把劳动看作人的本质,但他所说的“劳动”只不过是“抽象的精神劳动”,并且“人和自我意识是等同的(Menschen = Selbstbewußtsein)”,甚至对他而言,“人的眼睛、人的耳朵等等都是自我的(即属于自我意识的——引者)”(《手稿》,第 116—118 页)。这就是黑格尔的客观唯心主义的人本主义。而相反,在马克思看来,这种劳动首先是“物质劳动”,而并非仅仅是“精神劳动”,因此他说:“自我意识是人的自然的质,即人的眼睛等等的质,而并非人的自然是自我意识的质。”(同上,第 118 页,此处译文已按原文重译)这样,“黑格尔把人和自我意识等同起来”,从而使“主词和宾词之间的关系被绝对地相互颠倒了”(同上,第 129 页)。这就是马克思所说的对黑格尔的“思辨加工”的批判。(同上,第 1 页)这里,马克思把黑格尔的辩证法重新倒转过来,把人的劳动看作是“自我创造”的过程,从而发现了其中的“合理内核”,为他自己的经济学、政治学甚至美学学说等,找到了真正的“否定的辩证法”和“异化论”这一哲学方法论基础。

第三,对费尔巴哈人本学思想的充分肯定。十九世纪三十年代末青年黑格尔派中最激进的人(布·鲍威尔、路·费尔巴哈、阿·卢格等人)转到无神论立场,从左的方面批判了黑格尔哲学,以追求资产阶级的自由。1841 年费尔巴哈出版了《基督教的本质》,马克思一下成了费尔巴哈派,虽然他还有一些保留。众所周知,费尔巴哈把自己的学说称为“人本主义”(Anthropologismus,人类学主义)或“人类学”(Anthropologie,人本学)。而按照马克思的理解,德国人对经济学的实证的批判是由费尔巴哈的发现才打下真正基础的,他说:“实证的人本主义和自然主义的批判是从费尔巴哈才开始的。”“他的著作是……真正理论革命的唯一著作。”(同上,第 2 页)可见马克思把费尔巴哈的人本主义(Anthropologismus)与自己的人本主义(Humanismus)看为类似的东西。

马克思列举的费尔巴哈的主要功绩是:(1)他证明了黑格尔哲学“不过是用思想表达出来的并且得到合理论述的宗教,不过是人的本质的异化的另一种形式”;(2)他“把‘人与人之间的’社会关系[主要指生产关系]也当作理论的基本原则”,从而“为真正的唯物主义和现实的科学奠定了基础”;(3)他把“立于自身之上并且实证地以自身为基础的肯定”(指由感觉所直接证实的肯定,即“感性的事物”),同黑格尔“自称是绝对的肯定的那个否定之否定”(即绝对精神)对立起来(同上,第111页)。这样,马克思就通过对费尔巴哈人本主义或人类学的唯物主义的肯定,确立了他自己的坚实的人本主义理论基础。马克思的《手稿》到处都显示出费尔巴哈哲学思想的直接影响。例如,费尔巴哈明确说过月亮、太阳和星星都显示了人的本质。他说:“月亮、太阳和星辰都向人呼喊:认识你自己。人看见月亮、太阳和星辰……这就是人自己本质的一个证据。”(费尔巴哈:《费尔巴哈哲学著作选集》,荫庭等译,三联书店,1962年版,下卷第210页)

从这里可以看出马克思人本主义思想的直接理论渊源。例如马克思《手稿》中人的“类本质”、人的本质的“对象化”[或“外化”]、人的“自我确证”等概念,就是直接来自费尔巴哈的。当然,马克思并没有照搬费尔巴哈的人本主义或人本学(人类学)思想,而是对其进行了批判的造改和吸取。例如,马克思根据费尔巴哈关于“社会关系”的论断从另一个角度提出:“人的本质不是单个人所固有的抽象物,在其现实性上,它是一切社会关系的总和。”(马克思:《关于费尔巴哈的提纲》)又如,马克思还把费尔巴哈关于人的感觉和情欲等狭义的“人类学的规定”,确定为关于人的本质(即自然)的“真正本体论的肯定”的五个方面,并在此基础上提出了他的从私有财产的异化状态中“解脱出来”的共产主义理想(《手稿》,第103页)。这里马克思强调的是对人的“本体论的肯定”,是对人的“对象化”和“自我确证”,而这一切都可以归结为人的共同本质即“类本质”是“自由自觉的活动”,即“劳动”或“生产活动”。这里马克思并没有犯“白马非马”论的低级错误,没有用阶级论取代人性论。相反,他坚持的是个别与一般的辩证关系,正如列宁所说:“任何个别(不论怎样)都是一般,任何一般都是个别的(一部分,或一方面,或本质)。”(列宁:《哲学笔记》,人民出版社,1974年版,第409页)

总之,从这里我们看得出,马克思的《手稿》已经显示,他首先从康德出发,然后又把黑格尔的辩证方法与费尔巴哈的唯物论有机结合起来,最后建立起他自己的人本主义哲学思想。而且这种人本主义又把“自然的人本主义”与“人的自然主义”(《手稿》,第75页)紧密结合起来,阐明了人与自然界之间的对立统一关系。当然,马克思的人本主义思想既不等同于康德主观唯心论的人类学人本主义，也不等同于黑格尔客观唯心主义的人本主义思想和费尔巴哈机械唯物主义的人类学人本主义，而是对上述三者的批判、扬弃和改造。尽管马克思后来放弃了他的“人本主义”论的共产主义理论，而代之以由唯物辩证法、历史唯物论、阶级斗争论、无产阶级专政论和剩余价值论组成的共产主义理论，创立了全新的马克思主义，并全身心地投入无产阶级的共产主义事业，但如上所述，我们仍可以把 1844 年《手稿》中的人本主义思想看作是马克思主义哲学乃至整个马克思主义理论体系的诞生地和秘密，因而具有特殊的理论价值。于是这里就有了一条“康德—黑格尔—费尔巴哈—马克思”的人本主义思想发展的线路图。因此在我们看来，不理解康德、黑格尔、费尔巴哈和马克思的人本主义思想，就不能侈谈人本主义美学。

2. 异化劳动论（劳动异化论）

马克思在《手稿》中，在批判了资产阶级国民经济学中的商品、劳动、工资、资本、利润、与地租等概念之后，针对早期资本主义制度的种种弊端，依据黑格尔的异化论，即从异化（对立）到异化之扬弃（统一）的对立统一的思辨哲学方法，提出了他的异化劳动论，用以揭示资本主义社会贫富两极分化和阶级对立的原因和本质。这种异化论可以归结为人的本质的迷失和最后的复归，可以归结为马克思所提出的“人本主义”，或“人性”（Menschheit）论（《手稿》，第 88 页）。正是这种“人本主义”为马克思的人本主义美学思想提供了方法论支持，其主要内容是：

第一，异化劳动与私有财产的关系。在马克思看来，人是“自由的存在物”（freien Wesen），人的本质是“自由自觉的活动”，即劳动。因此他同意黑格尔把劳动看作人的类本质的观点，但他反对黑格尔把劳动仅仅看作自我意识的活动即“抽象的精神劳动”的观点，而把劳动主要看作现实的、感性的、物质的活动，即物质的“生产活动”或“生产劳动”，简言之就是“物质劳动”，而精神劳动实际上不过是物质劳动的“特殊方式”（besondre Weisen）（同上，第 74 页）。与此同时，他批评黑格尔只看到劳动的积极方面，即“人的自我确证”的方面，而没有看到它的消极方面，即劳动的异化方面。按照马克思的看法，正是劳动的异化或异化劳动成为资本主义私有制产生的原因。正是异化劳动与私有财产的相互作用，导致了工人同资本家的对立。

第二，异化劳动的种种表现。这些表现包括：(1) 把自然界异化出去，即把劳动所生产的对象即劳动产品[如砍倒的树木、打捞上的鱼鳖、捕获到的野兽等]，作为异己的东西即作为不依赖于生产者的独立力量[即劳动产品]同劳动者相对立(同上，第49、44页)；(2)把他自己本身即他自己的活动机能和生命活动，即劳动活动本身……异化出去，把它变成维持个人生活的手段，因此对劳动者来说，劳动本身成为外在于他的东西，因为劳动者在劳动中并不肯定自己，而是否定自己，并不是感到幸福，而是感到不幸，并不是自由地发挥自己的肉体力量和精神力量，而是使自己的肉体受到损伤、精神遭到摧残(同上，第49、47页)；(3)[把]人的类的本质[即人的自由自觉的劳动]变成与人异类的本质，即变成仅仅是维持他的个人生存的手段，就像把在他之外的自然界，把他的精神本质、他的人的本质异化出去一样(同上，第51页)；(4)人从自己的劳动产品、自己的生命活动、自己的类的本质这三方面异化出去这一事实所造成的直接结果就是：人从人那里异化出去[即人本身的自我异化]，[而]当人与自己本身相对立的时候，其他人也与他[自己]相对立，换言之，人在"精神上和肉体上非人化了"(同上，第51、59页)。马克思从上述四个方面的异化中得出的结论是："劳动者生产的财富越多，他的产品的力量和数量越大，他就越贫穷。劳动者创造的商品越多，他就越是变成廉价的商品。随着实物世界的涨价，人的世界也正比例地落价。"(同上，第44页)总之，"异化劳动"也就是"人的异化劳动"，包括劳动对象的异化、劳动本身的异化、人的类的本质的异化和最后，人的"自我异化"，即人在精神和人体上变成了非人。

第三，异化劳动的扬弃。马克思认为，要克服异化劳动和消除私有制，就必须建立社会主义和共产主义制度，即建立作为"自由人联合体"(见《共产党宣言》与《资本论》)的理想社会。在他看来："全部所谓世界史不外是人通过人的劳动的诞生……共产主义是作为否定之否定的肯定，因此它是人的解放和复归的一个现实的、对历史发展[到]次一阶段说来是必然的环节。"(《手稿》，第84—85页)"共产主义是私有财产即人的自我异化的积极的扬弃，是通过人并且为了人而对人的本质的真正占有，是人向作为社会的人即合乎人的本性的人的自身的复归，而且这种复归是彻底的、自觉的、保存了以往发展的全部丰富成果的。"①(同上，第73页)

① 这里应当指出的是，马克思当时所设想的共产主义还只是社会发展的"最近将来的必然的形式"，"是作为否定之否定的肯定"，因此"并不是人类发展的目标"(《手稿》，第85页)，而人类发展的目标是社会主义，这种社会主义是"真正的、从自身开始的肯定"(同上，第93页)，"是人通过人的劳动的诞生……自己依靠自己本身的诞生"(同上，第84页)。

“同样地,对私有财产的积极的扬弃,也就是说,为了人并且通过人对人的本质和人的生命、对象性的人和人的作品的感性的占有不应当仅仅被理解为直接的、片面的享受,不应当仅仅被理解为所有、拥有。人以一种全面的方式,也就是说,作为一个完整的人,占有自己的全面的本质[包括感性、知性和理性或情、智、意]。人同世界的任何一种属人的关系——视觉、听觉、嗅觉、味觉、触觉、思维、直观、情感、愿望、活动、爱——总之,他的个体的一切器官[包括一切感官和心灵(即大脑)],正像在形式上直接是社会的器官的那些器官一样,是通过自己的对象性关系,即通过自己同对象的关系对对象的占有。对属人的现实的占有;这些器官同对象的关系,是人的现实的占有;这些器官同对象的关系,是属人的现实[即属人的自然]的实现,是人的能动[即‘精神创造’,如能动地创造美]和人的受动[即‘精神享受’,如被动地享受美](同上,第 13 页),因为按人的方式来理解的受动[即享受美或产生美感],是人的一种自我享受(Selbstgenuß)。”(同上,第 77 页)马克思还说:“人一方面赋有自然力、生命力,是能动的自然存在物……另一方面……是受动的、受制约的和受限制的存在物……”(同上,第 120 页)。前者表现为人及其精神的人本主义(自由主义)的能动性,后者表现人及其精神的自然主义(机械主义)的受动性。这就是马克思关于人的最终解放和全面发展的辩证唯物主义理论。总之,马克思判断地吸取了黑格尔与费尔巴哈的异化理论,在黑格尔那里异化是宇宙精神的自我异化,在费尔巴哈那里是人的本质的异化,而在马克思那里则是作为人的类的本质的劳动的异化,是这种劳动异化的各种表现和最后的扬弃,这就是马克思比黑格尔与费尔巴哈更高明的地方。

马克思正是在其异化和异化扬弃的理论基础上提出了他的共产主义理论,这就是他的著名命题:“[共产主义]作为完成了的自然主义,等于人本主义,而作为完成了的人本主义,等于自然主义;它(指共产主义——引者)是人和自然界之间(人本主义)、人和人之间(人道主义)的矛盾的真正解决,是存在和本质、对象化和自我确立、自由和必然、个体和类之间的抗争的真正解决。它是历史之谜的解答,而且它知道它就是这种解答。”(同上,第 73 页)而据此,马克思又提出:“彻底的自然主义或人本主义既有别于唯心主义,也有别于[旧]唯物主义,同时是把它们二者统一起来的真理。”(同上,第 120 页)而且马克思还进而认为:“我们看到,主观主义和客观主义,唯灵主义和唯物主义,能动[主动]和受动[被动],只是在社会状态中才失去它们彼此间的对立,并从而失去它们作为这样的对立面的存在;

我们看到，理论的对立本身的解决，只有通过实践方式，只有借助于人的实践力量[即生产劳动]，才是可能的；因此，这种对立的解决决不只是认识的任务，而是一个现实的生活任务(wirkliche Lebensaufgabe)，而哲学未能解决这个任务，正因为哲学把这仅仅看作理论的任务。”(同上，第 80 页)这样，马克思就从批判地改造康德的“实践理性”出发，并借助于黑格尔的唯心论辩证法和费尔巴哈的唯物论人类学，达到了他自己的人本主义和自然主义相统一的共产主义结论，并在此基础上提出了他的人本主义美学思想，只是他没有使用“美学”概念，而是把美学称为“艺术哲学”(同上，第 126 页)。

3. 人本主义美学思想

马克思把他的人本主义美学思想建立在他的人本主义哲学思想的基础之上。他认为“共产主义……是通过私有财产的扬弃这个中介而使自己表现出来的人本主义”(《手稿》，第 127 页)，“共产主义……是人的本质的现实的生成，是人的本质对人来说的真正的实现，是人的本质作为某种实在的东西的实现。”(同上，第 128 页)因此他把人本主义美学看作只有在共产主义条件下才具有现实意义的理论。下面是马克思的人本主义美学思想的几个主要方面，虽然还没有形成一个完整的理论体系：

(1)关于人本主义自然观——“人化了的自然界”。既然谈到美，就要从自然美说起，因为人是从自然界走来的，而自然美的产生则以自然界被“人化了”为前提。这里让我们先看一下马克思所说的“人化了的自然界”。首先，马克思认为：“没有自然界，没有外部的感性世界，劳动者就什么也不能创造。”这里所说要创造的东西一是指“生产的资料(Stoff 材料、资料)”，即生产资料；二是指“生活手段”(Lebensmittel)，即生活资料(同上，第 45 页，已据原文重译)。而这种自然就是康德所谓的“自在的自然”(Natur an sich)(《判断力批判》，第 108 页)。但其次，对马克思来说，自然界却因为成为劳动者创造生产资料和生活资料，而被“人化了”，既包括肉体化(即用人的手和脚在自然界中打上了他的有形的肉体烙印)，又包括精神化(即用人的思想和感情在自然界中打上他无形的精神烙印)，从而使自然界具有了“属人的本质”(同上，第 72 页)，表现为人“创造物”(同上，第 51 页)，即使自然界变成“人化了的自然界”(同上，第 79 页)，也就是从自在的自然界转化为为我的自然界。这种转化则是自然界发展史上的最重大的转化，其关键是人类劳动，而人类劳动的关键则是制造和使用工具。而在马克思看来,“劳动所生产的对象,即劳动产品……是劳动的对象化。劳动的现实化就是劳动的对象化。”(同上,第 44 页)而且“正是通过对对象世界的改造,人才实际上确证自己是类的存在物。这种生产[即生产劳动]是他的能动的、类的生活。通过这种生产,自然界才表现为他[人]的创造物和他的现实性。因此,劳动的对象是人的类的生活的对象化:人不仅像在意识(Bewußtseins)中所发生的那样在精神上把自己二重化(verdoppelt)[即在精神或认识上把自己分为主体与其客体或认识与其对象],而且在实践[即在行动或生产劳动]中、在现实中把自己二重化[即在实践中把自己分为主体与客体],并且在他所创造的世界[即人化的自然界]中直观自身(anschaut selbst)[即看到或认出自己]。”(同上,第 51 页)因此这里有两种二重化,即意识(精神)的二重化与实践(肉体)的二重化。这就是马克思所主张的人类因其自由自觉的活动而使自然界成为“人化了的自然界”,即人的肉体化和精神化了的自然界,从而使自然界具有了“属人的本质”(同上,第 75、81 页),成为“属人的自然界”(同上,第 118 页),而“抽象的、孤立的、与人分离的自然界,对人说来也是无”(同上,第 131 页)。正是这种人化的自然界或属人的自然界潜藏着美的精神本质,即美的精神或美的观念,并从其最初作为实用意识(实用价值)的对象,转化为作为审美意识(审美价值)的对象。进而马克思又认为,这种人化的自然界或自然界的属人本质“只有对社会的人来说才是存在的;因为只有在社会中,自然界才……是人与人间联系的纽带”,“甚至当我从事科学之类的活动[也包括审美活动、艺术活动],即从事一种我只是在很少情况下才能同别人直接交往的时候,我也是社会的,因为我是作为人活动的。不仅我进行活动所需的材料,甚至思想家用来进行活动的语言本身,都是作为社会的产品给予我的,而且我本身的存在就是社会的活动;因此,我从自身所做出的东西,是我从自身为社会做出的,并且意识到我自己是社会的存在物。”(同上,第 75—76 页)这样一来,就不能简单地说“劳动创造了美”,因为对马克思来说,劳动是社会性的活动,没有劳动就没有社会,而没有社会就没有美和审美意识,因此只是从本源的意义上说,是劳动创造了美。于是这里就有了一个“劳动—社会—美”的关系结构模型,其中社会成了劳动创造美的必要中间环节。而且马克思要求,不能把“‘社会’作为抽象物同个人对立起来”,因为“个人是社会的存在物”(同上,第 76 页)。当然这里对马克思而言,“社会”是“‘人与人之间的’社会关系”(同上,第 111 页),其中包括血缘关系、两性关系,而特别是社会生产关系。正因如此，马克思提出："社会[这里是指共产主义社会]是人同自然界的完成了的、本质的统一，是自然界的真正复活[即人性化]，是实现了人的自然主义和实现了的自然的人本主义。"（同上，第75页，已重译）于是他又论证说："我们知道，只有当对象对人说来成为属人的对象，或者是成为对象化了的人，人才不致在自己的对象里面丧失自身……因此……随着对象性的现实在社会中对人说来到处成为人的本质力量的现实……一切对象也对他说来成为他自身的对象化……成为他的对象，而这就等于说，对象成了他本身。"（同上，第78—79页）马克思的这一思想可称之为人本主义自然观，为他的人本主义美学思想奠定了坚实的理论基础。这就是马克思所提出的"自然的人本主义"（Humanismusder Natur）。而对马克思来说，"自然的人本主义"[即自然的人化]与"人的自然主义"（Naturalismus des Menschen）[即人的自然化]（同上，第75页，已根据原文重译）这两者就像同一枚金币的一体两面，不可分地联结在一起一样，构成一个完整的"整体"或"体系"。可以说：没有自然的人本主义，人的自然主义就成了无花之木；而没有人的自然主义，自然的人本主义就成了无源之水。因此两者是密不可分的。当然，马克思的人本主义不仅不排斥人道主义，而且与其相互包容、互相渗透，不可分割地联结在一起，因为两者的德文原文是同一个词，但是这里我们讲的既然是美，特别是自然美，就必须突出自然的人本主义，即人化了的自然或自然的属人的本质，这是我们所推出的人本主义美学的基本立足点。

（2）关于"劳动（Arbeit）创造了美"[马克思的原文为"Sie（它，指 Arbeit，劳动）produziert（创造） Schönheit（美）"]（同上，第46页）。"劳动创造了美"是马克思1844年《手稿》中美学思想的核心命题，常被一些美学家和美学著作所忽视甚至贬低，这是很遗憾的。当然，这里所说的"劳动创造了美"还只是一个比较笼统的说法，这里的"劳动"是指"人的劳动"，而非其他动物的劳动，是"自由自觉的活动"（同上，第81、84、50页），是作为"物质[肉体]生活"（physische Leben）（即体力劳动）与"精神生活"（geistige Leben）（即脑力劳动）统一体或共同体的劳动（同上，第49页）。因此对马克思而言，劳动是劳动者智力和体力的共同支出，是精神劳动与物质劳动的统一体。当然，精神劳动（智力支出）与物质劳动（体力支出）的历史地位是不同的。从地位看，首先是指物质劳动，因为马克思说"劳动首先是人和自然之间的过程，是人以自身的活动来引起、调整和控制人和自然之间的物质变换的过程"（马克思：《资本论》，第五章），其次才是指精神劳动（脑力劳动），包括马克思所列举的“思维、直观、感觉、愿望、活动、爱”(同上,77 页)等精神活动。但从时序看,却是精神劳动(智力支出)在先,其次才是物质劳动。因为正如他后来所说:“单个人如果不在自己的头脑的支配下使自己的肌肉活动起来,就不能对自然发生作用……劳动过程把脑力劳动和体力劳动结合在一起了。”(马克思、恩格斯:《马克思恩格斯全集》,中共中央马克思恩格斯列宁斯大林著作编译局编译,人民出版社,1998 年版,第 23 卷第 555 页)他还曾举例说:“蜘蛛的活动[即劳动]与织工的活动[即劳动]相似,蜜蜂建筑蜂房的本领使人间的许多建筑师感到惭愧。但是,最蹩脚的建筑师从一开始就比最灵巧的蜜蜂高明的地方,是他在建筑蜂房之前已经在自己的头脑中[即观念中]把它建成了。劳动过程结束时得到的结果,在这个过程开始时就已经在劳动者的表象中存在着,即已经观念地存在着。”(《资本论》)这段话非常重要,说明人类劳动与动物活动的本质区别在于:人类劳动首先是智力支出,因此是智力先行,正是在这个意义上我们说:首先是精神劳动创造了美。当然马克思当初所讲的“劳动”还不过是一个总体性概念,是精神劳动与物质劳动的统一,因为人类最初所从事的劳动主要是脑体不分的手工劳动,还没有脑力劳动与体力劳动的明确分工,因此既不是单指纯粹的物质(或体力)劳动,也不是单指纯粹的精神(或脑力)劳动。而正是这样一种作为“自由自觉的活动”的劳动,既创造了物质财富(包括衣、食、住、行等),又创造了精神财富(包括宗教、家庭、国家、法律、道德、科学、艺术、美等)(《手稿》,第 49、74 页)。

进一步说,当马克思说“劳动创造了美”的时候,还有一个前提条件,那就是劳动者要具有闲暇,例如马克思说:“国民要想在精神方面更自由地发展,就不应该再当自己的肉体需要的奴隶、自己肉体的奴仆。因此,他们首先必须有能够进行精神创造和精神享受的余暇。”(同上,第 13 页)而闲暇的前提则是温饱,而温饱的前提又是劳动生产力的不断提高。因为整天为衣、食、住、行犯愁和操劳的人们既不可能去创造美,也不可能去欣赏美(包括感受美和鉴赏美),而创造美和欣赏美是对立统一和互相依存的。正是在这种温饱和闲暇中,人们才能静下心来专门从事精神劳动,即观察、想象和思考自己的生存条件,包括劳动条件(自然环境、劳动对象和劳动工具)、社会条件(包括家庭、教育、文化、语言)和生活条件(包括衣、食、住、行),并发现和认识到它们的潜在的美的属性。因此首先是这种精神劳动创造了美,既包括劳动对象的美(如自然美和崇高美)和社会关系的美(如亲族制度、管理制度、继承制度的美),也包括劳动产品的美(如艺术作品的美)。当然,这种精神劳动在创造了美的同时也可能创造了丑,例如对自然美的破坏和拙劣艺术品的创造等。而且这里所说的"精神"还是一个长期的历史发展过程,包括美的产生、发展和演变过程和对美(包括自然美和艺术美等)的创造过程和认识过程,甚至还包括审美活动中心灵状态的变化和精神修养的积累过程。而且这种精神劳动又始终与物质劳动密不可分,因此总体上说,是精神劳动和物质劳动共同创造了美,这就是"劳动创造了美"的真正含义。这里既谈不上唯物主义,也谈不上唯心主义。因为在马克思看来:"彻底的自然主义或人本主义既有别于唯心主义,也有别于唯物主义[指机械唯物主义],同时是把它们二者统一起来的真理。"(同上,第120页)但回顾历史,人类产生后,经过漫长的历史进程,随着劳动技能和生产力的提高和劳动产品的丰富,由于有了温饱和闲暇,才有了脑力劳动(精神劳动)和体力劳动(物质劳动)的正式分工。对人类劳动发展史的研究证明,古代埃及为了控制和利用尼罗河水进行农业生产,而产生了最早的科学,即天文学。当时的祭司就是从事天文观测并成为农业领导者或指导者的等级。亚里士多德就说:"知识最先出现于人们开始有闲暇的地方。数学所以先兴于埃及,就因为那里的僧侣阶级特许有闲暇。"(亚里士多德:《形而上学》,吴寿彭译,商务印书馆,1981年版,第3页)这时才出现了脱离体力劳动的有闲者的脑力劳动者阶层。只是这时才更精确地说:首先是人的精神劳动创造了美。但展望未来,马克思又说:"我们知道,[只有在共产主义制度下,]只有当对象对人来说成为属人的对象,或者说成为对象化了的人,人才不致在自己的对象里丧失自身[即不再被异化]。"(《手稿》,第78页)他认为,只有在共产主义条件下才能实现对人的本质的"真正占有"和"复归"(同上,第73页)。因为马克思设想:只有在共产主义条件下,社会生产力已经极大的提高了,集体财富的一切源泉都已经充分涌流出来,脑力劳动与体力劳动的对立已经消失,每个人都既是体力劳动者又是脑力劳动者,都可自由地发挥自己的体力和智力,只有这时才可以回过头来又一般地说"劳动创造了美"。但历史发展的进程已经证明,随着信息时代的到来,脑力劳动(包括科学家、教育家、艺术家、政治家、法学家、白领工人、领导者等的劳动)在社会劳动中的比重越来越大,一切以支出体力为主的体力劳动者都将要变成以支出脑力为主的脑力劳动者。而随着全自动化的机器人时代的来临,也许这时人们更可以说:主要是精神劳动创造了美。这恐怕是马克思所无法料到的前景。

(3)关于美的规律。马克思说:"实际创造一个对象世界,改造无机的自然界,这是人作为有意识的类的存在物(亦即这样一种存在物,它把类当作自己的本质来对待,或者说把自己本身当作类的存在物来对待)的自我确证。诚然,动物也进行生产。它也为自己营造巢穴或住所,如蜜蜂、海狸、蚂蚁等。但动物只生产它自己或它的幼仔所直接需要的东西;动物的生产是片面的,而人的生产是全面的;动物只是在直接的肉体需要(physisch Bedürfnis)的支配下生产,而人则甚至摆脱肉体的需要进行生产,并且只有在他摆脱了这种需要时才真正地进行生产。”(同上,第 50 页)又说:“动物只生产自身,而人则再生产整个自然界;动物的产品直接同它的肉体相联系,而人则自由[自觉]地对待自己的产品。动物只是按照它所属的那个种的尺度和需要来塑造(formiert),而人却懂得按照任何一个种的尺度来进行生产,并且懂得怎样处处都把内在的尺度运用到对象上去;所以,人也[就]按照美的规律来塑造(formiert)[原文:der Menschformiert daher auch nach den Gesetzen der Schönheit]。”(同上,第 50—51 页)这里马克思在提出了动物生产的尺度和人类生产的尺度的相关性和区别性,以及人类生产所特有的“内在尺度”(inhärente Maß)①的同时,提出了“美的规律”问题。而这里所说的“内在尺度”在我们看来,就是与人的单纯的肉体需要不同的精神需要的尺度,即自由的精神需要的尺度。因此马克思所说的“美的规律”就是人类生产所特有的“内在尺度”即自由精神的尺度创造美的规律。因此美的规律与人类生产劳动(包括物质劳动和精神劳动)所特有的内在的精神尺度密切相关。人类正是按照这种内在的精神尺度来创造美,从而使人类劳动所创造的人化自然界或艺术作品具有了美的属性,并成为审美的对象。因此简而言之,美的规律就在于:人按照自己的自由精神需要的尺度来创造美。这样一来,美的规律就绝不是什么不以人或人类为转移的纯客观的东西,或纯物质性的东西,而只能是人们头脑中的主观的、精神性的东西,而美的规律就是精神劳动的规律。揭示美的规律正是马克思人本主义美学的重要内容。

(4)关于美感。马克思称美感为“人的感受快乐的感觉”(menschlicher Genüsse

---

① 这里马克思所说的“内在尺度”就是费尔巴哈所说的“类的尺度”,而对费尔巴哈来说“类的尺度,是人的绝对的尺度、规律和准则”(《费尔巴哈哲学著作选集》,下卷第 41—42 页)。他还认为,人作为一个有意识、有理智的存在物,他的类的尺度“也就是理智的尺度”(同上,下卷第 33 页),并且“理智是……绝对尺度”(同上,下卷第 61 页),这就是我们所说的精神需要的尺度,类似于康德所说的知性概念的“图式”[即精神模式或模型]。

fähige Sinne)［这是美感的一个重要定义，这里已按原文重译］。他论证说："［外部］对象如何对他来说成为他的对象，这取决于对象的性质以及与其相适应的［人的］本质力量（指人的五官感觉——引者）的性质……眼睛对对象的感受与耳朵不同，而眼睛的对象不同于耳朵的对象……只有音乐才能激起人的音乐感；对于不辨音律的耳朵说来，最美的音乐也毫无意义，音乐对它来说不是对象，因为我的对象只能是我的本质力量之一［即五官感觉］的确证……因为对我说来任何一个对象的意义都以我的感觉所能感知的程度为限……只是由于属人的本质的客观地展开的丰富性，主体的、属人的感性的丰富性，即感受音乐的耳朵、感受形式美（Schönheit der Form，形象美）的眼睛，简言之，那些能人的感受快乐的感觉，即确证自己是属人的本质力量的感觉，才或者发展起来，或者产生出来……总之，人的感觉、感觉的人类性（Menschlichkeit）——都只是由于相应的对象的存在，由于存在着人化了的自然界，才产生出来的。五官感觉（即视、听、嗅、味、触）的形成是以往全部世界历史的产物。"（同上，第 79 页）因此在马克思看来，"囿于粗陋的实际需要的感觉只具有有限的意义……忧心忡忡的穷人甚至对最美丽的景色都无动于衷，贩卖矿物的商人看不到矿物的美和特性……"（同上，第 79 页）这里马克思所谈的"感觉"或"感受"正是人类所独有的属人的美感，这种美感与美的对象在生产劳动的活动中既互相对立又互相依存地联结在一起。固然动物也进行生产，但它们只生产自己本身，因此它们在生产中所产生的美感，如鸟类求偶中所产生的美感，如美丽的羽毛所唤起的美感，与人类所特有的美感（属人的美感）有着本质的区别。而在马克思看来，只有在社会主义和共产主义条件下才能真正谈到美和美感，因为"私有财产的废除，意味着一切属人的感觉（menschlichen Sinne）［即美的感觉或美感］和特性的彻底解放"（同上，第 78 页）。因此人的五官感觉（视、听、嗅、味、触）作为人的"精神的类能力"（同上，第 51 页），也是"以往全部世界史的产物"（同上，第 79 页）［而并非是人类个体成长史的产物］。并且"人不仅在思维中，而且以全部感觉在对象世界中肯定自己"，"因为我的对象只能是我的本质力量之一的确证，从而，它只能像我的本质力量作为一种主体能力而自为地存在着那样对我说来存在着，因为对我说来任何一个对象的意义（它只是对那个与它相适应的感觉说来才有意义）都以我的感觉所能感知的程度为限。"因此在马克思看来："只是由于属人的本质的客观地展开的丰富性，主体的、属人的感性的丰富性，即感受音乐（即'最美的音乐'）的耳朵、感受形式美（Schönheit der Form）

[即形象美](如‘最美的景色’)的眼睛,简言之,那些能感受人的快乐和确证自己是属人的本质力量的感觉[即美感],才或者发展起来,或者产生出来。”(同上,第78—79页)这里马克思所阐述的美感学说对于创建人本主义美学具有重要的指导意义。

(5)关于艺术享受与艺术修养。马克思说:“我们现在假定人就是人[即自由人],而人跟世界的关系是一种合乎人的本性的关系。”接着他举例说:“如果你想要得到艺术的享受,你本身就必须是一个有艺术修养的人(künstlerisch gebildeter Mensch)。”(同上,第108页)马克思认为,艺术像宗教、家庭、国家、法、道德、科学一样,不过是生产劳动的一种“特殊方式”[即精神的生产],“并且受生产的普遍规律的支配”(同上,第74页)。他说:“我们已经看到,在私有财产已被扬弃的前提下,人如何创造人——他自己和别人。”(同上)因此在马克思看来:“社会的性质是整个运动(指共产主义革命运动——引者)的普遍的性质;正像社会本身创造着作为人的人一样,人也创造着社会……因此,社会是人同自然界的完成了的、本质的统一,是自然界的真正复活,是实现了的人的自然主义和实现了的自然的人本主义。”(同上,第75页,已重译)因此对马克思来说,人的艺术活动和审美活动像科学之类的活动一样,同时也是一种与物质劳动密不可分的精神劳动,因此艺术修养像人的其他主体能力或本质力量一样,是人类个体与族类长期实践、积累和传承的结果,从而也是世界历史的产物,是一个漫长的历史进步和发展过程。

总之,马克思1844年《手稿》中的美学思想是非常深刻而非常丰富的,它为人们创立人本主义美学体系提供了难得的思想资源和理论指导。下面,特制作审美概念关系表如下,以供参考:

①人的精神(灵魂、观念、意识)

精神结构
- 知识 —— 智(智慧)—— 真(真知)
- 美学 —— 情(情感)—— 美(美感、审美结构与审美判断)
- 道德 —— 意(意志)—— 善(善良意志)

②审美系统(审美结构)

审美系统
- 审美主体(人,即有眼睛、有耳朵、有感觉、有理智的人)
- 审美客体(审美对象,包括自然美、艺术美、社会美、心灵美)
- 审美活动(审美意识,包括美感、审美思维结构、审美判断)

③审美活动（鉴赏活动）

- 审美活动（鉴赏活动）
  - 美感
    - 审美感受（外部刺激与感知）
    - 审美愉悦
    - 审美理解
    - 审美经验
  - 审美判断（鉴赏判断）
  - 美的理想（审美追求）

第一章　中西方美学概述

这里我们仅就与我们的人本主义美学概论有关的中西方美学史资料加以简略介绍，它们将成为我们人本主义美学思想的重要理论资源。

1. 原始艺术

讲美学不能不从原始艺术说起，因为美学的产生遵循着“美感—审美（鉴赏）判断—美的理念”路线图，而人类最早产生的美感和审美判断（或鉴赏判断）就体现在原始艺术中。一般认为，人类起源于数百万年前非洲的南方古猿，经过能人、智人的阶段最后大约在十万年前进化为现代人类。根据摩尔根与恩格斯的史前分期法，人类至今共经历了三个时代：蒙昧时代（相当于旧石器时代）、野蛮时代（相当于新石器时代）和文明时代（相当于青铜器与铁器时代）（恩格斯：《家庭、私有制和国家的起源》）。早在蒙昧时代初级阶段（从人类产生的两百万年前开始），人类就已经学会了直立行走，并以群居的方式生活在非洲东部热带或亚热带丛林中。为了躲避猛兽的袭击，晚间他们通常是居住在树上，这就是所谓的“巢居”时代。当时他们已经开始制造简单的工具，主要是木棒和打制石器。当时的人类尚生活在由数代人构成的血缘家庭中，根据对黑猩猩群体和未开化族群个体数目的观察判断，当初人类原始群体的人数可能有上百人左右，已经开始用音节清晰的简单词语互相交流。他们从事集体劳动和共同分享劳动果实，像其他一切动物一样为生存而斗争。这时他们主要以采集果实和块根与捕捞鱼虾为生，还没有审美意识，谈不上美感、审美判断和艺术创作。这个阶段至少经过了数十万年的漫长历史过程。后来也许是由于气候或生态环境的恶化，他们为了扩大食物来源，而跟随着哺乳动物，沿着东非大裂谷开始分批成群地向北迁徙，逐渐分布到比较寒冷的欧洲和亚洲的广阔地区。这时人类已经进入蒙昧时代的中级阶段，为了躲避风雨、寒冷和野兽的侵袭，他们开始居住在接近水源的岩洞中。正如马克思所说：当时他们“在自己的洞穴——这个公正无偏地给他们提供安乐和保护的自然要素——中并不感到陌生，或毋宁说像鱼在水中一样感到自如”（《手稿》，第94页）。这时他们开始主要以渔猎为生，两性间已开始有了初步分工，渔猎主要是男人的事情，采集主要是女人的事情。渔猎的对象不仅包括鱼蚌、兔、鼠、狐狸、羚羊等小型野生动物，还包括野牛、野马、野猪、老虎等大型的和凶猛的野兽。渔猎工具已经有了磨制石器，如鱼叉、石刀、石斧、投枪等。这时他们已经学会用火，并开始了食熟食。而到了距今大约三万至一万年前的蒙昧时代的高级阶段和旧石器时代晚期，他们已经发明了弓箭，说明他们的智力水平已经有了很大的提高。那时渔猎产物已成了主要食物，而用火烧制熟食更有利于大脑的发育和进化。但当时的原始人相信万物有灵，他们把自然界的野兽、风雨、雷电、洪水、山火等现象，都视为有灵魂的异己力量，避之犹恐不及。但随着劳动生产力的发展，他们与自然界接触的范围也不断扩大，智力水平也有了进一步的提高，并且随着渔猎技能的进步和丰衣足食，而有了更多的闲暇，这时他们才开始从事精神劳动，开始对劳动工具和劳动对象进行仔细观察、回忆、想象、模仿和复制，并感到亲切，有乐趣。正是这时他们所制造的工具越来越适用、精致和多样化，他们所能猎获的野兽也就更多样、更凶猛、更富生命力，于是这些劳动工具和劳动对象就从其当初所具有的实用价值逐渐转化为其所具有的审美价值，并在他们的头脑（心灵）中开始产生了审美意识（或审美观念），开始创造美和欣赏美（或鉴赏美）。而原始艺术品就是创造美和欣赏美（或鉴赏美）的成果，包括刻纹工具、装饰品、岩画和雕塑（石刻与骨刻）、文身、神话等。而这些艺术品又多半与原始的神话、宗教和信仰有关，正如马克思所说：“任何神话都是用想象和借助想象以征服自然力，把自然力加以形象化，是已经通过人民的幻想用一种不自觉的艺术方式加工过的自然和社会形式本身。”（马克思：《政治经济学批判》，导言）这种原始艺术也是原始人通过劳动创造美的结晶，而且它们的产生从最初起就是闲暇中精神劳动的直接产物。而后来大约在一万年前人类又开始从山洞中走出，来到平坦的河谷和草地，进入野蛮时代，开始了植物种植和动物驯养，学会了制作陶器。这时人们的审美意识就极大地扩展了，开始出现了种植艺术、驯养艺术［技术］和彩陶艺术。最后大约在五千年前人类才进入文明时代，其主要标志是：房屋建筑术、青铜或冶铁术、文字和国家，于是产生了建筑艺术和青铜艺术。1836年丹麦学者汤姆森提出了史前考古的石器时代、青铜器时代和铁器时代的分期法，曾被考古学界所公认。根据考古发掘，原始艺术产生于旧石器时代(蒙昧时代)晚期，他们留给我们的艺术形式主要是造型艺术，如装饰品、刻纹、雕塑、岩画、文身等，至于音乐、舞蹈和诗歌等形式只能从雕塑、岩画等艺术形式中加以窥探。原始艺术的产生和发展充分证明了马克思"劳动创造了美"的论断。普列汉诺夫关于原始艺术的论述给我们留下了许多有益的启示(普列汉诺夫:《论艺术》，三联书店，1973 年版)。下面让我们具体看一下原始艺术产生的概况。

(1)欧洲石器时代晚期的原始艺术。据说，欧洲第一件旧石器时代的艺术品是1883 年在法国和瑞士边界的洞窟中发现的多叉鹿角做成的鱼叉，雕成植物发芽的形状，是渔猎的工具，体现了有机生命的气息(陈兆复、邢琏:《原始艺术史》，上海人民出版社，1998 年版，第 348 页图 2)。还有一个装饰着鸟头的穿孔鹿角权杖，体现了原始部族的权威象征(同上，第 348 页图 3)。更有意思的是 1879 年西班牙北部属于旧石器时代的阿尔塔米拉洞穴岩画的发现，岩画画的是一头野牛，形象生动，体现了生命的强壮和活力，已经沉睡了三万年，是狩猎的对象。毫无疑问，这些艺术品都是在劳动(狩猎)闲暇中创作出来的，是精神劳动的创造物，体现了原始艺术家对生命的赞美。

阿尔塔米拉洞穴岩画:野牛

在欧洲考古发现中，装饰品的发现甚多，例如成串的石珠、钻孔砾石、动物牙齿、贝壳。据说这种装饰品最早发现的地方有英国的巴渭兰洞穴、法国的阿克-萨-柯勒洞窟、意大利的格里马狄洞穴、西班牙的保梭达杜勒洞穴、俄罗斯莫斯科的老人墓葬。令人惊奇的是这些饰品多染成红色，按照一些研究者的看法，红色体现着生命和繁殖(列维-斯特劳斯:《野性的思维》，李幼蒸译，商务印书馆，

1987 年版,第 76 页),或体现着战斗精神(《原始艺术史》,第 71 页)。还有就是年代的久远,例如匈牙利的一个发现距今竟达十万年。现代人类学的研究证明,原始的装饰主要是男人的用品,目的是吸引异性。例如有人问过一个澳洲土著男子为什么这样重视装饰,他回答说:“为了使我们的女人喜欢。”(《原始艺术史》,第 70—71 页)这说明康德关于美感的“社会性”与“普遍可传达性”(allgemeine Mitteilbarkeit)的论断是完全正确的。(《判断力批判》,第 139—142 页)

在欧洲史前的艺术品中,最著名的是原始维纳斯的小型雕像,大多用石灰石和泥灰石作材料,目前已有近百件残片出土。最早发现的是意大利的母神雕像,还有中东以色列出土的母神雕像,都表现了母系氏族的母性崇拜,当然这类雕像都不过是神话和原始宗教的产物,严格说来还都不是真正的艺术品,正如黑格尔所说“都不能达到真正的美”(《美学》,第一卷第 93 页)。

(2)中国的原始艺术。中国原始艺术的发现属于旧石器时代的晚期,发现时间是 1933—1934 年,发现地点在北京周口店山顶洞。出土的工艺品,主要是装饰品,有石珠、穿孔砾石和兽牙等,工艺已相当进步,时间距今一万八千年左右,说明当时的人类不仅开始了创造美,而且也产生了审美意识,有了原始的艺术作品,而且做工已很精美,其中有的也带有赤铁矿染红的痕迹,它们都与人类的狩猎劳动相关,因此是人类劳动(体力劳动与智力劳动)的创造物。根据出土遗物判断,当时的人类已经学会用火,其活动范围已经相当广阔,似乎已经与邻近部族有了物物交换。后来人类开始进入原始农业和渔业时代,开始在江河流域水草丰美的地方定居,已经学会了制陶术,甚至有了彩陶艺术,它们是中国原始艺术晚期的精品。其中最有代表性的是距今七千年左右河南渑池县仰韶村遗址出土的彩陶,它们线条流畅、图案绚丽,例如人面鱼纹陶盆等,就具有很高的观赏价值,代表了仰韶文化的主要特征,使仰韶文化享有“彩陶文化”之盛誉。这种彩陶既大多是当时的生活用具,又是精美绝伦的艺术品。精美而古朴的仰韶彩陶在我国美术史和装饰艺术史上是一簇永不凋谢的鲜葩,堪称中华民族远古文化的瑰宝。

总之,无论是西方的原始艺术,还是东方(中国)的原始艺术,都与当时的劳动方式、生活方式以及地理环境相关,都依赖于生产劳动(如狩猎业、畜牧业、农业),和在生产劳动基础上的社会生活(如代表部族权威的权杖),以及种的繁衍和生命的延续(如代表母性崇拜的母神)。这一切都充分证明了马克思“劳动创造了美”

的科学论断。

2. 古希腊、罗马美学思想

古希腊与罗马都位于地中海北部沿岸。公元前1000年左右，随着铁器的出现，希腊人最先进入了奴隶制文明时代。公元前5世纪到3世纪，希腊与罗马先后经历了奴隶制繁荣时期，与此同时文学艺术也出现了一个繁荣期，这期间，在原始艺术的基础上，美学思想开始逐渐形成和发展起来。黑格尔把美学的范围限定为艺术，即艺术美的领域。他把整个一部人类艺术史划分为三种类型，即东方的象征型艺术、古希腊罗马的古典型艺术和欧洲中世纪基督教兴起以来的浪漫型艺术。这种分法当然是不科学的，但西方美学思想确实是从古希腊、罗马开始。只是当时美学还没有成为独立的学科，还被包容在哲学思辨中。下面是一些代表性人物的美学思想。

(1)毕达哥拉斯学派

毕达哥拉斯生存于公元前6世纪左右，他生在希腊萨摩斯岛，是著名的数学家。他向往东方智慧，先后去小亚细亚沿岸和埃及游学，并在希腊和罗马讲学，创立了毕达哥拉斯学派。而这个学派的学说属于自然哲学的范畴，他们认为数是世界万物的本原，并在此基础上开始了对美的思考，认为美就是数的和谐，如认为黄金分割和圆形就是最美的形状。例如别人转述他的话说："什么是最美的？——和谐。"(援引自张涵编：《美学大观》，河南人民出版社，1986年版)"一切立体图形中最美的是球形，一切平面图形中最美的是圆形。"(援引自北京大学哲学系美学教研室编：《西方美学家论美和美感》，商务印书馆，1980年版)"毕达哥拉斯学派说，音乐是对立因素的和谐的统一，把不和谐导致和谐。"(转引自朱光潜：《西方美学史》，人民文学出版社，1979年版，上卷第33页)

毕达哥拉斯派还把音乐和谐的理论推广到建筑、雕刻等艺术领域中去，开创了形式主义美学的先河。

(2)苏格拉底(前469—前399)

苏格拉底出生于雅典，被公认为最有教养的人。他的美学思想标志希腊美学的一个很大的转变，即从依附于自然哲学发展到依附于社会科学即依附于人学。苏格拉底没有留下哲学著作，他的美学思想主要依据他的门徒色诺芬《回忆录》中的追述。按照《回忆录》的说法，苏格拉底把美与效益联系起来，认为美的标准是效用,有用则美,有害则丑。当时有人评述苏格拉底说:“美不是事物的一种绝对属性……美不能离开目的性,即不能离开事物在显得有价值时它所处的关系……就这个意义说,‘美’和‘善’两个概念是统一的;也就是从这个意义出发,苏格拉底始终一贯地阐明了美的相对性。”(转引自《西方美学史》,上卷第37页)

除此之外他还坚持“艺术模仿自然”的信念,但他反对艺术“抄袭”自然,主张艺术家不应只是描述事物的外貌细节,而应表现出人的“生命”和“心灵状态”,使人们觉得他的作品是活的,因此他认为艺术家刻画出来的人物要比真人更美妙。这样他就突出了艺术的理想性,体现了黑格尔所说的古典艺术家们的“自由精神的创造”(《美学》,第二卷第223页)。

(3)柏拉图(前427—前347)

柏拉图出身于雅典的贵族家庭,是苏格拉底的学生。苏格拉底被雅典民主派处死后,柏拉图跟其同门弟子去另一个城邦继续讨论哲学。这期间他曾游历小亚细亚、埃及、意大利,后来回到雅典创立了著名的学园,授徒讲学,并提出了他的贵族派政治理想,《理想国》是他的代表作。

在哲学上柏拉图是个客观唯心主义者,他提出了影响深远的理念论。他认为世界万物的本原是理念(Idea,理式、意式)。理念是唯一真实的世界,而感性世界不过是理念世界的摹本,人的认识活动是人的不朽灵魂对理念世界的回忆。他的美学思想就建立在理念论的基础上。柏拉图的美学思想包括以下几个方面(《西方美学史》,上卷)。

首先,是美的理念。柏拉图认为,美的最高境界是美的理念(或理式),这种美是永恒的,是无始无终、不生不灭、不增不减的。而具体的美,如心灵的美、身体的美、行为的美和制度的美、知识的美等,只是对美的理念的分享(分有)。因此对柏拉图而言,理念的美是美自身,是绝对的美;而分有的美则是具体事物的美,是相对的美。

其次,是文艺与现实的关系。在柏拉图看来,有三重世界:理念世界是第一性的;感性世界是第二性的,是对理念世界的模仿;艺术世界是第三性的,是对感性世界的模仿,因而是模仿的模仿。他把人分为九等,其中第一等是爱智者、爱美者和诗神与爱神的顶礼者,第六等是诗人和艺术家。他承认艺术和其他感性事物的美,认为关于这些美有三种看法。第一种是他的恩师苏格拉底的看法,即美就是效用;第二种是模仿说,即艺术模仿感性事物,感性事物模仿理念,理念的美是最高的美，艺术和感性事物只是分有理念的美；第三种是他自己的神秘的影子说，即感性事物的美是不朽的灵魂对理念美的回忆，艺术美是理念美的影子（即感性事物）的影子。归结起来，柏拉图把艺术与感性事物的美看成是理念美（"美本身"或"绝对的美"）的模糊摹本，认为艺术美与理念美隔着一层，因此现实生活的美高于艺术美。他的名言是："某事物之所以是美的，乃是因为绝对的美出现于它之上……依靠美本身，美的事物才成为美的。"（柏拉图：《柏拉图全集》，王晓朝译，人民出版社，2002 年版，第一卷第 110 页）他最终还以苏格拉底的名义发出叹息："美是难的。"（《柏拉图全集》"大希庇亚篇"）乃至两千多年来"美究竟是什么"的问题还没有真正解决。

第三，是艺术的社会功能。柏拉图非常重视诗与艺术的教育功能和社会影响，在他的作为有机整体的"理想国"中，公民被分为从高到低三个等级：哲学家、战士、农工商人，后两个等级的人只有听命于哲学家的统治，雅典国家才能有"正义"。他认为，荷马史诗以及希腊的悲剧和戏剧都是坏的，例如荷马和悲剧诗人把诸神和英雄都描写得与平常人一样满身都是毛病：互相争吵、欺骗、陷害、贪图享乐、爱财、怕死，认为这样的榜样不能使青年人学会真诚、勇敢、镇静、有节制，不能把他们培养成理想国的"保卫者"。还有，悲剧培养的是"感伤癖"和"哀怜癖"，喜剧让人养成"小丑的习气"。因此柏拉图主张对文艺进行大"清洗"，只留下神和英雄的颂诗，只准说好，不准说坏，剧本需经官方审查，不能有伤风败俗的内容。朱光潜先生概括柏拉图的艺术理想是："文艺必须对人类社会有用，必须服务于政治，文艺的好坏必须首先从政治标准来衡量。"（《西方美学史》，上卷第 56 页）当然这种突出政治标准的评价在今天看来是非常荒谬的。

第四，是文艺教养说。柏拉图认为，为了培养人们"对美的爱"，就要从儿童做起，让他们接触音乐、绘画、雕刻等文艺作品。他说："一个儿童从小受了好的教育，节奏与和谐浸入了他的心灵深处，在那里牢牢地生了根，他就会变得温文有礼……对丑恶的东西会非常反感，对优美的东西会非常赞赏，感受其鼓舞，并从中吸取营养，使自己的心灵成长得既美且善。"他认为，这样一来等他们长大成人，理智来临，他会似曾相识，向前进步，在心灵里有内在的"精神状态的美"，在有形的体态举止上有"调和的美"。（柏拉图：《理想国》，第三卷）

第五，是艺术的灵感说。柏拉图认为艺术家的才能来源于灵感，有两种解释：一是神灵依附于诗人或艺术家身上，使他们处于迷狂状态，把灵感输送给他们，暗中操纵他们去创作，这时诗人和艺术家就成为神的代言人；二是不朽的灵魂从前生带来的回忆，这时诗人和艺术家由摹本（现实生活）回忆到蓝本（理念世界），而感到喜悦和眷恋。

第六，是灵魂三分法。柏拉图在《理想国》中把人分为三个等级，即哲学家、战士和农工商人。与之相对应，他把人的灵魂或心理分为三个部分，即理性（智）、意气（意）和情欲（情）。理性是最高级的灵魂，相当于哲学王的灵魂；意气相当于武士的灵魂；而情欲相当于劳动者的灵魂。这是西方心理学史上最早的智、情、意的心理现象三分法。柏拉图还把情感分为愉快和不愉快两种。

柏拉图的哲学思想代表了希腊城邦贵族奴隶主的利益，他的理念论美学思想无疑是客观唯心主义的，但其中不乏可以借鉴的因素。特别是他的理念论美学思想在美学史上具有举足轻重的地位，对康德与黑格尔的美学都产生过深刻的影响，他们所标榜的艺术理想也都可以追溯到柏拉图。

（4）亚里士多德（前384—前322）

亚里士多德是柏拉图的学生，是希腊哲学的集大成者，他动摇于唯物论与唯心论之间，《逻辑学》《形而上学》与《诗学》是他的代表作。

亚里士多德在《形而上学》中提出了构成事物的四因说。他认为世界是由各种事物的形式与质料的和谐一致所构成的整体。他认为，事物的产生有四种原因：首先是形式因，即事物的本体（"怎是"）；其次是质料因，即构成事物的基本材料；再次是动力因，即推动事物形成的创造活动；最后是目的因，即促成某物最终实现的内在目标。他认为，四因中形式因高于质料因，同时兼有动力因和目的因的作用，因此成为创造一切的力量或"第一推动力""第一原因""本因""极因"，因此必须假定有"创造主"或"神"的存在。他还认为，四因是不可分割的，它们的完美体现可以创造出美的、合目的性的"有机整体"，四因的相互关系决定了事物的多样性。亚里士多德的美学思想是以他的哲学思想为基础的，集中体现在《诗学》这部专著中，这部书成为西方美学的奠基作。亚里士多德把"自然"或"神"看作一个艺术家，任何事物的形成都是艺术创造，即给质料以决定性的形式。这里最重要的是两个方面，即艺术与现实的关系，以及艺术的心理基础和社会功用。

首先，是艺术与现实的关系。亚里士多德称艺术（诗、音乐、绘画、雕刻等）是"模仿的艺术"，但他与柏拉图否定现实的真实性不同，承认现实是真实的，因此模仿现实的艺术也是真实的,甚至比现实更真实。因为在他看来,艺术所模仿的应是现实世界的内在本质和规律。他解释说:"诗人的职责不在描述已发生的事,而在描述可能发生的事,即按照可然律或必然律是可能的事。诗人与历史家……真正的差别在于历史家描述已发生的事,而诗人却描述可能发生的事,因此诗比历史是更哲学的,更严肃的:因为诗所说的多半带有普遍性,而历史所说的则是个别的事。"(转引自《西方美学史》,上卷第73页)

与此同时,亚里士多德提出了艺术模仿的三种方式,即照事物的本来的样子去模仿,照事物为人所想的去模仿,照事物应当有的样子去模仿。这里第一种方式是单纯的模仿自然,第二种是根据神话传说去模仿,第三种是按照可然律或必然律是可能发生的事去模仿。他认为最好的方式是第三种模仿,这就是他的个别与普遍相统一的艺术美的理想。

其次,是艺术的心理基础和社会功用。亚里士多德与柏拉图对文艺进行大"清洗"的观点不同,主张艺术理想应该是全面和谐发展的人格,认为文艺要满足人的自然倾向,他说:"一般的说,诗的起源大概有两个原因,每个原因都伏根于人类的天性。首先模仿就是人的一种自然倾向,从小孩时就显出……每个人都天然地从模仿出来的东西得到快感。……原因就在于学习能使人得到最大的快感……"(转引自《西方美学史》,上卷第81—82页)

于是亚里士多德提出文艺的两种心理根源:一种是模仿的本能,它是关于内容的;第二种是处理和谐与节奏的技巧的,它是关于形式的。这里他把形式与内容割裂开来,当然是错误的。而正是这种割裂,导致他给美下了两个定义。一个是关于形式的,即"美在于体积大小和秩序";一个是关于道德内容的,即"美是一种善,其所以引起快感,正因为它善"。(《西方美学史》,上卷第84页)这就涉及文艺评判的艺术标准与政治标准(含伦理标准)的问题。

亚里士多德认为文艺评判的艺术标准与政治标准(含伦理标准)虽然有所区别,但不是互不相容的。他就此提出了他的悲剧论,并强调了艺术的伦理标准。他提出悲剧应该避免三种情节:一,不应让一个好人由福转为祸,因为这种情节不能引起哀怜和恐惧,只能引起反感;二,也不应让一个坏人由祸转为福,因为它既不能满足我们的道德感,又不能引起哀怜和恐惧;三,悲剧情节也不应让一个穷凶极恶的人从福落到祸,因为这种情节既不可哀怜,也不可恐惧。于是就只剩下一种中等人,他的道德品质不好到极点,他的遭殃并不是由于罪恶,而是由于过失或弱点。这就是悲剧的“过失”说。(《西方美学史》,上卷第 84—85 页)这样,对亚里士多德而言,悲剧情节首先要从道德方面来考虑,然后才从艺术方面考虑,即首先遵循道德标准,然后才是艺术标准。关于喜剧,亚里士多德认为模仿的对象应是比一般人较差的人物,他们并非常“坏”,而只是丑陋和滑稽可笑,对旁人无伤,也不致引起痛感,这样的人物本身是令人不快的,但对其模仿却是常常令人愉快的,因此艺术丑的形象也属于艺术美的领域。(《西方美学史》,上卷第 91 页;鲍桑葵:《美学史》,张今译,商务印书馆,1985 年版,第 76—77 页)亚里士多德是西方美学史上悲剧论与喜剧论的首创者。

总之亚里士多德对美的本质、艺术的心理根源和社会功能以及悲喜剧的分析包含许多合理成分,对后世美学和艺术理论的影响不可估量。

(5)贺拉斯、朗吉弩斯、普洛丁

①贺拉斯(前 65—前 8)主要生活在奥古斯都时代,他的美学代表作是《论诗艺》,本身并没有许多创建。他在“模仿说”之外提出了“创造说”,认为艺术创作可以凭想象进行虚构,只是需要接近事物的真相。比较突出的是他提出诗的两重功用说,即教益和娱乐,例如他说:“诗人的愿望应该是给人益处和乐趣,他写的东西应该给人以快感,同时对生活有帮助。……虚构的目的在引人欢喜,因此必须切近真实……寓教于乐,既劝谕读者,又使他喜爱,才能符合众望。”(《西方美学家论美和美感》,第 46—47 页)

②朗吉弩斯(大约生存于公元 3 世纪),是常住罗马的希腊哲学家,《论崇高》是他的作品,最早对崇高理论做了全面论述,对后世产生了深远影响。其重要美学思想包括:A. 美的整体论。他说:“文章要靠布局才能达到高度的雄伟……所有各部分综合在一起,就形成一个完美的整体。”(同上,第 48 页)B. 自然界的崇高论。他说:“大自然把人带到宇宙这个生命大会场里……凡是使人惊心动魄的总是些奇特的东西。”(同上,第 48—49 页)C. 形象论。他说:“风格的庄严、恢宏和遒劲大多依靠恰当地运用形象。……诗的形象以使人惊心动魄为目的,演说的形象却是为了意思的明晰。但是两者都有影响人们情感的企图。”(同上,第49 页)

③普洛丁(205—270),是新柏拉图派领袖。他在罗马讲学二十多年,主要美学著作是《论美》。他的美学思想包括:A. 理念论。他说:“美主要是通过视觉来接受的。就文辞和各种音乐来说,美也可以通过听觉来接受,因为乐调和节奏也是美的。”(同上,第 53 页)但他又认为:“有些事物(例如物体)之所以美,并非由

于它们的本质而是由于分享……是由于它们分享得一种理式[理念]。”(同上,第53—54页)B. 艺术美。他说:“假定有两种东西,例如两块石头并列在一起,其中一块还不成形,还未经艺术点染,另一块已经由艺术降伏过,变成神与人的雕像……这块已由艺术按照一种理式[理念]的美而赋予形式的石头之所以美,并不能因为它是一块石头。……理式[理念]先存在于艺术家心里,并不是他有眼睛和手,而是由于他的艺术。”(同上,第59页)他又说:“但是人们如果以艺术作品只抄袭自然蓝本,来谴责各种艺术,我们就可以回答他们说,自然事物本身也还各按一种蓝本[即理念]抄袭出来的。”(同上,第60页)C. 对本原的美的观照[直观]。他说:“最高的美就不是感官所能感觉到的,而是要靠心灵才能见出的。心灵判定它们美,并不凭感官。要观照这种美,我们就得向高处上升,把感觉留在下界。……对于这类事物,我们须有一种观照的能力,才能见到它们……因为我们现在所接触到的是真实界事物[即理念世界]。”(同上,第60—61页)显然这种理念论的美学思想成了康德与黑格尔美学思想的理论渊源之一。

3. 中世纪美学思想

基督教起源于巴勒斯坦,原是穷苦人的宗教。公元四世纪罗马帝国为了笼络和奴役其治下的各族人民,把基督教定为国教。公元476年西罗马帝国灭亡,欧洲进入中世纪封建社会,美学像哲学一样,成了宗教的奴仆,圣·奥古斯丁、圣·托马斯是它的代表。

(1)圣·奥古斯丁的美学思想。圣·奥古斯丁(354—430)是中世纪神学美学家的先驱,在皈依基督教之前,他追随柏拉图的理念论,曾著有美学专著《论美与适合》,可惜已经失传。皈依基督教以后他把普洛丁的美学体系彻底推向了基督教美学,完成了对新柏拉图美学的神学改造。这时他的美学思想主要表现在《忏悔录》一书中,概括起来包括以下内容(《西方美学史》,上卷):

①美是上帝的属性,上帝是最高的美,是一切感性事物的美的最后根源,因此人们应当从上帝的作品中去赞美上帝。

②他给美所下的定义是“整一”或“和谐”,而上帝本身就是整一,有限事物在反映上帝的整一时就是和谐。

③他还受到毕达哥拉斯神秘主义的影响,把数加以绝对化,说什么“数始于一,数以等同和类似而美”。

（2）圣·托马斯·阿奎那的美学思想。圣·托马斯·阿奎那（1226—1274）是中世纪最大的一位神学家。在美学上他受到普洛丁和亚里士多德的影响，把他们的美学思想附会到神学上去。他的美学思想散见于他的《神学大全》，包括以下几个方面（《西方美学史》，上卷）：

①“凡是一眼见到就使人愉快的东西才叫作美的。”这里首先强调美是“感性的东西”（“使人愉快”），其次强调美的“直接性”（“一眼见到”）。这种强调美的感性和直接性的观点，后来在康德和克罗齐的主观唯心主义美学思想中得到了进一步的发展。

②他认为美有三个要素：第一是“完整或完善”，其次是“适当的比例或和谐”，第三是“鲜明”，所以“着色鲜明的东西是公认为美的”。显然这是一种形式主义美学思想，对后世美学有很大的影响。

③美与善的关系。首先，“美与善是不可分割的，因为二者都以形式为基础”；其次，“美与善一致，但是仍有区别”，因为善是“引起欲念的对象”，而美则是“单凭认识[即直观]就立刻使人喜欢的东西”。

④视觉与听觉在审美中的作用。他认为“与美关系最密切的感官是视觉和听觉”，因为“我们只说景象美或声音美却不把美这个形容词加在其他感官（例如味觉和嗅觉）的对象上去”（《西方美学家论美和美感》，第67页）。这个观点后来被康德与黑格尔所接受，可见其影响的深远。

4. 文艺复兴与启蒙时代美学思想（但丁、达·芬奇、博克、狄德罗、鲍姆嘉通）

文艺复兴运动产生于中世纪末期，“复兴”的本意是回到古希腊、罗马的文艺繁荣时代去。而启蒙时代则属于欧洲资本主义兴起的时代。这是一个人文主义美学思想繁荣的时代，在美学史上具有举足轻重的地位。下面我们介绍几位有代表性的美学思想家。

（1）但丁的美学思想。但丁（1265—1321）生于意大利工商业发达的佛罗伦萨城。他因反对教皇而被流放境外。他是中世纪最后一位诗人，同时是新时代最初一位诗人，意大利民族诗巨著《神曲》是他的代表作。他的美学思想主要是关于诗学的，有以下两点（《西方美学史》，上卷）：

①诗为寓言说。但丁认为，诗要把要说的话弄清楚，就要知道作品的意义，

而意义主要有两种：一是“字面的意义”，二是“寓言的、精神哲学的或秘奥的意义”，后者总称为“寓言”。例如《旧约》诗中所讲的以色列出埃及，其字面意义就是摩西时代以色列人出埃及，而寓言的意义则是笃信上帝的灵魂从罪恶的束缚中解放出来，达到永恒光荣的自由。于是他说出了长诗《神曲》的用意：“从语言来看全诗，主体就是人凭自由意志去行善行恶，理应受到公道的奖惩。”这里，但丁说出了诗的表层结构与深层结构的关系。

②论俗语。但丁主张用“俗语”来写诗，以便接近现实生活和接近群众。他认为俗语（相当于白话文）与教会流行的拉丁语（相当于文言文）有严格的区别，他肯定了俗语的优越性。他说，俗语就是婴儿从周围的人们那里所听惯了的语言，明白易懂，而掌握拉丁语则要进行辛苦的学习，因其深奥难懂。但他又认为，俗语不等于村俗的语言，而是经过提炼的“光辉的俗语”，就是意大利统一的民族语言。显然，但丁的主张有利于诗的通俗化和大众化。

（2）达·芬奇的美学思想。达·芬奇（1452—1519）是意大利文艺复兴时代的天才画家，同时又是一位数学家、物理学家和工程师，其名画《最后的晚餐》和《蒙娜丽莎》代表了文艺复兴时代现实主义艺术的最高成就。他的美学思想体现在他的理论著作《论绘画》和《笔记》中，主要有以下相互联系的几点（《西方美学史》，上卷第157—159页；《美学大观》，第40节）：

①镜子论。他认为自然是艺术的对象，强调艺术要直接模仿自然。他说：“画家的心应该像一面镜子，经常把所反映的事物的色彩摄进来，面前摆着多少事物，就摄取多少形象。”

②类型论。他提倡典型化（即理想化），他说：“画家应该研究普遍的自然，就眼睛所看到的东西多加思索，要运用组成每一事物的类型的那些优美的部分。用这种办法，他的心就会……真实地反应面前的一切，就会变成好像是第二自然。”

③临摹论。他反对临摹别人的作品，说：“画家如果拿旁人的作品做自己的典范，他的画就没有什么价值；如果努力从自然事物中学习，他就会得到很好的效果。”

④感觉论。他强调感觉在认识中的作用，认为一切知识都来源于感觉，因此他说：“视觉与听觉对艺术是最重要的。”又说：“被称为灵魂之窗的眼睛，乃是心灵的要道。……耳朵则居次位……”由此他认为绘画在效用和美方面远远胜

过诗。

(3)博克的美学思想。博克(1729—1797)是英国著名的政治家和政论家,在哲学思想上深受休谟的影响,是个经验主义者,但最后却转向机械唯物论。他的美学思想主要是崇高论和美论,主要表现在以下两个方面:

①崇高与美的本质。他认为,崇高感与美感都只涉及客观事物的感性方面,它们直接打动人的基本情欲。在他看来,崇高的对象都有一个共同性,即可恐怖性,他说"自然界的伟大和崇高……所引起的情绪是惊惧",因此"凡是可恐怖的也就是崇高的"。而美与崇高是对立的。他说:"我所谓美,是指物体中能引起爱或类似爱的情欲的某一性质或某些性质。"特别是美只涉及爱而不涉及欲念,他说:"[爱]只限于事物的纯然感性的性质。……我把这种爱……和欲念或性欲分开。"这种看法经康德的发挥,被近代美学所认可。

②崇高感和美感的生理心理基础。博克区分两种情欲,一类涉及"自体保存",一类涉及"社会生活"。他认为崇高感涉及自体保存的本能,他说:"凡是能以某种方式适宜于引起苦痛或危险观念的事物……就是崇高的一个来源。"而美感涉及社会生活的需要,即社交的需要,他说:"我把美叫作一种社会的性质,因为每逢见到男人和女人……他们都在我们心中引起对他们身体的温柔友爱的情绪,我们愿他们接近我们。"

总之博克是英国经验派美学的代表,他的美学思想(特别是崇高论)虽然有许多缺点,但对后来的美学思想(如康德的美学思想)却产生了很大的影响。

(4)狄德罗的美学思想。狄德罗(1713—1784)是法国启蒙运动的领袖,唯物主义哲学家。他的美学思想散见于他的许多著作中,由其主编的《百科全书》中《论美》的长文是他的美学代表作。他的美学思想可以概括为以下几点:

①美的关系说。狄德罗在《论美》一文中提出"美在于关系",他说:"我把凡是本身就含有某种因素,[即]可以在我们理解中唤醒'关系'这个观念的性质,都叫作外在于我的美;[而]凡是唤醒这个观念的性质,都叫作关系到我的美。"这里他提出了两种美,前者是"实在的美",即外在关系中[在我之外]的美;后者是"见到的美",即内在关系[在我之内]中的美。他说:"虽然没有什么绝对美,却有两种关系到我们的美,一种是实在的美,一种是见到的美。"

②自然与艺术。狄德罗说:"凡是自然所造出来的没有不正确的。"而他所理解的自然是野蛮粗犷的东西,即"向艺术提供范本"的东西。他问:"诗人需要

的是什么呢？生糙的自然还是经过教养的自然？”而结论是：“诗需要的是一种巨大的粗犷的野蛮的气魄。”这里的自然就是带有原始野蛮气息的自然，它们是艺术的“范本”。而艺术则是对自然的“模仿”。他说：“艺术中的美和哲学中的真都根据同一个基础。真是什么？真就是我们的判断与事物的一致。模仿性艺术的美是什么？这种美就是所描绘的形象与事物的一致。”可以说狄德罗所宣扬的现实主义，不过是机械的现实主义反映论而已。

③戏剧表演。狄德罗在《谈演员》中把演员分为两种：一种是体验派，听任情感的驱遣；一种是表现派，保持清醒的头脑。他赞成后一种演员。他说：“……有一个事实证实了我的意见：凭心肠去扮演的演员总是好坏不均……忽强忽弱，忽冷忽热……今天演得好的地方明天再演就会失败……但是另一种演员却不如此，他表演时要凭思索，凭对人性的钻研，凭经常模仿一种理想的范本……他是始终一致的，每次表演都是一个方式，都是一样完美。”当然，狄德罗的表演论有失偏颇，这已为许多著名表演艺术家的经验谈所证实。

(5)鲍姆嘉通的美学思想。鲍姆嘉通(1714—1762)是德国启蒙运动的杰出代表，普鲁士哈列大学哲学教授，继承莱布尼茨学说，成为理性主义者。在美学上，他主张把美学创立为独立科学，把它命名为“埃斯特悌卡”(Aesthetica)，从希腊文字根看就是“感觉学”；他还著有《美学》一书，因而被誉为“美学之父”。他的美学思想可以归结为以下几点(《西方美学史》，上卷)：

①美学对象论。鲍姆嘉通在《美学》第一章就给美学规定了特定的对象，他说：“美学的对象就是感性认识的完善(单就它本身来看)，这就是美；与此相反的就是感性认识的不完善，这就是丑。正确，指教导怎样以正确的方式去思维，是作为研究高级认识方式的科学，即作为高级认识论的逻辑学的任务；美[学]，指教导怎样以美的方式去思维，是作为研究低级认识方式的科学，即作为低级认识论的美学的任务。美学是以美的方式去思维的艺术，是美的艺术的理论。”这个表述是清楚的。

②美与完善性。从上述关于美学对象的界定中可以看出，对鲍姆嘉通来说，美就是凭感性认识到的“完善”，例如一首诗或一朵花的完善就是美。这种观点显然来自莱布尼茨的继承者伍尔夫，因为后者说过“美在于一件事物的完善”。说感性认识的完善性就是美，当然有悖于莱布尼茨关于感性认识是“混乱的认识”的观点，这里足可以看出鲍姆嘉通的独特之处。

③美学由来论。鲍姆嘉通看到,人类心理活动分为智、情、意三个方面,但与之相关的哲学系统却有一个漏洞,这就是:研究知性的科学是逻辑学,研究意志的科学是伦理学,而研究情感的感性认识却没有相应的科学,于是他提出建立一门研究情感即感性认识的新科学,这就是“埃斯特悌卡”,即美学或感性学(感性认识学)。毫无疑问,康德的《判断力批判》一书就是按照这个思路构建的,可见鲍姆嘉通对后世美学发展的贡献。

总之,鲍姆嘉通对美学的创建之功是不可磨灭的。

5. 德国古典美学思想

(1)康德的主观唯心论美学思想

伊曼努尔·康德(1724—1804)生存于德国普鲁士王国封建专制统治时代。当时的整个德国正处于四分五裂的状态中,是当时西欧经济上和政治上都比较落后的地区。康德从青年时代起即受到法国启蒙运动和革命思潮的影响,而反对普鲁士的君主专制制度,追求人性的自由和解放,但他又不愿参与任何实际反对普鲁士专制制度的政治活动,这就造就了他的软弱的调和主义立场,他既想调和知识与信仰之间的矛盾与对抗,又想调和经验与先验、主观与客观、自由与必然、人与自然等之间的矛盾与对抗。正是在此基础上,他经过二十几年的沉思,创立了一个庞大而充满调和主义精神的包括纯粹知性批判(认识论——“真”)、纯粹理性批判(伦理学——“善”)、纯粹反思性判断力批判(美学——“美”)三个内容及其相互关系的批判哲学体系,为人类留下了一笔无比宝贵的精神财富。

康德最初把形而上学区分为自然形而上学(即理论哲学,体现在《纯粹理性批判》一书中)与道德形而上学(即道德哲学,体现在《实践理性批判》一书中),前者来自纯粹知性[在康德那里纯粹知性包含在广义的理性之中],后者来自纯粹理性,但两者中间却形成一道不可逾越的鸿沟。后来他发现了构成知性与理性的中间环节,那就是判断力,它能够把知性与理性联结起来,于是他开始了对判断力的批判性研究,并认识到这一批判能够构成整个形而上学的地基或桥梁(即感性或感性直观),这样就有了这部逻辑严密、思想深邃的《判断力批判》,即美学[即感性学或感性认识学](Ästhetik)①。于是康德的纯粹理性批判体系即康德哲学,就被区分为纯粹

① 见《康德美学文集》第404页:艾斯特惕克(Ästhetik——美学、感性学)。

知性批判、纯粹理性批判和纯粹判断力批判三个有机组成部分。康德哲学的基本课题是“先天综合判断如何可能”的问题,这个问题分别体现在上述三大判断中。

康德在纯粹的判断力批判中,首先把判断力区分为两种:一是规定性判断力,即在普遍的东西(规则、原则、法则)被给予的前提下,把特殊归摄到普遍之下(如“玫瑰花是一种植物”,即把玫瑰花归摄到植物之下);二是反思性判断力,即在特殊的东西被给予后,再去寻求普遍(如“玫瑰花是美的”,即在玫瑰花被给予的情况下去寻美)。但这里应当指出,康德的“反思性判断”是以纯粹的想象力(即先验的想象力)为基础的,而“想象力是把一个对象甚至当它不在场时也在直观中表象出来的能力”(康德:《纯粹理性批判》,邓晓芒译,人民出版社,2004 年版,第 101 页)。因此想象力即以纯粹直观(包括空间与时间)为基础而做出判断的能力[因为在康德看来,想象力是一种“先天的直观能力”(《判断力批判》,导言Ⅶ)]。而在康德看来,反思性判断又只具有主观普遍性,而不具有客观普遍性,因而是一种主观的反思性判断力。但他却以作为人类本性的共通感为根据(同上,第 41、42 节),而要求这种主观的反思性判断具有客观的有效性。正是在此基础上他提出了审美判断或鉴赏判断作为先天综合判断如何可能的课题(同上,第 36 节)。又因为这种“纯粹直观”完全撇开了经验内容(感觉),所以又被康德称之为“静观”,正是这种“纯粹直观”或“静观”构成了审美活动的全部内容。于是在此基础上,他就按照“纯粹理性的建筑术”,在范畴表的指引下,以“反思性判断力批判”的名义,构造了一个庞大的美学体系。

康德的反思性的判断力批判由两大部分构成,即审美判断力批判与目的论判断力批判。正是在这里康德提出了他的审美判断力学说和目的论判断力学说。他认为前者属于美学(Ästhetik),后者则属于逻辑学(Logik)(《康德美学文集》,第 405—406 页),而两者又一起被列入与哲学形而上学完全不同的“经验性人类学”(empirischen Anthropologie)即“实用人类学”的范围(参见康德《逻辑学讲义》《实用人类学》与《康德书信百封》),因此这两者的关系就与前面所提的马克思的“自然的人本主义”与“人的自然主义”两者的关系一样,像一枚金币的一体两面,不可分地联结在一起一样,构成一个完整的“整体”或“体系”。因此两者密不可分。但遗憾的是,审美判断力与目的论判断力这两者间的辩证关系就连康德本人也没有完全说清楚(参见《康德美学文集》,第 404—406 页;李泽厚:《批判哲学的批判——康德述评》，人民出版社，1984年版，第394页）。

实际上，《判断力批判》一书是以他的先验唯心论、主观唯心论和形式唯心论的认识论和综合统一的方法论为基础的，但从头到尾却贯穿着的一条红线，这就是马克思在《手稿》中所提出的“人本主义”（Humanismus）。这种人本主义集中体现在“美只适用于人类”（Schönheit nur für Menschen）（《判断力批判》，第44页）的命题中，具体说就是：从人的审美情感出发，从美的理想和美的属人本质出发，最后归结到人的自然的本质，即归结为人是自然界的一部分，是自然界的终极目的，并且一切为了人和人本身，为了人的生存、人的自由、人的价值、人的权利、人的人格、人的尊严、人的理想。因此这种人本主义精神既体现在审美判断力中，也体现在目的论判断力中。前者表现为自然界对人的“主观合目的性”上，后者则表现为人作为自然界的终极目的的“客观合目的性”上。总之，《判断力批判》一书既突出了人的情感和人的主观性，同时也突出了人的存在和人的客观性，突出了人与自然、善与真、合目的性与合法则性、自由与必然、人的主观性与人的客观性等的和谐与统一。这样康德就从他的理论哲学（知性哲学）和实践哲学（理性哲学）回归到两者的共同立脚点或基础，即感性哲学（美学），回归到感性人类学，并以他自己的方式最后回答了他晚年所提出的理性最高追问：“人是什么”的问题（《康德书信百封》：1793年致司徒林的信；《批判哲学的批判——康德述评》，第332、367页）。鲍桑葵关于康德通过《判断力批判》“把本国人民带到了自由和人文主义的文化的新世界门口”（《美学史》，第332页）的评价是非常正确的。因此对《判断力批判》一书所表现出来的人本主义思想是无论给予多高的评价都不过分的。就此而论，《判断力批判》比前两部《批判》站的角度更高、更脚踏实地，因此也具有更高的理论价值和应用价值。而且就此而论，康德的人本主义思想更远远高出于黑格尔的绝对唯心主义，因此那种从极权主义意识形态立场出发贬康扬黑的倾向是不可取的。

康德在《纯粹理性批判》中曾称他的先验唯心论为“形式唯心论”，认为这个提法“更可取”（《纯粹理性批判》，第405页注①），而他的形式唯心论其实就是主观的唯形式论、主观形式决定论、主观的形式本体论。因为在他看来，人们头脑中的先天感性形式或纯粹直观，即空间与时间，是感官世界万事万物的本质或本体，因此也是美的事物的本质或本体，而这种空间与时间形式的多样性或杂多性及其合规律的千变万化的搭配和组合就是美。这就是纯粹的美或形式的美，如纯粹的颜色和纯粹的音调(《判断力批判》,第 14 节),比如一朵野花、一只鸟、一只昆虫等的美的形式(同上,第 42 节)。他的关于美的"主观合目的性"以及"无目的的合目的性"概念就是建立在这种主观的唯形式论、形式决定论、形式本体论基础上的。康德的人本主义美学思想,即他的"先验美学",具有两个突出特点,它们成为他的人本主义的一体两翼:一个是它的形式主义,集中体现在他的形式美的思想中;一个是它的自由主义,集中体现在他的想象力的自由游戏(包括想象力与知性的自由游戏以及想象力与理性理念的自由游戏)思想中。

康德的审美判断力学说(即美学或感性学)是研究人的主观情感和主观目的的,研究自然对人的主观合目的性,包括美的分析论与崇高的分析论两个部分,它们所占篇幅最多,也最难懂,并因此构成了《判断力批判》一书的主体与核心,集中体现了康德的人本主义美学思想。而康德的目的论判断力学说则是研究人对自然的客观合目的性的,体现了康德的人本主义自然目的论思想。其核心思想是人与自然的和谐与统一,即中国古代哲人所追求的"天人合一"。当然,这种人与自然的和谐与统一在当时还只不过是康德与马克思的一个思辨的、但又合理而伟大的理想而已。

康德美学在近现代西方美学史上的地位是无与伦比的。康德几乎没有受到近代西方美学家和美学文献的影响,他的研究完全是在他自己的形而上学思辨道路上披荆斩棘、克服巨大困难进行的。但是他的美学对后世的影响却是非常深远的。康德的美学思想有着许多合理的内容,值得后继者认真吸取,可以说,没有康德美学就没有近现代西方美学,特别是没有马克思主义美学,更没有中国现代美学。黑格尔认为,在近代,自然与艺术之间的辩证关系的解决"标志着艺术科学[即美学]才真正开始成为一门科学","康德无论是对于理智,还是对于意志,都把自相融合的合理性,自由,以及自己认识自己为无限的那种自意识看作基础。尽管康德哲学还有些缺陷,这种对理性本身绝对性的认识——这是近代哲学的转折点——这种绝对出发点,却是应该承认而不容批驳的。"(《美学》,第一卷第 70 页)因此我们讲人本主义美学,不能不对康德的美学思想加以详细介绍。

康德的人本主义美学思想与马克思所讲的"自然的人本主义"思想是一致的,它们讲的都是"人化的自然",突出了自然界的"属人的本质"(《手稿》,第 81 页)。因此这里我们主要介绍审美判断力学说,因为它构成《判断力批判》一书的主体与核心,它的基本构成包括以下三个部分:

①美的分析论——鉴赏判断

这里康德讲的是自然美。他把审美判断力称为心灵（灵魂）一种高级认识能力（《判断力批判》，导言Ⅲ），其中就包括鉴赏判断，这里他按照范畴表的引导①，按四个契机（Moment，要素、因素、瞬间），即从四个角度，来分析美，即分析自然美或纯粹的形式美，并给出了四个定义：

A. 鉴赏判断按质来看的契机——美的质的规定性。

在康德看来：对美的鉴赏判断从质的角度来看，表现为美具有“非功利性”。

（第1节）“鉴赏判断是审美的[即感性的]”。他说：“为了分辨某物是美（schön）还是不美，我们不是通过知性把某物的表象[这里的表象是指概念]与客体联系起来去加以认识，而是通过想象力（也许还与知性结合起来）把某物的表象[这里的表象是指感性直观]与主体及其愉快（Lust）或不愉快（Unlust）的情感（Gefühl）联系起来[去加以认识]。”[这里康德把鉴赏判断看成感性判断，是想象力的一种活动，因此想象力在鉴赏判断中起着关键性作用]

（第2节）“那规定着鉴赏判断的愉悦（Wohlgefallen，快慰）是没有任何功利性[即实用性]（Interesse）的”。这意思是：规定着鉴赏（审美）判断的那种对美的愉悦（美感）是没有功利性的，因此他宣称：“每个人都必须承认，对美的判断只要含有丝毫的功利性，就会是有私心的而不是纯粹的鉴赏判断了。”

（第3节）“对快适的愉悦是与功利性相联结的”。这里康德首先把对美的愉悦（Wohlgefallen am Schönen，即美感）与感官的快适（Angenehm，快感）区别开来。

（第4节）“对善的愉悦是与功利性相联结的”。这是明显的，因为对康德而言，做善事总要追求一个目的，这个目的则是一个客体，而客体是以概念为引导的，换言之，是概念使客体成为可能。

（第5节）“三种不同特性的愉悦的比较”。康德认为，与上述两种愉悦不同，关于美的鉴赏判断只是“静观的”[只许看、听不许摆弄的]，它对一个对象的存有并不关心，而只是把对象的性状与愉快或不愉快的情感相对照。因此“静观本身”不是指向概念的[而是指向感性直观]，因为鉴赏判断不是认识判断（既不是理论认识判断，也不是实践认识判断）[而是反思判断]。这样，康德就把对美的愉悦

---

① 康德之所以动用他在《纯粹理性批判》中制定的范畴表，是因为在他看来，鉴赏判断含有对知性的某种关系，而知性判断的逻辑功能则包括量、质、关系、模态四种形式。（《判断力批判》，第1节注①）

(Wohlgefallen am Schönen,即美感)与对快适的愉悦和对善的愉悦区别开来了,虽然他还没有完全弄清它们之间的互相过渡和转化的辩证关系。

于是康德给美下了第一个定义:“鉴赏是通过不带任何功利性的愉悦或不悦而对一个对象或一个表象方式做出评判的能力。这样一种愉悦的对象就被称作是美的(schön)。”[这个定义实际是说:“美只是一种不带任何功利的令人赏心悦目、赏心悦耳的东西。”这里的“功利性”属于质的范畴]

B. 鉴赏判断按量来看的契机——美的量的规定性。

在康德看来:对美的鉴赏判断从量的角度来看,表现为美具有“普遍有效性”,这里有以下几层意思:

(第6节)“美是一种无须概念而作为一个普遍愉悦的客体而被表现出来的东西”。康德论证说:“这个关于美的说明[即标题中的定义]是从上面关于美的非功利性说明推导出来的。这种推论是:一个东西,如果某人意识到对它的愉悦是没有任何功利性的,它对这个东西就只能作这样的评判,即这个东西必定含有一个使每个人都愉悦的根据。因为既然这种愉悦既不是建立在主体个人的爱好之上,也不是建立在另外考虑的功利性之上,而是判断者感到对对象的愉悦的产生是完全自由的,所以他不可能把他个人的私人条件当作这种愉悦的根据,因而这种愉悦必须被看作同时也是在每一个人那里预设为有根据的东西。”这样就从美感无功利性推出美感的非个性,再推出美感的普遍性,这是形式逻辑的非此即彼推论法。

(第7节)“按上述特征把美和快适及善加以比较”。这里康德令人信服地分别论述了快适、美和善的特点。

(第8节)“愉悦的普遍性在鉴赏判断中只表现为主观的”。康德指出:关于美的鉴赏判断要求每个人在一个对象上感到愉悦,但却不依靠概念而要求普遍的有效性,这就是某物被宣称为是美的这样一个判断。而在快适的判断方面,每个人都可以有自己的看法,没有人会指望别人赞同他[自己]的[所谓]鉴赏判断(Geschmacksurteile),而这种别人也赞同的情况在关于美的鉴赏判断中却是时刻都在发生的。而且康德认为,一个客观的普遍有效判断也总是在主观上普遍有效的,这是指:如果一个判断对包含在某个概念下的一切东西都有效,那么它对每个用这个概念表示一个对象的人也都是有效的。他认为,正是这种主观的普遍性包含着鉴赏判断的量的规定性,即“主观的量”。

(第 9 节)“需要研究的问题:在鉴赏判断中愉快的情感(Gefühl der Lust)先于对对象的评判还是后者先于前者”。康德的结论是:在一个鉴赏判断中的表象方式的主观普遍可传达性(allgemeine Mitteilbarkeit),无非是想象力和知性自由游戏中的一种心灵状态(Gemütszustand),所以在对对象或对象由以被给予的表象的纯主观的(审美的)评判中,就先于对对象的愉快情感[美感]而出现了。这里康德强调的是:在鉴赏判断中想象力与知性所做的自由游戏先于美感,而这种自由游戏的心灵状态属于一切人、一切时代、一切民族的共同的自由本性,正是这种共同的人性成为美感和审美判断的先天基础。(另参见第 17 节)这里可以看出康德美学的人本主义与自由主义色彩。这一点是必须深刻领会的。

于是康德给美下了第二个定义:“凡是没有概念而普遍令人喜欢的东西就是美的(schön)。”[这个定义实际是说:“凡是在感性直观中普遍令人喜欢的东西就是美的。”这里作为全称的普遍性属于量的范畴]

C. 鉴赏判断按照目的关系来看的契机——美的目的性因果关系的规定性。

在康德看来:对美的鉴赏判断从关系的角度来看,表现为美具有属于因果性的“合目的性”,这里主要包括以下几点:

(第 10 节)“一般合目的性”。康德下定义说:“目的就是一个概念[所指]的对象,只要这个概念被视为那个对象的原因(即对象的可能性的实在根据);而一个概念的因果性就对其客体[即对象]来说就是合目的性。”

(第 11 节)“鉴赏判断只以一个对象(或它的表象方式)的合目的性的形式为根据”。这里康德宣称:“除了在一个对象的表象中的主观合目的性外,再没有任何其他的(不论是客观的还是主观的)目的,所以那被我们判定为不通过概念而能普遍传达的那种愉悦,就构成了鉴赏判断的规定性根据,由此就只还有[审美的]对象借以被给予我们的那个表象中的[主观]合目的性的单纯形式,如果我们能意识到这种形式的话。”这样康德就推出了鉴赏判断的主观合目的性的形式的规定性根据,即形式根据,这正好体现了他的先验的形式主义即主观形式决定论的美学思想。

(第 12—14 节)“鉴赏判断基于先天的根据”。这里康德声称:“在一个对象借以被给予的表象那里,对主体诸认识能力的[自由]游戏中的单纯形式的合目的性意识就是愉快本身,因为这种意识在一个审美判断中包含有主体在激发其认识能力方面的活动性的规定性根据,因而包含有一般认识能力方面的、但却不被局限于一个确定知识[如:这草地是绿的]上的某种内在的因果性(这种因果性是合目的的),因此包含有一个表象的主观合目的性的单纯形式。”在康德看来,“美真正说来……只应当涉及形式”,即感觉的纯形式。而这种感觉的纯形式就是:纯粹的颜色、纯粹的音调等,例如他说“对颜色以及声调的感觉只有当两者都是纯粹的时,才被正当地称之为美的”“一切单纯的颜色,就其是纯粹的而言,将被看作是美的”。这样康德就推出了鉴赏判断的先天根据,这就是先天的“主观合目的性的单纯形式”即先天的“形式的合目的性”根据,这里充分表露了康德的主观唯心主义的形式主义美学思想,这当然是不可取的。

(第17节)“美的理想”。这里康德宣布:“美,要想从中寻得一个理想,那就应当不是模糊的美,而应当是由一个关于客体的合目的性概念所固着的美[即依附的美];因此这种美[美的理想或理想的美]必定不属于一个纯粹鉴赏判断的客体,而属于一个部分智性化了的鉴赏判断的客体。而唯有在自身中就具有自己存在的目的的东西,即人,他通过理性自己给自己规定一个目的[这是内在的追求],或者,当他必须从外部知觉中拿来这些目的[这是外在的榜样]时,能把它们与本质的和普遍的目的放在一起加以对照,并因而能审美地评判这两种目的[内在的与外在的]的协调一致。因而只有这样的人[即有内在追求与外在榜样的人],才能成为美的一个理想,就像人在其人格中,作为一个理智者,才能成为世间中一切对象的完善性理想一样。”这种美的理想也就是美的典型,这就是古罗马政治家与哲学家西塞罗所说的“人是最美的”的含义。这里康德突出了美的属人本质,突出了美的人本主义性质。

于是康德推出了美的第三个定义:“美(Schönheit)是一个对象合目的性形式,如果这形式是没有一个目的的表象[这里指概念]而在对象身上被感知到的话。”[这个定义实际是说:“美只不过是在对象身上感知到的合目的性形式。”这里的“合目的性”概念属于关系范畴]

D. 鉴赏判断按照对对象的愉悦的模态来看的契机——美的模态的规定性。

在康德看来:对美的鉴赏判断从模态的角度来看,表现为美具有“必然性”,这里主要是以下一点:

(第18节)“鉴赏判断的模态”。康德在提到模态中的可能性、现实性与必然性后声称:“这里的必然性是一种特殊类型:它既不是理论的[知性的]客观必然性……也不是实践的[理性的]必然性……相反,这种必然性作为审美判断中所设想的必然性，只能被称之为示范性的，即一切人对于一个被看作某种无法指明的普遍规则的实例的判断加以赞同的必然性。因为一个审美判断并不是任何客观的和认识的判断，所以这种审美判断的必然性不可能从一个确定的概念中推导出来，故而也不可能是无可置疑的。同时，这种必然性更不可能从经验的普遍性推导出来。因为任何判断的必然性概念都不可能以经验性判断为基础。”这样，从模态看，鉴赏判断的必然性就只能是示范性的主观原则，即“主观必然性”。

于是康德推出了美的第四个定义：“凡是那没有概念而被认作一个必然愉悦的对象的东西就是美的（schön）。”［这个定义实际是说：“凡是在感性直观中被认作必然愉悦对象的东西就是美的。”这里的必然性属于模态范畴］

②崇高的分析论——来自精神情感的判断

这里讲的主要是自然界的崇高。先看一般性说明（第 23 节）：首先康德认为：“美有一点是与崇高一致的，即两者本身都是令人喜欢的。还有，两者都既不是以感官来规定的、也不是以逻辑来规定的判断，而是以反思的判断为前提的。”其次他认为：“美与崇高两者的区别也是显著的。两者的区别是：自然美（Schöne der Natur）涉及对象的形式，而这种形式［的功能］在于限制（Begrenzung）；反之，崇高倒可以在无形式的对象上看到，只要在这个对象身上，或通过对象的诱发而表现出无限制（Unbegrenztheit），同时又联想到整个无限制的总体，这样崇高的对象就是一个无形式又无限制的总体（不仅包括自然界和人，而且包括灵魂、宇宙和上帝，例如康德就提到“人的形象的崇高”“人类尊严”和“人的权利”）：这样，美（Schöne）似乎被看作不确定的知性概念的表现，而崇高却被看作某个不确定的理性概念的表现［可见美只与知性概念相关，崇高与理性概念相关，认清这一点很重要］。所以愉悦在美那里［这就是对美的愉悦］首先与质的表象相结合，而在崇高那里［这就是对崇高的愉悦］则首先与量的表象相结合。甚至就种类而言，两种愉悦也是大不相同的：因为美直接带有一种促进生命的情感，因而可以与魅力以及某种游戏性的想象力结合起来；而崇高的情感（Gefühl des Erhabenen）［即对崇高的愉悦情感］却是一种仅仅间接产生的愉快，因此它是通过生命力（Lebenskräft）的一种瞬间阻抑、以及紧跟而来的生命力的更为强烈的涌流之感而产生的，所以崇高的情感作为感动（Rührung）并非是游戏，而像是想象力工作中的严肃态度［可见崇高的情感也依赖于想象力的工作］。因此崇高也不能与魅力结合，而且由于心灵不止被对象所吸引，而且也交替地一再被对象所拒斥,因此对崇高的愉悦与其说包含着积极的愉快,不如说包含着惊叹或敬重,也就是说它应该被称之为消极的愉快[即否定性的愉快或苦尽甘来的愉快]。"而关于真正的崇高:"这里我们马上就会看出,当我们把任何一个自然对象称之为崇高的时候,这样的表达是根本不对的,尽管我们可以正确地把这类对象称之为美;因为一个自身被表现为反目的的东西怎么能用一个赞许的词句来称呼呢?这里我们能说的不过是:作为对象,它适合于表现一个可在心灵中发现的崇高;因为真正的崇高不能包含在任何感性的形式中,而只针对理性的理念:这些理念虽然不可能有与之相适合的任何表现,却正是通过这种可以在感性上表现出来的不适合性而被激发起来,并被召唤到心灵中来的。所以辽阔的、被风暴所激怒的海洋不能称之为崇高,相反它的景象是令人恐怖的;但如果我们的心灵要通过这样的一个直观而配之以某种本身是崇高的情感,那我们就已经用好些理念充满了心灵,这时心灵就被鼓动着离开感性[直观]而专注于那些包含有更高合目的性的理念。"立普斯"移情说"为康德的"崇高论"提供了很好的心理学解释。

接着康德也从四个角度或四个方面考察崇高,不过顺序略有不同:

A.(第26节)从量来看的崇高——崇高的量的规定性。康德认为:对数学的估量而言没有最大东西,但对审美大小的估量而言却有最大的东西。但如果把审美中的最大评判为绝对的尺度,主观上(对评判者而言)就不可能有任何比它更大的尺度了,那么就会导向(führe)崇高的理念,并会产生一种感动,这种感动不能由数学上大小的估量来引起,因为数学的估量永远只能表现出相对的大小,而审美的估量却表现出绝对的大小,只要心灵能在一个直观中把握它。因此,真正的崇高必须只在判断者的心灵中,而不是在自然客体中去寻求,[正是]对自然客体的评判引发了判断者的这种崇高的情境[即情感](Stimmung)。

B.(第27节)从质来看的崇高——崇高的质的规定性。康德认为崇高的情感来自敬重,而"感到我们的能力不适合于到达对我们来说是法则的理念的那种情感,就是敬重"。而对康德来说,"崇高的情感[即崇高感]是由于想象力在对大小的审美估量中不适合于通过理性对大小的估量而产生的不愉快感,但同时又是一种愉快感,这种愉快感的唤起恰恰是由于对最大感性能力(指想象力)的不适合性所做的这一评判,就其对理性理念的追求对我们来说毕竟是一种法则而言,又是与理性的理念协调一致的",这是因为"对我们而言是一种法则并属于我们使命的是,把大自然作为感官对象所包含的一切,对我们而言是大的东西,在和理性的理念相比较时都被估量为是小的东西;而同时,凡是在我们心中所激起的、超感官使命的情感的那种东西,与那个法则又是协调一致的",于是"想象力在体现那个大小的估量单位时所做的最大努力,就是与某种绝对大的关系,同时也是与把这个绝对大设定为大小估量的唯一最高尺度的理性法则的关系,所以对一切感性尺度与理性对大小的估量不相适合的内部知觉,就[等于]是与理性法则一致(zusammen),并且是一种不愉快,[而正是]这种不愉快在我们心中激起了我们心中的我们的超感官使命的情感,而按照这种使命所发现的任何感性尺度都与理性的理念不相适合,这是合目的性的,因而是愉快的"。康德曾描述说:"崇高是按其规模和程度来说都能引起崇敬之感的那种伟大(令人畏惧的大),它吸引人(以便用自己的力量去衡量它),但人在他自己的评估中与那伟大相比时因自己极其渺小而感到的恐惧同时又使人不敢接近它(例如,我们头上的惊雷或高耸荒凉的山峰);但如果人自己身处安全之地,把他自己的力量聚集起来去把握那种显象,同时又担心它的伟大不可企及,这时就会激起惊赞之感(由持续不断地战胜痛苦而产生的一种愉快的情感)。"

C.(第28节)从一种关系来看的崇高——崇高的关系规定性。康德认为崇高感来自一种威力,他说:"威力是一种超过很大障碍的能力。这同一个威力,当它又超过那本身具有威力的东西的抵抗时,就叫作强制力。而自然界,作为审美判断中的威力,而又被看作对我们没有强制力时,就是力学上崇高的。"他认为这种崇高感来自对畏惧的解脱,他说:"谁畏惧着,他就根本不能对自然界的崇高作出判断[泰坦尼克号上的乘客是根本不能判断大海的崇高的],这正像一个被爱好和食欲所控制的人也不能判断美一样[注意,对饥寒交迫的人来说是没有美的]。前一情况令他回避一个引起他恐怖(Schrecken)的对象,而在一种真正的恐怖上找到愉悦,是不可能的。所以因一种痛苦(Beschwerde)的解脱(Aufhören)而来的快意(Annehmlichkeit)就是高兴(Frohsein)[这是一种渡过黑暗是黎明的愉悦]。但这种高兴因为是从一个危险(Gefahr)中解脱出来,所以它就是一种带有永不想再遭遇这种危险的决心的高兴;甚至人们就连回忆一下那种感觉也会不愿意……"因此他断言:"崇高不包含在任何自然物中,而只包含在我们的心灵中,如果是我们能够意识到我们之内的自然、并由此也[意识到我们之内的自然]对我们之外的自然(只要它影响到我们)占有优势的话。这样一来,一切在我们心中激起这种情感——为此就需要激起我们的种种能力的自然威力——的东西，都可称之为（尽管是非固有的）崇高的；而只有在我们之内的这个理念的前提下并与其相关联时，我们才能达到这样一个存在者（上帝）的崇高性理念，这个存在者不仅通过它在自然界中所显示的威力，而且更多的是通过被置于我们之内的、毫无畏惧地评判那种威力，并把我们的使命思考为超越于这种威力之上的能力，而在我们心中生成深切的敬重。”

D.（第29节）从模态来看的崇高——崇高的模态规定性。康德称：“对自然界崇高的判断……是在人的本性中，即在人们能够凭借健全知性同时向每个人建议的并且能够向自己所要求的东西中有其根基的”“这样一来，在这上面就建立起别人对我们关于崇高的判断的赞同之必然性，这种必然性是我们同时一起将其包含在这个判断中的。……由于其中的判断力是把想象力与作为理念能力的理性相联系，所以我们就只是在某种主观前提下（但我们相信自己有权就这个主观前提向每一个人提出建议）才提出这种要求，也就是说，在道德情感的前提下提出这种要求，因而也就把必然性赋予了这种审美判断。”康德的崇高论带有悲剧论的色彩。许多批评家都认为，悲剧必须是崇高的一种形式，虽然崇高感并非一定是悲剧感，但悲剧感却必然是崇高感。古典悲剧精神实质上也就是一种崇高的精神。

③纯粹审美判断的演绎——美的艺术（艺术美）

像在《纯粹理性批判》安排了原理论的证明一样，《判断力批判》也安排了“纯粹审美判断的演绎”，分量很大，占了25节，其中除了论述鉴赏判断作为先天综合判断如何可能的问题外，有近一半论述了“美的艺术”即“艺术美”，现摘要介绍如下：

（第30节）关于自然对象的审美判断的演绎只能针对美。康德指出，一个审美判断在每一个主体方面的普遍有效性的要求，需要一个演绎，即合法性证明。但对自然界的崇高的审美判断不需要演绎。理由是：在对崇高的审美判断的说明中已经对其合法性进行了演绎。

基于上述理由，我们必须探讨的将只有对鉴赏判断的演绎，即对自然物之美的判断的演绎。

（第32节）鉴赏判断的第一特性。康德对鉴赏判断第一个特征的表述是：“鉴赏判断就对愉悦（作为美）而言，与每个人的赞同一起来规定自己的对象，就像它是客观的一样。”

他举例说，当我们说：这朵花是美的，那就等于只是把每个人对这朵花的愉悦的独特要求再说一遍，而绝不会由于这朵花的气味的快意而提出什么要求。因为对一个人这气味是令人爽快，对另一个人则使他头晕。这样看来难道不是说：美必须被看作是花本身（Blume selbst）的一种属性，这种属性不取决于这些头脑［心灵］和这些感官的多样性（Verschiedenheit），而它们这时要作出判断，就必须依据这种属性吗？但情况却不是这样的。因为鉴赏判断恰好就在于，一个东西（Sache）只按照那样的性状才叫作美的，在这种性状中，这个东西［的美］只取决于我们接受它的方式。

（第 33 节）鉴赏判断的第二个特征。康德表述说：“鉴赏判断根本不能通过论证性根据来加以规定，就好像它只是主观的一样。”关于论证性根据，康德举例说，如果某人觉得一座房子、一片风景、一首诗不美，那么首先，他不能被众口一声对这一切高度赞美强迫从内心表示赞赏。这时他清晰地看出，别人的赞赏根本不能充当美的评判的任何有效证据。所以不存在任何经验性的论证根据。其次，更不能用一个先天的证明按确定规则来规定关于美的判断，因为它是一个鉴赏判断，而不应当是知性判断或理性判断。看来这就是人们把审美的评判能力冠以鉴赏之名的主要原因之一。康德的结论是：鉴赏判断绝对总是作为对客体的一个单一性判断（einzelnes Urteil）来做出的，尽管它只有主观的有效性，但它却这样来要求一切主体，就像当它只是一个建立在知识根据之上并可以通过一个证明来强加于人的客观判断时，就总会发生的那样。

（第 34—40 节）鉴赏判断的演绎。这里康德主要提出了鉴赏判断作为先天综合判断如何可能的问题。具体有以下几点：首先（第 34—35 节），康德认为，鉴赏判断不可能有任何客观原则，只能有一种主观原则。鉴赏判断与逻辑判断类似，都预先假定了某种普遍性与必然性，但鉴赏判断所假定的则是主观的普遍性与必然性，它要求的是想象力与知性的协调一致。而为了通过演绎找出这种普遍性与必然性法律根据，就只有从鉴赏对象的形式特性［对康德而言只有纯粹的形式才是先天被给予的］入手。其次（第 36 节），康德指出，经验判断为被思考为一个客体［审美对象］的规定，必须依靠一些先天概念（范畴），以把直观的杂多综合统一起来，而这些概念的演绎是《纯粹理性批判》已经做了的，以解答理论知识中“先天综合判断如何可能的”的问题。但鉴赏判断却不是认识判断，而是一个反思性判断，它把愉悦看成是每一个人的必然要求，因此必须以某种先天原则(哪怕是主观的原则也好)为基础，并且也需要演绎。鉴赏判断既是综合的又是先天的，所以是先天综合判断，因此就有一个“先天综合判断如何可能的”的问题。再次(第 38 节)，康德认为就是鉴赏判断的演绎比较容易，因为既然鉴赏判断只涉及审美对象[例如一朵花]的纯形式，所以就必须被设定为对每个人都有效。最后(第 39—40 节)，康德认为，鉴赏判断既然是先天综合判断，就是可以互相传达的，而这种可传达性，首先是感觉的可传达性，这就是一种共通感，而鉴赏判断就是以这种共通感为基础的，它起源于人类的共同本性，像逻辑的共通感与道德的共通感一样具有普遍可传达性。

(第 41 节)对美的经验性兴趣。康德认为，对美鉴赏判断虽然不以任何兴趣为根据，但不等于不与任何兴趣结合在一起，只是这种结合是间接的，其中包括经验性兴趣与知性兴趣。而美的经验性兴趣只存在于社会即社交中，而社交是人的天性。例如一个流落到荒岛上的人独自一人既不会装饰他的茅屋也不会去打扮他自己，或者采集野花并把它们栽培起来点缀环境。而只有在社会里他才想到自己不仅是一个人，而且是一个文雅的人，并乐意和善于把自己的愉快传达给别人。

(第 42 节)对美的智性兴趣。康德认为，人们对自然美怀有一种直接的兴趣，这指的是自然美的形式。例如一个人孤独地观赏一朵野花、一只鸟、一只昆虫的美的形式而赞叹它、喜爱它，那么他就是对自然美怀有一种直接的、智性的兴趣。但是如果他发现那是一只人造花或人工雕刻的鸟，那么他所怀有的直接兴趣就消失了。康德认为自然美对艺术美的优点就在它唤起直接兴趣这一点上。但他又认为，对自然美的直接兴趣并不常见，只有那些已经被教修养已达到善的程度的人，或对这种修养有非常好的接受力的人，才具有这种兴趣。另外，艺术美则要么是对自然的模仿，甚至达到以假乱真的程度；要么是故意引起人们的愉悦，因此并不能引起人们的直接兴趣。于是康德得出结论说，自然美的种种魅力经常与美的形式融合在一起而被碰到，它们要么属于光的变换(在着色时)，要么属于声音的变换(在发声时)。因为这些感觉是唯一不仅容许感性情感，而且也容许对感觉变换的形式进行反思，因而就像自然用这种语言向我们倾诉，并使这种语言具有了更高意义一样。所以，百合花的白色似乎使我们的心灵情境趋于纯洁的理念，从红到紫七种颜色使我们心灵的情境趋向崇高、勇敢、坦诚、友爱、谦逊、坚强和温柔这样一些理念；鸟儿的歌声在倾诉它生存的快乐和满足。对康德而言，这就是自然美带给我们的愉悦。

（第43节）一般的艺术。康德认为"就形态（Form）而言，艺术美甚至胜过自然美"，他给艺术下定义说："我们……把通过自由而生产，即通过以理性为其活动基础的某种任意性而进行的生产，称之为艺术。"又说："如果我们把某物绝对地称之为一件艺术品，以便把它与自然的产物区别开来，那么我们就总是把它理解为一件人的作品。"这里康德突出了艺术创作的人本主义与自由主义思想。

（第51节）美的艺术的划分。这里康德首先给美下了一个一般性的经典定义："我们可以一般地把美（无论是自然美还是艺术美[其中也包括崇高美]）称之为对审美[感性]理念的表现（Ausdruck ästhetischer Ideen）"这意思无非是说：美是感性化理念的表现。这个定义与黑格尔给美所下的定义"美是理念的感性显现（Schöne…als das sinnliche Scheinen der Idee）"有异曲同工之妙，都把美看作一种外在的表现或显现。只是康德的定义是主观唯心论的，因为对康德而言，理念就是理性的概念，而感性化的理念不过是感性化的理性概念，而感性理念终究是人们头脑中主观的东西；而黑格尔的定义则是客观唯心论的，因为对黑格尔而言，理念是在人们头脑之外的客观的东西。接着康德区分了三种艺术：语言艺术、造型艺术、感觉游戏艺术，但他在别处（第14节）谈到造型艺术时说："在绘画中，雕刻艺术中，乃至在一切造型艺术中，在建筑艺术、园林艺术中，就它们为美的艺术（schöne Künste）[即艺术美（Kunstschönheit）]而言，[体现纯形式的]素描（Zeichnung）都是根本性的东西，在素描中，不是通过其感觉而使人快乐的东西，而是通过其形式而使人喜欢的东西，才构成了鉴赏的一切素质（Anlage）的基础。而使轮廓生辉的颜色则属于魅力（即刺激），它们虽然使对象的感觉生动起来，但不能使其值得观赏并使其称为美的（aber nicht anschauungswürdig und schön machen），不如说它们大部分是受到美的形式（schöne Form）所要求的东西限制着的，即使在魅力被容许的地方，它们也只是由于美的形式才变得高贵起来。"这就是康德关于形式主义艺术美的经典表述了。

（第46节）美的艺术是天才的艺术。

第1段　康德称："天才（Genie）就是给那艺术提供规则的才能（禀赋）。"由于这种才能作为艺术家的天生创造能力本身是属于自然[即心灵的自然（《纯粹理性批判》）]的，所以我们也可以这样来表述：天才就是天生的心灵素质

(Gemütsanlage),通过它[心灵素质]自然给艺术提供规则。

第2段 因此:美的艺术不能不必然地被看作是天才的艺术。

第4段 所以:1. 天才是一种产生出不能为之提供任何确定规则的那种东西的才能,创造性是它的第一特性;2. 虽然可能会有独创的胡闹,但天才的作品又必须同时是典范(Muster),可供别人用来模仿;3. 天才自己不能科学地指明他是如何创作出自己的作品来的,也不能提出一种独创性的理念,只能把他的作品归之于灵感(Eingebung);4. 自然[心灵的自然]通过天才不是为科学,而是为艺术颁布规则,而且这种艺术应当是美的艺术。

(第60节)鉴赏方法。康德强调,美的艺术的最高完善性不在于规范,而在于通过人文学科的预备知识得到陶冶和教养。因为人性或人道一方面意味着同情心,一方面意味着普遍传达的能力。正是通过社交,人类把自己与动物区别开来。因此一个时代、一个民族必须找到使最有教养的部分的理念与较粗野的部分相互传达的方法,以求把最高教养的合法则性强制与这种教养的固有价值的自由本性结合起来。这里康德强调了一个时代和一个民族的教养程度对提高鉴赏力和做出审美判断或鉴赏判断的重要性。

总之,康德的美学思想有许多合理的成分,它们成为本书的重要思想资源,因而被我们多加吸取和频繁引用,这里还望读者能够给予谅解。

(2)黑格尔的客观唯心主义美学思想

黑格尔(1770—1831)生活于普鲁士君主专制时代,代表刚刚兴起的软弱的资产阶级(第三等级)的利益,是德国古典哲学的集大成者。黑格尔建立了一个庞大的客观唯心主义哲学体系。黑格尔的客观唯心论实质上是一种颠倒的唯物论,是康德到费尔巴哈的中间过渡环节。在黑格尔看来,"绝对理念"(绝对观念)是宇宙的本原,一切存在的共同本质和最初的原因,先于自然界和人类社会的永恒的实在,它在运动和发展中经历了三个阶段:逻辑阶段(《逻辑学》)、自然阶段(《自然哲学》)和精神阶段(《精神哲学》),而精神阶段是绝对理念发展的最后阶段,包括主观精神、客观精神和绝对精神。"绝对精神"或"世界精神"是绝对理念发展的最高阶段,包括美学、宗教和哲学三种意识形态。他的美学思想充分体现在他的皇皇巨著《美学》一书中,其中充满了人本主义精神,是西方美学史上的里程碑,具有不可估量的意义。但他的《美学》却是难懂的,因为他的美学的合理内容被束缚在他的哲学体系的外壳中,到处都拖着绝对理念的阴影,被当成是宇宙的最高实体，而且为了体系的需要，他到处贯彻从抽象到具体的先验方法，即到处套用其“正（一般）、反（特殊）、合（单一）”的三段论，这当然是不可取的。因此人本主义美学的任务是摆脱黑格尔绝对精神或世界精神的阴影，把其合理的美学思想内核，从他僵硬的理论体系中剥离出来，把被黑格尔颠倒了的东西恢复过来，认清黑格尔的所谓绝对精神或世界精神不过是异化了的时代精神。马克思曾熟读黑格尔的《美学》一书，对黑格尔的合理美学思想的内核有深刻的理解，这种理解在其1844年《手稿》中有着充分的体现。下面我们就对黑格尔的美学思想摘要地加以介绍。

①美的理念

黑格尔认为“美本身就是理念”，因此我们先看看他对理念的论述：

A. 理念。黑格尔说“美本身（Schöne selber）就应该理解为理念（als Idee）”，而且应理解为一种确定形式的理念，这就是理想。（《美学》，第一卷第135页）他还认为：理念不是别的，就是概念和概念所代表的实在，以及这二者的统一。不过这种统一不是二者的“抽象的统一”，“而是本身已包含各种差异在内的统一，因此它是一种具体的统一”。例如“人”这个概念，就包含“感性”与“理性”、“身体”和“心灵”这些对立面，但却不是互不相关的对立面的混合，而是调和了的（vermittelt）统一。对黑格尔来说，这样的概念就是“观念性的统一”（ideeller Einhet），而这种观念性的统一就是“有自我意识的‘我’”（selbstbewßte Ich），就是“灵魂”（Seele）。正是在这个意义上，理念就是：概念与实在的统一整体。但这种理念并不是逻辑学的“绝对理念”或“宇宙精神”，而是“化为符合现实的具体形象”，它不是别的，就是“美的理想”或“理想美”。（同上，第一卷第92—93页）

B. 理念的客观存在。黑格尔认为：一切存在的东西只有作为理念的一种存在时，才有真实性，因为只有理念才是真实的东西。因此在他看来现象之所以真实，并不是由于现象有内在或外在的客观存在，而是由于这种实在是符合概念的。因此只有在实在符合概念时，客观存在才有现实性和真实性，因为在这种实在里，理念使它自己达到了存在。（同上，第一卷第141—142页）

C. 美的理念。前面已经说过，在黑格尔看来，美就是理念。所以一方面美与真是一回事，但另一方面美与真还是有区别的，因为说理念真（真实），是说理念符合它的自在本质和普遍性。所以作为思考对象的东西，不是理念的感性的外在存在，而是这种外在存在里面的普遍性理念。但另一方面，理念也要在外在世界实现自己。因此真或真实也是存在着的。而当真在这种外在存在中直接呈现给意识,而且它的概念直接与它的外在现象处于统一体中时,理念就不仅是真的,而且是美的了。于是黑格尔给美下定义说:“美就是理念的感性显现。”这无异于说:美就是感性地显现出来的理念。这个定义体现了美的形式(感性形象)与内容(精神意蕴)的统一。于是黑格尔说:“正是概念在它的客观存在里与他本身的这种协调一致才形成美的本质。”而且他又认为:把概念与它的存在结成一体的绳索和力量却是主体性、统一性、灵魂、个体。这里体现的正是一种人本主义精神。(同上,第一卷第142—143页)

②自然美

黑格尔认为:美学的对象就是广大的美的领域,更精确点说,它的范围就是艺术,就是美的艺术。(同上,第一卷第3页)而“美就是理念”(同上,第一卷第142页),而且“理念的最浅近的客观存在就是自然”,所以“第一种美就是自然美”。(同上,第一卷第149页)因此黑格尔并不完全否认自然美,只是认为“艺术美高于自然美”,“自然美只是属于心灵[精神](Gest)①的那种美[即精神的美]的反映”(同上,第一卷第5页),因此是有“缺陷”的美。因此黑格尔与康德相反更看重的是艺术美。这里先看一下黑格尔所理解的自然美,可归结为以下几点:

A. 自然美本身。(同上,第一卷第149页)黑格尔认为:在自然界中,理念作为生命②和概念,在实在中有三种表现方式。一是“概念直接沉没在客观存在里”,这就是毫无灵魂的感性的物质的东西,如金属。二是较高一级的自然物,这时独立存在的个别物体处于同一个体系中,如太阳系中太阳、地球和月球。三是作为活的有机生命的自然,它们是“显现于自然的理念”。

B. 自然生命作为美。(同上,第一卷第160—167页)黑格尔说:“自然界的生命才是美的。”在他看来,“自然美只是为其他对象而美,这就是说为我们[人],为审美的意识而美”。[这就是马克思所说的自然美的“属人的本质”]他认为:首先,是有生命的东西的自发运动不能使我们感到自然美;其次,一个有机体如果只看出形式、颜色运动等的差异性,还是不算美,如鳄鱼、癞哈蟆、鸭嘴兽等,但如果这些差

① 朱光潜把“Gest”(精神)一律译为“心灵”似乎不妥。

② “生命”概念是黑格尔哲学中的一个非常重要的概念,例如在《逻辑学》中“生命”被看作逻辑理念发展三阶段的第一个阶段,他说:“直接性的理念就是生命。”(黑格尔:《小逻辑》,贺麟译,商务印书馆,1980年版,第404页)

异性显现出生气的灌注[即生命],从而使各差异的部分融为一个整体,并且这种统一是通过思考来掌握的,那么就使人感到美;第三,在自然界中如果我们能够通过一种充满敏感(Sinn,感性)①的观照(Anschauung,直观),来维持真正的审美态度,把审美对象的外在方面(即感性直观)与内在本质(即概念和理念)统一起来,这样"自然作为具体的概念和理念的关系表现时,就可以称为美的"。(同上,第一卷第168页)例如狮子和老鹰的强劲,就可以看成是美的。但黑格尔又认为,对这种自然美的观照(直观)还只是对美的概念或理念的"朦胧预感",这里充分显示出黑格尔的客观唯心主义自然观。

C. 对自然生命[美]的观察方式。(同上,第一卷第168—171页)黑格尔认为,对自然美的观察方式可以从三方面来看。第一,只有自然形象体现出生气灌注的互相依存关系时,才可以见出自然的美,例如自然结晶体就是这样。第二,自然美的内在生气灌注有三种表现:首先,根据我们对生命的观念[或表象],动物的活动和敏捷就显得美,如一些鸟类,而没有剧烈运动和活动能力的动物就显得不美(丑),如鳄鱼、癞蛤蟆、鸭嘴兽;其次,对自然风景的观照中如山峰的轮廓、蜿蜒的河流、树林、天和海等的"外在和谐"可称之为自然美;再次,如寂静的月夜、平静的山谷、波涛汹涌的海洋,因其能唤醒人所特有的某种心情,所以都可以说是自然美。第三,自然美的顶峰是动物的生命美,但这种美还仅仅是自在(潜在)的,而不是自为(为我)的,是缺少自我意识的和见不出自由和无限的理想之美的。

③抽象的外在美

黑格尔在"自然美"这一章中专门论述了抽象的外在美,即"抽象形式的外在美"与"感性材料的抽象统一的外在美",认为它们仅仅是精神或灵魂的美的一种"抽象的显现",即"抽象的形式",因此是有缺陷的美,并且这种外在形式又与感性材料密切相关,这就是所谓的"双重的现实",两者的关系相当于亚里士多德的"形式"与"质料"的关系,是密不可分的。现在我们把它们提出来专门加以介绍,主要是两方面。

---

① 德文"Sinn"一词本来含有"感觉""感官""心意"等义,朱光潜译为"敏感",以表明该词比康德所说的"静观"(Kontemplation,凝视)更主动、更充实,是感性直观与概念两方面的统一,因此包含着康德在《纯粹理性批判》中曾排除的人类"理智直观"的内容。

A. 抽象形式的美(即形式美)。按黑格尔的说法,这种自然美的抽象形式是自然美的外在定性和从外因来的[即非精神渗透了的]统一,包括整齐一律、平衡对称、符合规律与和谐。(同上,第一卷第173页)

第一,整齐一律与平衡对称。整齐一律就是外表的一致性,是统一形状的一致的重复,例如直线就是最整齐一律的。平衡对称与整齐一律相联系,是指大小、位置、形状、颜色、声调等类的定性差异以及这些差异以一致方式的结合,如一座房子上下、左右排列着几组同样大小的窗子,看起来就是平衡对称的,又如人体的两只眼睛、两只胳臂、两条腿等也是这样。总之,整齐一律和平衡对称这两种形式的主要特征,在自然界的形体构造方面占有统治地位。

第二,符合规律。符合规律是一种本质上的差异面的整体,是差异面在整体上表现出的统一和相互依存关系,使感官得到满足,例如椭圆、抛物线和卵形所显示出来的规律性。

第三,和谐。和谐比符合规律更高级,是差异面表现出的协调一致的统一,即相互依存和内在联系的统一,如形状、颜色和声音的和谐,又如黄和蓝的结合构成的绿而表现出的美。

B. 感性材料的抽象统一的美。这种美指的是线、面、形状、颜色和声音等方面的抽象的纯粹的美,如笔直的线、平滑的面、天空的纯蓝、空气的透明、平静的湖能够给人带来愉悦。声音的纯粹也是如此,如一个人的纯正口音所产生的动人力量。黑格尔认为,这种感性材料的抽象统一所表现的是"感性材料……本身完全不含差异面的协调一致",它们同样能够给人们带来快感。当然,黑格尔时代还没有系统论,他不懂系统质的概念,不懂整体大于部分之和的道理,因此没有完全说清感性材料的抽象统一美与抽象形式的外在美之间的关系。

但在黑格尔看来,这些外在的形式美都是无生命的统一,都缺少观念性和主体性,因此都不能达到真正的美。这一点与康德的形式美成了鲜明的对照。但不管怎么说,黑格尔的外在形式美与康德的纯粹美或形式美还是相通的。区别只在于:在康德那里,纯粹的美是通过四个契机(质、量、关系、模态)来论证的,而黑格尔是通过形式美的四个特征(整齐一律、平衡对称、符合规律与和谐)来论证的。

④美的艺术或艺术美。

对黑格尔来说,美的领域主要是艺术,即美的艺术或艺术美,而艺术品则"只有通过心灵而且由心灵的创造活动产生出来"(同上,第一卷第49页),因此艺术品是“作为人的活动的产品”，即作为“自由人”和“主体”的人的“心灵的产品”或“心灵的表现”，而“心灵”也就是“精神”，因此艺术品同时也就是人的“精神产品”(同上，分别见第一卷第33、39、49、38、201、88页，第二卷第5页)，所以艺术“属于心灵的绝对领域”(同上，第一卷第129页)，而“自由是心灵的最高定性”(同上，第一卷第124页)，因此艺术美的根本特性是“自由性”(同上，第一卷第10页)，因为“美本身却是无限的，自由的”(同上，第一卷第143页)。因此他认为“艺术美高于自然”“真正是美的”“因为艺术美是由心灵产生和再生的美”(同上，第一卷第4—5页)，即艺术美是“由心灵的创造活动产生出来”的(同上，第一卷第49页)。当然对黑格尔来说，这种“心灵”或“灵魂”是美的、高贵的、有教养的和自由的心灵或灵魂。这里黑格尔特别强调艺术品的“人性”，说：“艺术作品中的感性因素[即外在形象或形式]……是为人类心灵而存在的”，而“‘人’这个概念包含感性与理性，身体和心灵这些对立面”，“人就是这些对立面所结成的具体的经过调和的统一体”(同上，第一卷第101、45、137、138页)。这哪里是什么唯心主义美学思想？相反，这里充分体现了黑格尔的人本主义和自由主义美学思想(同上，第一卷第301页注②)，这是怎么估计都不过高的。关于这种艺术美，他提出：“美的要素可分为两种：一种是内在的，即内容，另一种是外在的，即内容借以现出意蕴和特性的东西[即形象或形式]。”(同上，第一卷第25、87页)他把艺术美分为三个类型。

A. 艺术美的特殊类型。

黑格尔把艺术美划分为从低到高三种历史类型。

第一，古代东方的象征型艺术(同上，第一卷第93—97页)。这种艺术以古波斯、古印度和古埃及的住房、宫殿、庙宇和神像与偶像为代表。按黑格尔的说法，这种艺术还没有真正的表现力，只能说是一种“图解的尝试”，是一种“单纯的符号”，是一种“象征”。这时理念还没有在它本身找到所要表现的形式，只限于自然形态的感性材料(如砖瓦、木料、石头)，并被束缚在这些材料上，因此“都不能达到真正的美”。黑格尔举出古波斯传说中的巴比伦塔和希罗多德所描绘的伯鲁斯塔，认为它们象征着民族的统一和团结。还有印度巨大的生殖女神像，象征着普遍的生命力。还有埃及的狮身人首像，象征着强壮，以及金字塔，象征着生死轮回和灵魂不朽，等等。

第二，古希腊、罗马的古典型艺术(同上，第一卷第97—99页)。这种艺术以古希腊、罗马的雕刻为代表，达到了最高度的优美，成为“真正的艺术”。按照黑格尔的说法，这种艺术把理念自由地、妥当地体现在适合于理念的形象上，即人的形象上，因为人的形象是唯一符合心灵的感性现象，包括单独雕像和雕像群，立体雕像和浮雕，裸体的和穿衣的雕像。黑格尔认为，这种雕刻的本质是“客观的精神性”或“在肉体中自为存在的精神性”，它们表现的是善良、正直、勇敢、明智等特性，这些特性就是“一个人的经久不变的性格”。黑格尔还特别论述了“美的雕刻形象”，认为这种形象的特点是“排除现象中的个别特殊细节”“排除面相表情”和“具有实体性的个性”，最有代表性的是掷铁饼者和维纳斯女神像。

第三，欧洲中世纪以来的浪漫型艺术（同上，第一卷第 99—103 页）。这种艺术以绘画、音乐、诗歌为代表。黑格尔认为在这种艺术中，主体性原则既侵入了内容，又侵入了表现方式，“精神于是退回到它本身……和一般外在自然相对立，也和它本身的肉体相对立，而且就连精神领域本身，精神的客观实体性，和有生命的主体的个别情况也分裂了……”（同上，第三卷上册第 215—216 页）其表现既体现在内容方面，也体现在外在表现方面。在黑格尔看来，这个新原则表现在绘画艺术、音乐艺术和语言艺术（诗和散文）中。

当然，对黑格尔来说，艺术美是心灵[精神]的产品，而心灵的领域则包括艺术、哲学和宗教三类（同上，第一卷第 129 页），相比之下，艺术的地位最低，因此它必须屈尊于宗教与哲学之下，并最后遭到被扬起的命运。这就是黑格尔美学的历史局限性，就此而言他远远落后于康德。

今天看来，黑格尔的艺术类型论是不科学的，按照房龙在《人类的艺术》一书的说法，就是“一切艺术，不仅反映艺术家的经济环境，而且反映他们的地理位置”。房龙还举例说古埃及人的宫殿和神庙建筑艺术与他们容易在邻近地区搞来石料有关，希腊人的雕刻艺术与他们所居住的岛屿常年充满阳光、人们是户外活动者而且附近盛产大理石有关，荷兰人的绘画和音乐艺术则与他们的国家雨天多而适合于在室内从事艺术活动有关。（房龙：《人类的艺术》，中国和平出版社，1996 年版，第 30 页）但尽管如此，黑格尔的艺术类型论却还是充满了历史感，坚持了历史与逻辑理念的统一，这是应该肯定的。

B. 美感。

上面我们已经提到过，在黑格尔看来，美学的范围精确点说，就是艺术，就是美的艺术。但黑格尔又认为，艺术品作为诉之于人的感官的、从感性世界吸取源泉的作品，是为人的感官而创作的，其用意“在于引起情感”，即“快感”。（《美学》,第一卷第40页)他认为情感纯粹是一种"主观感动的一种空洞的形式",就内容来说包括正义感、道德情感、宗教情感等(同上,第一卷第41页),而艺术所引起的情感则是美的,他称之为"美的情感"(Empfindung des Schöne,朱光潜译为"审美情感"是不对的)(同上,第一卷第42页),即"美感"(Schöhetssinn)。而且他认为美感只限于视觉与听觉。(同上,分别见第一卷第48页,第三卷上册第13页)这里他所强调的主要是以下几点(同上,第一卷第42—49页):

第一,美感需要有文化修养,有修养的美感就是趣味或鉴赏力,而鉴赏力又需要"完整的理性和坚实活泼的心灵[精神]"。

第二,对艺术作品的鉴赏需要有深刻的学问,包括作品的全部个别特点,例如时代背景、历史知识、艺术家生平等。

第三,艺术作品作为感性对象,和作为感觉主体(情感主体)的人有一种关系,因为艺术品"是为人类心灵[精神]而存在的",是"诉之于心灵[精神]的",使心灵"受它感动,从而得到某种满足",所以对艺术品的掌握就不是"单纯的感性掌握"(即单纯的直观),也不单是"对于对象的个体存在[即单独的艺术品]感兴趣",而是要使艺术品"心灵[精神]化",并使"心灵[精神]的东西也借感性化而显现出来"。

C. 艺术理想。

前面康德已经论述了"美的理想",这里黑格尔所谈的是"艺术的理想",实际就是美的理想,它构成了黑格尔艺术理论的核心部分(同上,第一卷第197—378页),主要是以下几个方面:

第一,理想本身(美的个性)。在黑格尔看来,既然美是理念的感性显现,那么理念就是概念和它代表的实在的统一体、观念性的统一体、灵魂的统一体。黑格尔又认为"灵魂集中在眼睛里",灵魂不仅通过眼睛去看外面的事物,而且还要通过眼睛被别人看见[正如达·芬奇所说,眼睛是"灵魂之窗"]。黑格尔认为:艺术把它的每一个形象(身体形状、面容、行动、事迹、语言、声音等)都化成眼睛,"人们从这眼睛里就可以认识到内在的无限的自由的心灵"。黑格尔要求:一,艺术作品通体要有生气灌注,通过眼睛直通心灵或灵魂;二,艺术要把现象中不符合概念的东西清洗出去;三,艺术理想的本质就是把外在事物还原到心灵性的事物,使外在现象符合心灵,成为心灵的表现,因此理想就是从个别偶然的东西中拣回来的现实,显现为“活的个性”。其实这种“活的个性”不是别的,就是艺术典型,虽然黑格尔没有使用这个概念。

但黑格尔又认为,这种作为内容的理想与作为外在因素的形象(形式)是密切相关和互相融合的。他把这种外在因素称为“自然”,这就是典型人物的外在表现,即“自然事物的外形和现象”,包括自然风景、人的面貌和表情等。他认为,这些外在因素都是“经过心灵[精神]掌握的东西”,都受到“心灵[精神]渗透和影响的”,因此已经是“观念化了的”(同上,第一卷第215页)。

第二,一般世界情况与具体情境。这里所论述的实际就是艺术形象的历史环境或历史背景问题。黑格尔区分两种环境。

a. 是一般的世界情况,即人们所说的时代背景或时代精神(这是一般),包括三个时代。一是英雄时代,其特点是“个体的独立自足性”,“只有在个性与普遍性的统一和交融中才有真正的独立自足性”。希腊人在这个时代还没有国家和法律,道德成为他们行为的基础,荷马所写的英雄们就是这样。二是现代,即资产阶级时代,已形成了法律、道德和政治关系,个人的独立自足性发挥的领域都很狭窄。三是“独立自足性”恢复的时代,即发达的市民社会时代。黑格尔认为,一方面这个时代是符合理性的,另一方面一些作品中的人物又要反抗市民社会本身,于是就产生了悲剧,因此艺术形象的人格就带有悲剧性,像席勒和歌德作品中的一些人物。

b. 是具体情境(即特殊)。黑格尔认为,情境是世界情况的特殊化,它表现为三种情况。一是情境在尚未转化为具体定性之前,还保持着普遍性的形式,这就是无定性的形式,例如古代庙宇、希腊雕刻、基督教的造型艺术就是这样。二是情境由普遍性转到特殊化,这是一种平板式(无害的)的定性,还没有产生矛盾和矛盾的解决,如抒情诗。三是冲突,以破坏作为基础,但这种破坏不是始终的破坏,而是要否定它,以达到“作为两对立面斗争的结果”的冲突的解决。例如古希腊的悲剧三部曲。

第三,动作(情节)。黑格尔认为,有了产生冲突的环境,就必定会产生动作。意识所表现的动作有三个要点。一是引起动作的普遍力量。黑格尔认为,在真正的美里,冲突所揭露的矛盾中每一方表现都带有理想的烙印,各种理想性的旨趣表现互相斗争,这个力量反对那个力量。这些普遍的力量就是艺术的伟大动力,就是永恒的宗教和伦理关系,如家庭、祖国、荣誉、爱情等。二是发出动作的个别人物。黑格尔认为,在现实中发出动作的是人,即个别人物,动作的蓄谋和最后的决定和完成都要靠他们才行,而活跃在人心中的东西则是"情致",它是合理的情绪力量,是"艺术的真正中心和适当领域"。于是又有了第三个环节,就是人物性格。总之,在黑格尔看来,艺术冲突来自典型人物与其所处的历史环境所产生的矛盾,正是这种矛盾造成了悲剧。黑格尔的艺术冲突论是他的矛盾辩证法的光辉体现。黑格尔的悲剧理论成为西方自亚里士多德提出悲剧论以来的最高成果,具有很高的艺术理论价值,至今仍有一定指导意义。下面我们就具体介绍一下黑格尔关于人物性格的论述。

第四,人物性格。黑格尔认为:"性格是理想艺术的真正中心。"(同上,第一卷第300页)这种人物性格讲的就是艺术典型,是"这一个",是黑格尔艺术理论中最精彩的部分。黑格尔说:"理念作为理想……在它的得到定性的状态中鉴赏自己和自己发生关系的主体的个性。但是真正的自由个性,如理想所要求的,却不仅要显现为普遍性,而且还要显现为具体的特殊性,显现为原来各自独立的这两方面的完整的调解和互相渗透,这就形成完整的性格……"(同上,第一卷第300—301页)这就是通常所说的典型性格,包括三个方面。

a. 丰富性。黑格尔解释说:"人的心胸是广大的,一个正直的人就同时具有许多神,许多神只各代表一种力量,而人却把这些力量全包罗在他的心里……"(同上,第一卷第301页)他认为,一个性格之所以能引起兴趣,就在于它的整体性和丰富性。他以荷马作品中阿喀琉斯为例,说明他年轻、勇敢、有力量、爱他的母亲、尊敬老人等。

b. 特殊性与个性。黑格尔认为,性格的特殊性中应该有一个主要方面,同时又要保持住生动性和完满性。他以索福克勒斯的悲剧形象、希腊的雕刻形象和罗密欧与朱丽叶的形象为例加以说明。

c. 坚定性。黑格尔认为,人物性格中"必须具有一种一贯忠实于它自己的情致所显现的力量和坚定性。如果一个人不是这样本身整一的,他的复杂相关的种种不同方面就会是一盘散沙,毫无意义"(同上,第一卷第307页)。他以高乃依的杰作《熙德》中的主人公罗竹里格为例加以说明，而反面的例证是歌德《少年维特的烦恼》中的维特，那是一种变态的性格。

第五，艺术家。（同上，第一卷第356—366页）黑格尔像康德一样，在他的美学里也谈到了艺术家，包括三点。

a.艺术家的想象力，天才和灵感。我们先看想象力（Phantasie，想象力、幻想）［康德用Einbildung］。他说：艺术家最杰出的艺术本领就是想象力，即创造性的想象力。第一，他强调艺术家的创作所依靠的是“生活的富裕”，不能靠“幻想”，并且他还要有牢固的记忆，把花花世界记住。第二，他强调想象不能停留在对外在和内在现实的“单纯吸取”，而是需要深思熟虑，把他身心以内的东西搬到意识中去。第三，他强调艺术家要使生活的材料体现他的自我，体现他自我主体的内在特性。因此他必须有很多的经历和丰富的生活。

b.才能和天才。艺术需要个性化，需要一种特殊的本领，这就是才能，如歌唱的才能。但为了达到艺术本身的完备就需要天才，以便供一般性的艺术本领和灌注生气发生作用。黑格尔认为天才需要的只是与生俱来的资禀，再加上教育、文化修养和勤勉。再次是灵感。黑格尔认为：想象活动和技巧的运用作为艺术家一种能力单独来看就是灵感。要煽起灵感，面前就要先有一种明确的内容，即灵感的材料。

c.风格。黑格尔说：“法国人有一句名言：‘风格就是人本身。’”又说：“风格在这里一般指的是个别艺术家在表现方式和笔调曲折等方面完全见出他的人格的一些特点。”（同上，第一卷第372页）例如教堂音乐风格、歌剧音乐风格、历史画风格、风俗画风格等。

第六，悲喜剧论。黑格尔在《美学》第一卷中已经涉及悲剧论（同上，第一卷第260—261页），而在《美学》第三卷下册的结束部分（同上，第三卷下册第282—335页）则集中论述了他的悲喜剧思想，作为整部《美学》的结束语，占据了非常重要的地位。他认为悲剧、戏剧和正剧这三个剧种是戏剧分类的基础。

a.悲剧。黑格尔按照“普遍—特殊—个别”的三段论来分析悲剧的产生和解决过程。他认为，首先，就悲剧的普遍定性而言，形成动作情节的真正内容意蕴的出发点，是悲剧人物的所追求的目的，即人类意志的实体性力量，包括亲属爱、公民的爱国心和统治者的意志、宗教生活中对现实的积极参与。悲剧人物就具有这些优良品质，他们完全是按照原则该做和能做到的人物。他们按照个性把自已及其真实生活内容的某一方面紧密结合成一体，并且负责维护它。所以原始悲剧（希腊悲剧）的真正主题是“神性的东西”（指黑格尔的“绝对理念”，实为时代精神），这就是具有时代特征的“伦理性的因素”。其次，是已经外化为“客观存在的概念”（即伦理性因素）要服从于个别具体化的原则。根据这个原则，各种伦理力量（亲属爱、爱国心等）和发出动作的人物性格各不相同，于是就产生“互相对立”和“互相排斥”，导致“不可避免的冲突”，双方都为维护自己的“伦理理想”而陷入“罪过”或“不义”之中。再次，是悲剧冲突的解决。黑格尔认为，悲剧冲突的后果只有两种，一是悲剧人物的毁灭（如疾病、财产损失和死亡），二是被迫退让。因此悲剧冲突的解决是：通过冲突，永恒的正义利用悲剧人物及其目的来显示出他们的个别特殊性（片面性）破坏了伦理的实体和统一的平静状态，而随着个别特殊性的毁灭，永恒的伦理的实体和统一又恢复过来了。（同上，第三卷下册第287页）这就是黑格尔的辩证法，也正是列宁所说的“发展是对立面的统一（统一物之分为两个互相排斥的对立面以及它们之间的互相关联）”（《哲学笔记》，第408页）。[①] 当然人们可以说“永恒的正义是没有的”，但对马克思而言永恒的正义是有的，那就是社会主义和共产主义，人类社会发展的高级阶段，即“人和自然界之间、人和人之间的矛盾的真正解决”（《手稿》，第73页）。因此黑格尔的悲剧论有着合理的内容，正如鲁迅所说的“悲剧将人生的有价值的东西毁灭给人看”，就是对黑格尔悲剧论的深刻诠释，应为我们所吸取。

b. 喜剧。按照黑格尔的看法，喜剧与悲剧“是互相对立的”，如果说在悲剧里是永恒的实体性因素以和解的方式达到胜利，那么在喜剧里“无限安稳的主体性却占着优势”（《美学》，第三卷下册第290页）。他也是按照“普遍—特殊—个别”的逻辑顺序加以论述的。首先，喜剧的一般场所是：戏剧人物作为主体成为完全的主宰，而他所追求的目的并没有实质（实体）[即只是空想或幻想]，所以遭到

① 朱光潜先生批评黑格尔的辩证法说：“对立两方面依他看各有片面性，都须否定掉……不是这一方面克服另一方面……”（《美学》，第三卷下册第242页注①）这个批评是错误的。

毁灭。戏剧之所以令人发笑,是因为主体(戏剧人物)非常愉快和自信,超然于自己的矛盾,不觉得其中有什么辛辣和不幸,他自以为有把握可以使他的目的得到解决和实现。其次,真正喜剧有三种情况。一是主体以认真的样子,采取周密准备,去实现一种本身渺小空虚的目的,在意图失败时而高高兴兴地超然于这种失败之上。二是相反的情况:个别人物本想实现实体性目的,但却起了相反的作用,致使这种实体性目的变成单纯的幻想,结果造成了目的和人物及其性格的矛盾。三是由于偶然事故的出现导致情境的复杂化,使目的和目的的实现、人物性格和外在情况都成了戏剧性矛盾。第三,由于出现了上述矛盾,在戏剧动作情节里绝对真理和它的个别现实事例之间的矛盾显得更突出和深刻,致使戏剧性矛盾的解决中遭到毁灭的既不是实体性因素(如伦理理想),也不是主体本身,而是实体性目的消失,而主体性在这种解决中仍然是主宰,它仍然存在,没有遭到损害,所以仍然徜徉自得,一笑了之。实质上黑格尔所说的喜剧不过是戏剧人物的自不量力的一场闹剧而已,这正应了鲁迅所说“喜剧将那无价值的[的东西]撕破给人看”。

c. 正剧。黑格尔认为,正剧是悲剧与戏剧之间的剧种,它力求悲剧与喜剧的和解,也有三种情况。一是剧中主要动作是严肃的,但却用喜剧的方式来处理,黑格尔认为,近代戏剧就常把悲剧与戏剧交错在一起。二是把悲剧的掌握方式与喜剧的掌握方式调节成一个新的整体,使其互相冲淡而平衡起来。三是正剧的界限摇摆不定。当然,实际上,不仅正剧是摇摆不定的,就是悲剧与喜剧的界限也是对立的统一,可以互相转化。总之,黑格尔的戏剧分类学说有许多合理的地方,应该为我们所借鉴和继承。

黑格尔美学的核心思想和内容大致就是这些,这里充满了辩证法和历史感,充满了人本主义和自由主义精神,但同时也充满了康德所反对的独断主义或教条主义,例如他的独断论的辩证法三分法和否定之否定的三段论,这当然是不可取的。但是黑格尔的美学思想却无比深刻,无比丰富,涉及艺术史分类和各门艺术体系,并且黑格尔逐一作了详细论述,这占据了很大的篇幅,这里不能详细介绍。我们的《人本主义美学概论》受惠于黑格尔美学之处甚多,因此也将不厌其烦地反复加以引用和借鉴,这是需要向读者申明并请求谅解的。

(3)费尔巴哈的唯物主义美学思想

费尔巴哈(1804—1872)是德国哲学家。早年在海德堡学习神学,后到柏林跟随黑格尔学习哲学,成为“青年黑格尔学派”的成员。1839 年公开反叛基督教观念,同年发表了《黑格尔哲学的批判》,1841 年发表《基督教的本质》,批判了宗教和唯心主义哲学。

费尔巴哈是德国古典哲学的最后一个哲学家,是唯物主义者和人本主义者。他把自己的学说称为人本主义(Anthropologismus,人类学主义)或人本学(Anthropologie,即人类学)。他在谈到自己的哲学思想时说:“我的学说或观点可以用两个词来概括,这就是自然界和人。”(《费尔巴哈哲学著作选集》,下卷第 523 页)但他又认为:自然界这个无意识的实体,是第一性的实体,不过是时间上的第一性。而人是有意识的实体,在地位上是第一性的。(同上,下卷第 523 页)这就是费尔巴哈的以人为本的人本主义。对费尔巴哈来说,人的本质或类本质“就是理性、意志、心[情]”(同上,下卷第 27—28 页)。他说:“人的绝对本质、上帝,其实就是他自己的本质。所以,对象所加于他的威力,其实就是他自己的本质的威力。”(同上,下卷第 30 页)又说:“一个完善的人,必定具备思维力、意志力和心力。”(同上,下卷第 28 页)又说:“理性、爱、意志力,这就是完善性……就是最高的力……就是……人的绝对本质。”但费尔巴哈又认为“真理、本质、实在仅仅在感性之中”(同上,下卷第 435 页),说什么“只有爱,才是人的心”,而且爱和心又是人的“生命之原则”(同上,下卷第 86 页),并且爱和心,即感性和感情,是“至高的真理”“至高的本质”(同上,下卷第 87 页),正如马克思所理解的:对费尔巴哈来说,一切科学必须从“感性”,即从“自然界”出发,才能成为“真正的科学”。(《手稿》,第 81—82 页)这就是费尔巴哈唯物主义人本学或人类学的基本含义。费尔巴哈正是在这种人类学哲学的基础上提出了他自己的美学思想。主要可归结为下几点:

①关于美学。对费尔巴哈来说,“美学是第一哲学”,因为“人是为了直观世界而生的”,“理论直观原先本是美学直观”。而我们知道,直观是属感性范畴的。于是费尔巴哈论述道:“在这里,只有感性的想象力,才是主观的活动,也即人于[其]中满足自己、让自己自由地活动的那种活动。在这里,在满足自己的同时,人也让自然安静地存在下去……”这里费尔巴哈担心实践的立场会使自

然成为人的自私自利和利己主义的顺从仆人。(《费尔巴哈哲学著作选集》,下卷第144—145页)看得出,费尔巴哈像康德、黑格尔一样,把审美活动看作一种感性的“静观的”活动或“观赏的”活动。

②关于美的本质。费尔巴哈没有专门的美学著作,也没有给美下过明确的定义。但从他的一些论述中,却可以看出他对美的本质的看法。例如费尔巴哈说:“[人的]意识是自我确证、自我肯定、自爱,是因了自己的完善性而感到的喜悦。”他举例说:“人在照镜子时,满意于自己的形态[形象]。这种满意,是他的形态的完美之必然的、不由自主的后果。”因为“他理应一般地赞美人的形态,他不能设想还有比人的形态更美、更崇高的了”。因此他还引证西塞罗的话说:“在人看来,人是最美的。”他还就此评论说:“这绝不是意味着[人的]局限性,因为人也把美归给别的存在者;他也欣赏动物的形态美、植物的形态美,也欣赏一般自然的美。”(同上,下卷第31—32页)于是,对费尔巴哈来说,美就是“人将自己对象化”(同上,下卷第39页),或人将“自己的本质对象化”(同上,下卷第56页),而这种对象化就是“人的本质[或本质的威力]在对象中显现出来:对象是他的公开的本质[即感性、感情和生命],是他的真正的、客观的‘我’”(同上,下卷第30页)。他举例说:“感情的对象,就是自己作为自己的对象的感情。如果你毫无音乐的欣赏能力,那么,即使是最优美的音乐,你也只把它当作耳边呼呼的风声,只当作足下潺潺的溪声。”(同上,下卷第34页)这就是说,“主体怎样,客体也怎样;感官怎样,对象也怎样”(同上,下卷第327页)。这样看来,对费尔巴哈来说,美就成了人的“本质”或“本质的威力”[即本质力量]在对象中的“显现”了。(同上,下卷第30页)显然,费尔巴哈的这种观点与康德、黑格尔有许多相通之处。也就是在这种对美的理解的基础上,费尔巴哈提出“一切艺术都是感性的”(同上,下卷第690页),因为对他而言,美是让人“感到”“喜悦”的东西。这是典型的人本主义美学思想。

③审美感觉与审美理智。费尔巴哈说“艺术家以美感为前提”(《西方美学家论美和美感》,第211页),“我自己虽然不是画家,没有亲手产生出美的力量,我却有审美的感觉、审美的理智,所以我才感觉到在我外面的美”(同上,第209页)。这里费尔巴哈涉及美感和审美判断,只是还没有展开。

④关于美的内在尺度。费尔巴哈认为,每一个存在者[例如动物和植物]都满

足于自身，每一个存在者在自身中都是无限的，蜉蝣的生命虽然很短，但它对自身来说已经很长了。如果植物也有眼睛，也会争说自己的花朵是最美的。(《费尔巴哈哲学著作选集》，下卷第 33 页）因此这里就有一个尺度的问题。费尔巴哈认为，对人来说“类的尺度，是人的绝对的尺度、规律和准则”（同上，下卷第 42 页）。而人作为一个有意识、有理智的存在物，他的类的尺度“也就是理智的尺度”（同上，下卷第 33 页），“理智是……绝对尺度”（同上，下卷第 61 页）。其实，这里所讲的就是自由、自觉的精神尺度。而这正是马克思后来在 1844 年《手稿》中所说的人所特有的“内在尺度”。这样，在费尔巴哈那里，美的内在尺度的含义也是很清楚的了。费尔巴哈的美学思想虽然不是很丰富，因而常被美学史研究所忽略，但它毕竟是马克思美学思想的直接理论来源之一，因此具有不可忽视的历史价值。

6. 十九世纪至二十世纪欧洲美学

(1) 车尔尼雪夫斯基的生活美学

车尔尼雪夫斯基(1828—1889)是俄国伟大的革命民主主义者，曾投身于俄国农民解放运动，是世界名著《怎么办》的作者，在哲学上他受到黑格尔和费尔巴哈的双重影响，是个机械唯物论者。在美学思想上他继承费尔巴哈哲学的人本主义精神，论述说：“在整个感性世界里，人是最高级的存在物；所以人的性格是我们所能感觉到的世界上最高的美，至于世界上其他各级存在物只有按照它们暗示到人或令人想象到人的程度，才或多或少地获得美的价值。许多个别的人结合成一个整体，就成为社会；所以美的最高领域就在人类社会。”（转引自《西方美学史》，下卷第 576 页）进而提出“尊重现实生活，不信先验的假设”，并在此基础上提出了生活美学论。他说：“美是生活[жизнь，包括生活与生命两重含义]；任何事物，凡是我们在那里面看得见依照我们的理解应如此的生活，那就是美的；任何东西，凡是显示出生活或使我们想起生活的，那就是美的。”（车尔尼雪夫斯基：《艺术与现实的审美关系》，人民文学出版社，1982 年版，第 6 页）这里车尔尼雪夫斯基所提出的“美是生活”，同时也可以理解为“美是生命”，是积极向上的生命的自强不息。这确实是抓住了美的本质。但问题是他只强调了美的客观实在性，而忽略了美的主观精神属性，而且他也没有说清他所讲的“生活”或“生命”到底是物质性的还是精神性的生活或生命，因此他的美学只能带有机械唯物论的色彩，远远没有达到马克思“劳动创造了美”的实践论的认识水平，这就是他的不足之处。

(2)立普斯(1851—1914)的“移情论”美学。立普斯是德国心理学家，他研究美学，主要是从心理学出发的。他翻译过休谟的巨著《人性论》，可能是受到休谟“同情说”的影响，提出了自己的“移情论”，并成为该学说代表，对后世的美学产生了广泛的影响。但最早使用“移情作用”概念的人是劳伯特·费肖尔，其父弗列德里希·费肖尔，是黑格尔派的美学家，著有六卷本的《美学》巨著。弗列德里希·费肖尔晚年开始致力于审美心理学的研究，并注意到审美活动中的移情现象，并对移情现象做出心理学的解释。他把移情作用称为“审美的象征作用”，说这种作用就是“对象的人化”。他说：“这种对每一个对象的人化可以采取很多的不同的方式，要看对象是属于自然界无意识的东西，属于人类，还是属于无生命或有生命的自然。通过常提到的紧密的象征作用，人把他自己[的情感]外射到或感入到自然界事物里去，艺术家或诗人则把我们外射到或感入到自然界事物里去。”(转引自《西方美学史》，下卷第601页)费肖尔还把这种象征作用分为三个等级：神话和宗教迷信的象征作用、寓言的象征作用、审美活动的象征作用。而立普斯的美学专著则有《空间美学和几何学·视觉的错觉》(1897)、两卷本的《美学》(1909)，论文有《论移情作用，内模仿和器官感觉》(1903)、《再论移情作用》(1905)。在《空间美学》一书中，立普斯把“审美的移情作用”看作向我们周围的现实“灌注生命”的活动，即把我们的力量、努力、意志等感觉“移置到外在于我们的事物里去”。(《西方美学家论美和美感》，第274—275页；《西方美学史》，下卷第606页)例如，立普斯以希腊建筑中的道芮式石柱为例，说：道芮式石柱支撑着希腊平顶建筑的重量，它下粗上细，柱面有凸凹形的纵直槽纹，这是一堆无生命的物质，一块大理石。但他又说：我对这个道芮式石柱的这种镇定自持或发挥一种内在生气的模样引起同情，因为我在这模样里再认识到自己的一种符合自然的使我愉快的仪表，所以一切审美的喜悦——都是一种令人愉快的同情感。总体来说立普斯认为审美快感的特征不在于对象，而在于主体向我们周围的现实“灌注生命的活动”。(《西方美学史》,下卷第607—608页)因而他说:“……在对美的对象进行审美的观照[直观]之中,我感到精力旺盛,活泼,轻松自由或自豪。但是我感到这些,并不是面对着对象或和对象对立,而是自己就在对象里面……”(同上,第609页)又说:“快感的特征就在于此:它是对于一个对象的欣赏,就其为欣赏的对象来说,却不是一个对象而是我自己。或则换个方式说,它是对于自我的欣赏,这个自我就其受到审美的欣赏来说,却不是我自己,而是客观的自我。”(同上,第610页)立普斯移情说可以说是黑格尔、费尔巴哈与马克思等人的感情或感觉的“自我对象化”(《手稿》,第129页)的引申和发展,反过来为康德的崇高论提供了心理学依据,因此具有重要的美学意义,值得赞扬。

(3)克罗齐(1866—1952)的直觉主义美学。克罗齐是意大利哲学家、文艺批评家、美学家。他在哲学上是新黑格尔主义者,但更接近于康德的主观唯心主义。在美学上他著有名著《美学原理》,是个直觉主义者,认为“直觉即表现”,“美即成功的表现”,宣扬非理性主义和“为艺术而艺术”,对后世的美学影响深远。他的全部美学思想可以归结为“五个肯定”和“五个否定”。“五个肯定”是:①直觉就是抒情的表现,物的意向是直觉创造出来的主观情感;②直觉即艺术,因此一切认识活动都是一种艺术创造;③直觉与艺术统一包含着创造和欣赏的统一;④美即成功的表现,成功产生快感,失败产生痛感,这就是丑;⑤语言就是艺术,因为语言与艺术同为表现,因此语言与艺术同一。“五个否定”是:①艺术不是物理的事实;②艺术不是功利性活动;③艺术也不是道德活动;④艺术更不是概念活动与逻辑活动;⑤艺术还不能分类。从“五个肯定”和“五个否定”,我们不难看出,克罗齐把“为艺术而艺术”的理论推向了极端,难怪其在西方人性论一统天下的环境里会产生那么广泛的影响。

7. 中国现代美学大讨论中的一朵奇葩

1949年中华人民共和国成立,马克思主义被确定为唯一合法的指导思想。正是在这种情况下,中共中央于1951年领导、开展了对知识分子的“思想改造运动”,对形形色色资产阶级思想进行了大判断,随后批判胡适、俞平伯、胡风的运动相继开展起来。正是在这一历史背景下,在中共中央领导下,中国作家协会的

《文艺报》牵头,于二十世纪五六十年代开展了中国现代美学大讨论,目的是树立马克思主义美学的统治地位。于是一些美学家纷纷上阵,各抒己见,对什么是美的问题展开了讨论。讨论主要分三派:①主观派,以吕荧、高尔泰为代表,认为美是主观的;②客观派,以蔡仪为代表,认为美是纯客观的,与作为审美主体的人无关;③主客统一派,以朱光潜、李泽厚为代表,认为美是主观与客观的统一。其中山东大学中文系主任、著名翻译家、美学家吕荧提出的美是"观念"、是"社会意识"的观点最为突出。这一观点被当作主观派和主观唯心主义,遭到许多著名美学家的批判。现在有人把吕荧的美学观点概括为以下三方面:

(1)从审美活动实际出发,创造性地提出了美是人的观念或社会意识的观点,并以历史唯物主义为武器,始终坚持认为美作为一种社会意识与社会存在之间的辩证统一关系。

(2)提出美对社会存在的反映和评价不仅是通过人的审美观念完成或实现的,而且审美观念作为审美评价的主观尺度或意识标准对人的审美评价显然具有重要意义。

(3)认为美所反映的客观内容来自物质实践,从实践角度揭示美的客观根源,这就既把美牢固树立在客观基础之上,也为我们最终探求美的本质开辟了唯物主义道路。

吕荧的上述观点包含着许多合理成分,理应成为百花齐放的一朵奇葩,但在当时却不幸被扣上资产阶级主观唯心主义的大帽子,使吕荧遭到不公正的批判,造成了严重的后果。

第二章　美　论

1. 美学的来历

美学是研究美的学问，包括美的本质、美的发生、美的形式、美的规律等一系列问题。在美学史上，鲍姆嘉通（1714—1762）被誉为"美学之父"，是他首先使用了"美学"（Aesthetic，拉丁文，德文为 Ästhetik）一词（意为"感性学"，即感性认识学）。1750 年鲍姆嘉通用拉丁文出版了美学史上第一部美学专著《美学》的第一卷（《Aesthetic》）。他给美学下了一个总体性定义，即：美学是"研究感性认识的科学"。在欧洲哲学史上，柏拉图最早把灵魂或心理分成三个部分，即理性、意气和情欲。这是西方心理学史上最早的关于心理现象的智、情、意三分法，这种分类方式一直沿用至今。在亚里士多德那里，对"认知"的研究受到了最大程度的关注，这就是逻辑学；对"意志"的研究则构成了伦理学；对艺术的研究则称为诗学。而研究"情感"（即感性）的科学即美学却姗姗来迟。其原因是理性主义者（笛卡尔、斯宾诺莎等人）在作怪，他们轻视感性在认识活动中的作用，把感性认识称为"混乱的认识"。直至鲍姆嘉通，作为感性学的美学才第一次登上了学术舞台，随后才有康德、黑格尔、克罗齐等大家写出的美学专著和马克思的美学思想。可见美学的产生是一个文明发展的历史过程，是人类感性认识活动丰富和发展的过程，它遵循着"美感—审美（鉴赏）判断—审美理念"的路线图。而随后美学就作为一个重要学科迅速发展起来，并与艺术形影不离，一路流金溢彩，成为人类文化中极富魅力的部分。

2. 审美活动（即鉴赏活动）

要想知道什么是美，要先从审美活动（即审美意识或审美观念）开始。人类的认识活动或精神活动包括智、情、意三个要素。智就是科学认识活动；情就是审美的情感活动，即审美认识活动；意就是道德追求，即道德认识活动。在西方哲学史上，康德是第一个对人类的认识活动做过系统研究的人，他的《纯粹理性判断》研究科学认识活动，《实践理性判断》研究道德认识活动，《判断力批判》研究审美认识活动。这三者组成了康德的三批判书。其中审美认识活动，即审美活动，构成整个认识系统的一个子系统，包括审美主体、审美客体和审美活动。而审美活动又构成了一个二级子系统，包括美的感受（美感）、美的判断（鉴赏判断）和美的理想（审美追求）三个要素，它们都是世界历史的产物，具有明显的时代精神特征。我们将分专章论述审美活动系统（见第四章），下面让我们先看什么是美，即美的分析。

3. 美的分析——美的概念，即美的本质和定义

(1)美的概念

在美学史上，美，或优美，希腊文是 Χαλομ，拉丁文是 pulchrum，英文是 beautiful，德文是 Schöne、Schönheit（美或优美、美丽）。中国是世界四大文明古国之一，汉字“美”来源于甲骨文  ，比希腊文 Χαλομ 早 600 年以上。后汉许慎的《说文解字》认为，甲骨文“美”字是会意字，从羊从大，意为甘，与善同意。宋代徐铉等注为：羊大[肥]为美。但康德、黑格尔等人多不提中国古代美学和艺术，可见他们对中国古代美学和艺术的偏见与无知。

现在让我们按照马克思和黑格尔所提倡的从抽象到具体的叙述方法，从美的概念即美的本质（本体）和定义说起①。美的本质或本体（包括自然美、崇高美、社会美、科学美、艺术美、心灵美，等等）究竟是什么的问题，自古以来就众说纷纭。例如，毕达哥拉斯认为美就是“和谐”，苏格拉底认为“美”和“善”两个概念是统一的。而柏拉图则在“大希庇亚”篇中，以苏格拉底的名义宣称“美是难的”，而且已经难了两千多年，至今还没有公认的结论。但前面提到，美学之父鲍姆嘉通最先使用了“美学”（Aesthetic，拉丁文，德文为 Ästhetik）一词，意为“感性学”，即感性认识之学。他给美下了这样的定义：“美学的对象是感性认识的完善（单就它本身

① 黑格尔哲学体系所遵循的方法就是从抽象到具体的方法，他认为研究美必须从美的概念（包括美的本质和定义）开始。（《美学》，第一卷第 29 页）

来看)，这就是美。”(《西方美学史》，上卷第 297 页)在这个定义里，美的本质或本体被认定为等于“完善”，这个定义被后世许多美学家所认可。

这里让我们回顾一下德国古典哲学代表人物康德、黑格尔与费尔巴哈如何看待美。

在康德看来，美不针对客体，而只是客体的一个谓词，只涉及形式(《判断力批判》，第 50、58 页)，因此其本质或本体只不过是心灵中的“纯粹形式”，即主观形式，例如他提出：一朵花的美并不是花本身的一种属性(Eigenschaft)，而只是花的一种性状，而这种性状则取决于我们[即人、主体、心灵]接受它的方式。(同上，第 123 页)而他给美所下的一般性定义则是：“我们可以一般地把美(Schönheit)(无论是自然美还是艺术美[也包括崇高美])称之为审美[感性]理念的表现(Ausdruckästhetischer Ideen)。”(同上，第 165 页)

黑格尔则认为美的本质或本体就是“理念”，他说：“美本身(Schöne selber)[即美的本质或本体]就应该理解为理念(als Idee)[绝对理念或宇宙精神]。”(《美学》，第一卷第 135 页)而他给美所下的一般性定义则是：“美就是理念的感性显现(sinnliche Scheinen der Idee)。”(同上，第一卷第 142 页)朱光潜先生认为黑格尔给美所下定义包括理性与感性的统一、内容与形式的统一以及主观与客观的统一这三个基本原则。(《西方美学史》，下卷第 481 页)

康德与黑格尔的两个一般性定义具有异曲同工之妙，这就是美的“表现”(Ausdruck)说或“显现”(Schein)说，即“外在表现”说(《美学》，第一卷第 199 页)，其共同点是唯心主义，只不过一个是主观唯心论，一个是客观唯心论罢了。

费尔巴哈没有给美下过明确的定义，但根据他的一些论述，可以将他的观点归纳为：美就是人将“自己的本质对象化”(《费尔巴哈哲学著作选集》，下卷第 39、56 页)，而且这种对象化就是“人的本质[或本质的威力]在对象中显现出来”(同上，第 28、30 页)。这里所说的不过是：美是人的本质的外在显现，因此美的本质被看成是纯客观的东西。这种观点体现了他的人本主义美学观。

费尔巴哈的追随者车尔尼雪夫斯基的定义是：“美是生活[жизнь，或生命]。”(《艺术与现实的审美关系》，第 6 页)从这个定义看，车尔尼雪夫斯基也把美的本质看成是纯客观的东西。

费尔巴哈与车尔尼雪夫斯基两人的观点可以归为美的客观存在说，其共同点是机械唯物论，认为美的本质仅仅是一种纯粹的客观存在，即人的类的本质或人的实际生活或生命。

(2)美的精神属性

下面让我们从人本主义美学的角度来看看“美究竟是什么”的问题。

首先,让我们从本体论或本质论①的角度来看美究竟是什么。对于这个问题,康德曾提到“一个人的美”“一匹马的美”“一座教堂的美”等(《判断力批判》,第66页),而马克思则提到“最美的音乐”(音乐的美)、“美的景色”(景色的美)、“矿物的美”“美的女人”(女人的美)等(《手稿》,第79、80、106页),可见对康德和马克思而言,美不是实体(Substanz),而只能是实体的一种属性(Eigenschaft),即作为主词的实体(如人、马、自然界)的一个“宾词”或“谓词”,即“属性”(《手稿》,第129页)。例如,我们可以说“这朵花是美的[这朵花美],这朵花是香的[这朵花香]”,而不能说“这朵花就是美,这朵花就是香”。

而关于属性(Eigenschaft),按照马克思的说法则是:“一物的属性不是由该物同他物的关系产生,而只是在这种关系中表现出来……”(马克思:《资本论》,中共中央马克思恩格斯列宁斯大林著作编译局译,人民出版社,2004年版,第一卷第一章:“商品”)那么,既然美是一种属性,因此美的属性也只能是在一种关系中表现出来的东西。而按照马克思的人本主义思想,美的属性只能是在审美对象(自然界、社会、艺术品等)与审美主体(人)的关系中表现出来的一种属性,这应该是没有疑问的。

但问题是:这里所说的作为审美对象的“美”的属性,究竟是“什么”?是物质性的东西,还是精神性的东西?对马克思而言,只能是一种精神性的东西,即深藏于人们头脑中的美的精神,即美的观念②,或美的意识。因为任何人都不能通过任何科学实验的方法把一物(实体)的美的属性检测出来,例如当人们说“这朵花是美的”时,任何一个植物学家都不能通过科学实验的方法在这朵花的外形和细胞中检测出美的元素来。又如古希腊绝美的维纳斯女神雕像原本是一两块粗糙的大理石,本身没有一点美的属性、特性或因素可言,但经雕刻家阿历山

① 按照亚里士多德的说法,本体就是“怎是”或“是‘什么’”,即“本因”或“基因”,(亚里士多德:《形而上学》,吴寿彭译,商务印书馆,1959年版,第6、7、125页);按黑格尔的说法:本体论是“关于本质的抽象规定的学说”(《小逻辑》,第102页)。

② 在刘丕坤译马克思《手稿》中Idee(理念)与Vorstellung(表象、想象、观念)均被译为“观念”,而对康德而言二者是有区别的,Idee(理念)属于理性,而Vorstellung(表象)属于感性,但都是精神性的东西,因此本书一般亦不作区别。

德罗斯一番刀斧的雕琢,却成了希腊美女的典型形象,难道说这一美女形象是雕刻家用他的刻刀等工具把那客观存在的美女形象刻到石头上的,而不是艺术家把自己头脑或心灵中的美女形象刻到石头上的吗?显然,说"艺术美是客观存在"的观点是站不住脚的,这种观点虽然是唯物论的,但只不过是机械的唯物论,而绝不是辩证的唯物论。因此我们的结论是:美,无论是艺术美还是自然美,作为一种属性,只能是人们头脑或心灵中的一种精神属性,即观念属性或意识属性的外在表现。当然,人们头脑或心灵中美的精神、美的观念或美的意识既不是康德所说的人们头脑或心灵中先天固有的主观性东西,也不是黑格尔所说的由客观的宇宙精神异化而来的主观性东西,而是人类精神史长期发展的结晶,是高度组织起来的物质即人脑的产物,是人类长期实践或劳动的产物,即马克思所说的"是以往全部世界历史的产物"(《手稿》,第 79 页)。因此具有时代性特征,是时代精神的精华,是不以哪一个人的个人意志为转移的。而外部世界中的艺术作品的美或自然界的美只不过是人们头脑或心灵中的精神美、观念美或意识美的外化或异化。这样,在我们看来,马克思的观点与康德或黑格尔的唯心主义观点就是根本对立的了。

既然美确实是人们头脑中的一种精神属性,那我们就再回头先看看黑格尔的论述。对他来说,"艺术也可以说是要把每个形象的看得见的外表上的每一点都化成眼睛或灵魂的住所,使它把心灵[即精神]显现出来……艺术把它的每一个形象都化成千眼的阿顾斯[希腊神话中的百眼怪物],通过这千眼,内在的灵魂(Seele)和心灵性(Geistigkeit,精神性)在形象的每一点上都可以看得出。……人们从这眼睛里就可以认识到内在的无限的自由的心灵[精神]"(《美学》,第一卷第 198 页)。也就是说,"人要把内在世界和外在世界作为对象……以便从这些对象中认识他自己"(同上,第 40 页)。在这里,对黑格尔来说,人绝不等于自我意识,而是有眼睛的活生生的现实的人,因此当他说美是"心灵"(精神、理念)的"显现"时,这种心灵(或灵魂)只能是现实的人的心灵或灵魂,这里哪是什么唯心论,分明是一种变相的唯物论。

我们再回头看看费尔巴哈的论述。对他来说,人的本质或类的本质"就是理性、意志、心[即心情]"(《费尔巴哈哲学著作选集》,下卷第 27—28 页)。据此他说道:"月亮、太阳和星辰都向人呼喊:认识你自己。人看见月亮、太阳和星辰……这就是人自己本质[理性、意志、心]的一个证据。"(同上,下卷第 210 页)很显然,对费尔巴哈来说,美是人的本质的显现。至于这种本质究竟是的人精神本质还是人的肉体本质,他并没有说清楚。但当他把“爱和心[心情]”视为人的“至高的本质”时(同上,下卷第87页),倒可以看出:对费尔巴哈来说,美是人心灵中的爱和心情的确证。这显然是一种机械唯物论的美学观点。

最后,我们来看看马克思的相关论述。对马克思来说,“人是自由的存在物”(《手稿》,第49页),“人的本质”或“人的类的本质”是“自由自觉的活动”(同上,第50页),即“劳动”(Arbeit),而劳动又是物质(肉体)劳动与精神劳动的统一体,即物质[肉体]生活与精神生活的统一体(同上,第49页),而且“劳动就是生命(Leben)”,即“生命活动”(Lebenstätigkeit),而“[这种]生命活动的性质包含着一个物种的全部特性、它的类的特性,而自由自觉的活动[即劳动]恰恰就是人的类的特性”(同上,第16、50页)。但正像马克思把劳动区分为“物质劳动”与“精神劳动”两方面一样,他也把人的“类的生活”区分为“肉体生活”与“精神生活”两方面,即“现实生活”(reelle Leben,现实生命)与“观念生活”(ideelle Leben,观念生命)两方面(同上,第49、74页),而其中精神生活则包括宗教、家庭、国家、法、道德、科学、艺术等内容(同上,第74页)。当然,对马克思而言,精神生活与肉体生活是密不可分的,是对立的统一,是互相影响、互相依存、互相渗透的,正像人是肉体(物质)与精神(灵魂)的对立统一,是互相影响、互相依存、互相渗透的一样。

在马克思看来,正是“劳动创造了美”(同上,第44页),因此美与人和人类劳动密不可分。据此马克思又提出“实际创造一个对象世界,改造无机的自然界,这是人……的自我确证”,即“在他所创造的世界中直观自身”(同上,第50—51页),又说“人不仅在思维[即灵魂或心灵]中,而且以全部感觉[包括美的感觉,即美感]在对象世界中肯定自己”,致使“对象成了他本身”(同上,第79页)。这就是说,在黑格尔、费尔巴哈与马克思看来,大自然就像一面巨大无比的镜子,人们在那里直观到的只是他们自己,而且不仅是他们的形体(肉体),还有他们的精神(灵魂),即他们的外化或异化了的精神,这就是作为万物主体的人的精神的自我直观,即“自我对象化”(同上,第129页等)。而外部世界(包括自然界、社会与艺术作品)的美,不过是内在的美的精神(美的心灵、美的观念、美的意识等)的自我对象化。正是在这个意义上,我们可以更准确地说:首先是人的精神劳动创造了美。而更进一步说,在马克思看来,人的类的本质或类的生活可以分为两个方面:“物质方面”(即肉体方面、物质生活方面)与“理论方面”(即精神生活方面),其中的“理论方面”包括科学、道德与艺术等。关于这种“理论方面”，马克思说：“从理论方面[即精神生活方面]来说，植物、动物、石头、空气、光等等，部分地作为自然科学的对象[如物理学、化学、生物学、医学]，部分地作为艺术的对象[实即美学和审美的对象]，都是人的意识[包括审美意识]的一部分，都是人的精神[或意识]的无机自然界（geistige unorganische Natur）[即被人的精神对象化了的自然界]，是人为了宴乐和消化[即欣赏]而必须事先准备好的精神食粮。”（同上，第 49 页）。因此按照马克思的观点，任何人都不应怀疑：正是这种精神食粮给人们带来了视觉的盛宴（如黄山美景、尼亚加拉瀑布）和听觉的盛宴（如贝多芬的交响乐、邓丽君的歌曲）等。这里很清楚，自然界作为人类精神的“自我对象化”只能是人类精神本身的自我对象化（异化或外化）。而既然审美活动是一种精神活动，那么显然，作为审美对象的自然界（包括植物、动物、石头、空气、光等），就成了人通过自己的精神劳动把自然界对象化为自己精神劳动的精神产品，从而成了人的意识的一部分，成了人的精神的无机自然界，即成了人的精神食粮。因此作为审美对象的自然界（即“人的无机的身体”或“人化了的自然界”），就只能是精神性的东西。这样，按照马克思的观点，美的本质只能是人们头脑中的一种精神、观念、意识，因此通俗点说，赏心悦目或赏心悦耳者谓之美。这是任何一个仔细阅读了马克思 1844 年《手稿》的人都不应怀疑的。当然，这种精神性的东西不是凭空产生的，而是以物质劳动或物质性的东西为基础、载体和承担者的，并受到物质性的东西所制约。例如科学活动与艺术活动不仅受肉体劳动或物质劳动所制约，而且也离不开肉体器官[手、脚、眼、耳等]、物质材料或物质手段，甚至离不开物质劳动本身，例如从事石料雕刻的艺术家在把一块石料雕塑成一个神像时，他还必须亲自动用锛凿斧锯，满头大汗地进行体力劳动。这里我们也可以看出，马克思的上述观点与立普斯“人把他自己[的情感]外射到或感入到自然界事物里去”的“移情论”有着某种相似之处。至于这种精神劳动及其产品具体是如何产生和演变的，我们准备留到后面去详谈。

这里我们还要引证恩格斯的两个说法：“物质在其一切变化中仍永远是物质，它的任何一个属性任何时候都不会消失，因此，物质虽然必将以铁的必然性在地球上再次毁灭物质的最高的精华——思维着的精神，但在另外的地方和另一个时候又一定会以同样的铁的必然性把它重新产生出来。”（恩格斯：《自然辩证法》“历史导论”——《马克思恩格斯选集》，人民出版社，1995 年版，第四卷第 279 页）他又说：“物质不是精神的产物，而精神本身只是物质的最高产物。”（同上，第四卷第

227 页）这里恩格斯所说的正是物质实体的一种精神属性，只不过这种精神属性，在人的头脑中是作为一种审美意识，像科学意识、道德意识等一样，积淀和潜藏着，并在自然界或感性世界中被对象化了。

这里我们不厌其烦地引证马克思与恩格斯的论述，目的是揭示美的本质或本体，即美究竟是精神性的东西还是物质性的东西的问题。现在我们可以得出结论说：美从本体论或本质论的角度看，只能是一种精神性或观念性的东西，是一种意识或社会意识，即所谓的心灵或灵魂性的东西。当然，这种精神是美的精神或精神的美，是时代精神的精华，而绝不是丑的精神或精神的丑，甚至也不是平庸的精神或精神的平庸，而这种美的精神或精神的美首先是人类精神劳动的产物，而精神劳动的产物归根结底又是物质运动的最高方式。这正如马克思所说："观念的东西不外是移入人的头脑并在人的头脑中改造过的物质性的东西而已。"（《资本论》，第一卷德文第二版跋）因此再具体点说：美是物质实体（包括自然实体、社会实体、艺术作品和人的形体等）的一种精神属性，是物质实体的一种特殊方式，是人们头脑中的精神、观念或意识的"自我对象化"——这就是我们给美所下的本体论或本质论定义。只是进一步看，这种美的精神、美的观念或美的意识并不是凭空产生出来的，而是人类种系经过数百万年进化和演变所产生的结果，是人脑这一高度组织起来的物质系统所凸现出来的新的系统质。因此上面我们提到的马克思和恩格斯的一些提法完全符合"劳动创造了美"的科学论断，只不过这里的劳动主要是指与物质劳动密不可分的精神劳动而已。这里本没有所谓的"唯心主义"与"唯物主义"的两级对立。因为在马克思看来："彻底的自然主义或人本主义既有别于唯心主义，也有别于唯物主义，同时是把它们二者统一起来的真理。"（《手稿》，第 120 页）而现在一些美学家为了固守其机械唯物主义的底线，而回避马克思的上述论述，这是不能苟同的。

（3）美的认识过程

美不仅是一种精神属性，而且还是一种认识过程，因此我们还可以从认识论角度来考察美。而既然美是一种认识过程，那么这里会遇到人的认识活动和审美活动中事物的现象与本质的关系问题。我们知道，对辩证法来说，现象与本质是对立统一的关系。一方面，现象和本质有明显的差别，现象是事物的外在方面，是表面的、多变的、丰富多彩的方面；本质是事物的内在方面，是深藏的、相对稳定的、比较深刻的、比较单纯的方面。因此现象是可以直接认识的，而本质则只能间接地被认识。而另一方面，现象与本质又是统一的，现象是本质的显现，本质是现象的内核。也就是说，一切现象都必然包藏着本质，一切本质都必然表现或显现为现象，所以二者又是密不可分的。现象与本质是宇宙中一切事物（包括精神事物）的一体两面，没有不藏有本质的现象，也没有不表现或显现为现象的本质。当然，现象与本质的关系是非常复杂的，例如现象可区分为真相与假象，它们都表现本质，因此都是本质的。又如，同一的本质可以表现为不同的现象，同一的现象可以反映不同的本质，等等。至于说到美，就当然也可以区分为美的现象或显现和美的本质或本体两个方面，当然，这两个方面也是既有区别又密不可分、互相影响、互相依存和互相渗透的。而对美的认识，则是一个从现象到本质和从本质到现象的双向运动、双向转化的过程。

那么从认识论的角度来看，美是什么呢？按照我们的理解，既然马克思说"劳动创造了美"，而劳动就是"生命"，即"生命活动"，而"生命活动的性质包含着一个物种的全部特性、它的类的特性，而自由自觉的活动恰恰就是人的类的特性"（《手稿》，第 50 页），那么也就是说，我们讲劳动创造出美，而劳动又是一种生命或生命活动，因此归根结底美是生命或生命活动的产物。"生命"或"生命活动"是康德哲学、黑格尔哲学、费尔巴哈哲学的一个重要概念，也是马克思 1844 年《手稿》的一个重要概念。而广义的生命或生命活动则是整个宇宙或世界（包括自然界、人类社会和人类精神）的本体、本质或本性，正如古罗马哲学家朗吉弩斯所说：宇宙是一个"生命大会场"（《西方美学家论美和美感》）。而更进一步说，这种生命或生命活动的本质按康德的说法，"乃是被促进和被阻滞这两种状态的继续不断的对抗性的活动"（《康德美学文集》，第 192 页）。因此我们把生命或生命活动概括为：是一种自强不息的和不可遏止的永恒的冲动，是一股转瞬即逝的流动，是一种能动的创造力量，它是人的类的本质，也是整个宇宙的本质。并且这种生命的本质，又必然会移植到或反映到人们的头脑中来，变身为精神性的东西，即变身为永恒的生命观念或生命意识，简言之，变身为一种生命精神或精神生命，这就是生命精神的美或精神生命的美。

只是这里有一个问题，就是：美作为一种精神性的东西，即生命观念或生命意识，是怎样移植到人们头脑中去的呢？美的精神或生命精神难道是像康德所说，是人的头脑中先天固有的主观性精神？还是像黑格尔所说，由绝对精神异化而来的主观性精神？当然都不是。答案只能是：美或生命本身作为人们头脑或心灵中的精神性东西，即观念性或意识性的东西，是通过人的千百万次“实践—认识”与“认识—实践”的双向运动和演进过程，而深深刻印在人们的头脑或心灵中而变身成的美的精神或生命精神，其中包括美感、美的判断、美的理想，等等。当然，这中间还有一个审美对象从其实用价值到其审美价值的缓慢转化过程，进而还有一个随着审美实践活动的发展而发展、变化而变化、提高而提高的演进过程。正如马克思所说：“我们看到，理论的对立本身[即理论上主客体的‘二重化’]的解决，只有通过实践方式，只有借助于人的实践力量，才是可能的；因此，这种对立的解决决不只是认识的任务，而是一个现实的生活[生命]任务，而哲学未能解决这个任务，正因为哲学把这仅仅看作理论的任务。”(《手稿》，第80页)

虽然马克思没有从认识论角度给美下过定义，但综上所述，既然美的精神，即美的观念或美的意识，是一种生命观念或生命意识，那么我们可以下定义说：美无非是人们头脑或心灵中生生不息、永世流传的生命精神之美即生命观念或生命意识之美在人们感官面前的感性显现而已。当然，这种显现作为美的外在形式或形象，具有无比的丰富性和多样性，既体现在各种自然美、崇高美、社会美、艺术美的生命中，也体现在各种心灵美、道德美、人格美的生命中。因此这样一个认识论定义本身，就体现了美是主观与客观、本质与现象、内容与形式的对立统一，体现了美的人本主义性质。按照这个定义，美就其内在的本质、本性和内容方面而言，存在于万事万物的生命活动和生命本性之中，因此还是自在之美或潜在之美，是一个自在之物，只是通过人的劳动实践而“移入”人的头脑之中，从而成为为我之物；而就其外在的显现、现象和形式而言，又成为万事万物生命活动的潜在本性在人们感官面前的显现，因此是一个为他之物。这样，美就是从客观到主观和从主观到客观、从现象到本质和从本质到现象的双向认识活动的结晶，归根结底是物质劳动与精神劳动的对立统一的产物。这里也没有“唯心主义”与“唯物主义”的势不两立的对立。

当然，光给美下一个本体论的定义和认识论的定义是不够的，我们还可以像康德那样，从更多的角度给美下定义，例如除了上述本体论和认识论两个定义外至少还有：方法论定义——美是只可用静观和鉴赏的方法来对待的东西；心理学定义——美是引起感官和心灵愉悦的东西；价值论定义——美是对人以及人的感官或心灵有用的东西。关于这些美的定义所包含的具体内容，这里我们不想详谈。

4. 美的形式(或形式美)

上面我们既然谈到了美的本质与美的显现,因此接下来的问题自然就是美的外在表现形式(Form,形态)究竟是什么的问题。美的外在形式与前面所讲的美的内在本质(即内容)是密不可分的。因此讲到美的内在本质(即内容)必然涉及美的外在形式以及二者的辩证关系问题。

按照辩证法,内容与形式是对立的统一。例如黑格尔在谈到艺术美的时候就说:"艺术的内容就是理念,艺术的形式就是诉诸感官的形象。艺术要把这两方面调和成为一种自由的统一的整体。"(《美学》,第一卷第 87 页)这里,首先,内容与形式是有区别的。内容是指构成事物的一切要素的总和,即由这些要素所规定的事物的特性或属性;而形式则是指把内容诸要素联结与统一起来的结构或方式。其次,内容与形式又密切联系,即是相互依存、相互渗透、相互作用的。这表现在:任何内容都具有某种形式,任何形式都含有一定内容;离开了形式内容就不能存在,离开了形式内容也不能存在;内容决定形式,形式对内容具有反作用。

那么,我们看看美的外在形式究竟是什么。这里我们可以将其区分为自然美的形式、社会美的形式和艺术美的形式。当然,对马克思而言,人是自然界的一部分,因此社会美与艺术美的形式与自然美的形式是密切相关和相互一致的。

首先是自然美的形式。我们知道康德认为自然美本身就是形式,不过那是主体心灵的先天形式。他按四个契机,即从四个角度论述了美的形式或形式美:从质的角度看,美的形式具有非功利性;从量的角度看,美的形式具有普遍性;从关系的角度看,美的形式具有合目的性;从模态的角度看,美的形式具有必然性。黑格尔认为自然美的形式是抽象的和外在的,是有缺陷的美,共有四种:齐一律、平衡对称、符合规律、和谐。当然,我们不能像黑格尔那样贬低自然美的价值,在我们看来,自然美的外在形式是人们心灵中的精神美的外在表现,以其多彩的风姿给人类带来了美的享受。我们吸收黑格尔的积极成果,把自然的形式美分作六种:齐一性(齐一美)、对称性(对称美)、曲线性(曲线美)、和谐性(和谐美)、节奏性(节奏美)和整体性(整体美)。而且按照黑格尔的观点还要与纯粹的感性材料——线、面、形状、颜色、声音等密切结合起来。这种美的形式,我们留到后面去具体论述。

其次是社会美的形式。关于这个问题,美学界论述不多,按照我们的理解,这种美的形式包括:经济体制的形式美、政治体制的形式美、文化教育科学体制的形式美。

第三是艺术美的形式,包括:建筑、园林、雕塑、绘画(人物画、风景画、中国画、抽象派等)、刺绣、音乐、舞蹈、诗歌、小说、散文、戏曲、影视、摄影、杂技、人体(如仪表美、装束美、举止美、语言美、声音美)等多种形式美。这种形式美我们也要留到后面去讲。

只是这里必须指出,艺术美的外在表现形式是人类精神劳动的内在意蕴(即内容)在艺术作品中的投射或投影,因此归根结底也是人类劳动的产物。

5. 美的规律

这问题前面我们已经在"引论"详细谈过了,这里我们只能简单归纳一下。前面我们已经提到:马克思在谈到人类生产(即劳动)和动物生产(即劳动)区别时指出:"动物只是按照它所属的那个种的尺度和需要来塑造(formiert),而人却懂得按照任何一个种的尺度来进行生产(produzieren),并且懂得怎样处处都把内在尺度(inhärente Maß)运用到对象上去。因此,人也按照美的规律来塑造(formiert)。"这里所说的"内在尺度"就是人类劳动所特有的精神需要的尺度,即自由精神的尺度。而美的规律与人类劳动所固有的内在的自由精神的尺度密切相关,因此马克思所说的"美的规律"就是人类按照其生产劳动所特有的"内在尺度"即自由精神尺度创造美的规律。因此美的规律就在于:人按照自己的精神需要的尺度来创造美和发展美。

6. 美的产生(劳动怎样创造了美)

马克思说:"人直接地是自然存在物。"(《手稿》,第120页)人类在我们这个星球上已经有数百万年的历史,而人类文明的产生不过几千年。人类原本就是群居的动物,最初是为了躲避野兽的伤害,后来是为了进行生产劳动,而组成了社会群体,先是血缘家庭、普那路亚家庭,后是氏族、部落、部落联盟和国家,最后产生了人类文明。但正如马克思所说,人当初只是"自然界的一部分"(《手稿》,第49页),那时人类还没有完全从动物界中分化出来,还像其他动物一样,进行着动物式的生产或劳动,但那种生产或劳动则是片面的,只生产他本身或他的幼崽所直接需要的东西,因此还没有从自在的人转变成自为(自觉)的人。只是到后来,由于有了有组织的社会性劳动,类人猿才最后进化为真正的人类,成为有情感、有欲求、有思想、有理想的自为的人。这时人的劳动作为智力和体力的共同支出,而变成了自由自觉的活动,变成了社会性的劳动,人不仅生产作为个体和种的人类本身,而且再生产整个自然界。与此同时,人不仅从动物界中分离出来(包括他的肉体和精神),而且还在生产劳动中与自然界发生了千丝万缕的联系,并且随着生产力的不断提高,这种联系的范围不断地加深和扩展,自然界不仅为人类的生存提供了生活资料,也为人类的生产劳动提供了生产资料。更为重要的是人类在生产劳动中不仅依赖于自然界,而且改造了自然界。于是自然界就成了人类劳动的对象,从而被人化了,成了人化了的、属人的、为我的自然界。正是由于人类的劳动或劳动实践,自然界不仅被人化了,而且还开始在人们头脑中凸现出美的精神属性、观念属性或意识属性,包括原生的自然美(山水草木、鸟兽虫鱼、日月星辰)、人造的自然美(如道路、桥梁、建筑、园林等)、崇高美和艺术美(雕塑、绘画、诗歌、音乐、舞蹈、戏曲等)。于是人就开始有了创造美和欣赏美的精神劳动,并开始按照人类自己的内在的精神尺度,即时代精神的尺度,去创造和欣赏美。正是在这个意义上,马克思说:“劳动(Arbeit)创造了美(Schönheit)。”(《手稿》,第46页)但具体地说,“劳动创造了美”,还要具备以下几个条件:

首先,是劳动使自然界逐渐被人化了,不仅使自然界成为人的肉体对象,而且成了人的精神对象,使人能够在自然界中直观自身,因此人化的自然界成为美产生的前提。

其次,是劳动创造了人与人之间的社会关系或社会组织,没有这种社会关系或组织,美或不美就没有意义,因此就不可能有审美活动。

第三,是劳动的进步为人创造了的温饱和闲暇,使精神劳动分离出来,可以集中进行观察、思考、想象和创造。正是通过这种闲暇中的精神劳动,人们才开始一边创造美一边欣赏美,把自己的精神对象化或外化,于是才产生了自然美、崇高美、社会美和艺术美,等等。

第四,要有一定的教养或修养。创造美和欣赏美是需要一定教养或修养的,例如就对自然美的兴趣而言,如康德所说:对自然美的直接兴趣并不常见,只有那些已经被教、修养已达到善的程度的人,或对这种修养有非常好的接受力的人,才具有这种兴趣。(《判断力批判》,第143页)

第五,必要的自然环境和物质条件。如自然界的山水花木、鸟兽禽鱼,艺术创造所需的石头、金属、砖木等。

第六,美的产生标志:劳动对象从实用对象到审美对象、从实用价值到审美价值的转化。而实现这一转化,则需要数十万年的历史过程。

第七,要充分实现上述条件,就只有废除私有制和消除异化劳动,进到社会主义和共产主义社会,因为只有那时人才能得到全面的发展,成为完整的人,如马克思所说:到了那时"只是由于属人的本质的客观地展开的丰富性,主体的、人的感性的丰富性,即感受音乐[美]的耳朵、感受形式美[形状美、形态美]的眼睛,总之,那些能成为人的享受的感觉[享受快乐的感觉,即美感],即确证自己是人的本质力量的感觉[感觉(美感)=人的本质力量],才一部分发展起来,一部分产生出来"(《手稿》,第79页)。

总之,是"劳动创造了美",这是马克思美学思想的核心命题,归根结底没有劳动就谈不上美。而劳动如前所述,在马克思看来,作为自由自觉的活动,是劳动者的体力与智力的支出,是物质劳动与精神劳动的统一体。当然,在马克思看来,劳动首先是肉体[物质]生产过程,没有这种劳动,人类就不能延续。其次也是精神生产过程,即马克思所列举的"宗教""道德""科学""艺术"等活动过程(《手稿》,第74页),没有这种精神劳动也不能创造美。当然,劳动创造美不是一朝一夕的过程,而是人类发展的数十万年历史过程,时至今日也还没有结束。

但现在美学界对"劳动创造了美"的命题仍然是众说纷纭。众所周知,马克思在1844年《手稿》中提出了异化劳动的四个规定,其中的第一个规定是"把自然界[即通过劳动而被人化了的自然界]异化出去"(《手稿》,第49页),即使劳动者与他的劳动产品相对立。他称这种劳动异化为"劳动本质的异化"(《手稿》,第46页)。他列举了五种情况,即:(1)劳动为富人生产了奇迹般的东西,但是为工人生产了赤贫;(2)劳动创造了宫殿,但是给工人创造了贫民窟;(3)劳动创造了美,但是使工人变成畸形;(4)劳动用机器代替了手工劳动,但是使一部分人回到野蛮的劳动,并使一部分工人变成机器;(5)劳动生产了智慧,但是给工人生产了愚钝和痴呆。这里,"劳动创造了美"属于第三种情况。而"劳动创造了美"的命题作为一个肯定判断,反映了劳动与美的因果联系,即美是劳动创造的一个产品,这一点是必须加以肯定的。这里,从整个句子来看,马克思的意思无非是说:人的自由自觉的劳动原本创造了美,但由于劳动的异化,结果却使劳动者本身变得丑陋了,即变成畸形。这是任何一个仔细阅读了马克思《手稿》相关部分的人都不应质疑的。只是在马克思那里,劳动是“物质劳动”(或肉体生活)和“精神劳动”(或精神生活)的统一体,它既创造了对象的美,包括自然美、崇高美;又创造了美的对象,包括艺术美、制度美、心灵美。这里的关键问题不是美与劳动是否相联系的问题,而是具体在何时和怎样联系起来的问题。这个具体问题我们留到后面专门论述自然美和艺术美时再详细去讲。

7. 真、善、美

研究美必定会涉及美与真和善的关系,弄清这个问题更有利于看清美的本质。

(1)认识能力的划分

康德在《判断力批判》一书中提出,灵魂[心灵]的所有能力可以归结为以下三种:认识能力、愉快和不愉快的情感[即情感能力]、欲求能力。他认为,在认识能力与欲求能力之间包含着愉快的情感能力,正像在知性和理性之间包含着判断力一样。在此基础上,他把纯粹理性批判区分为纯粹知性批判、纯粹判断力批判和纯粹理性批判三种,并把它们结合起来,作为批判哲学的三个组成部分。(《判断力批判》,导言Ⅲ)。在康德看来,认识能力的客体(对象)是真(真理),欲求能力的客体(对象)是善,情感能力的客体(对象)是美。这一观点得到了美学家的普遍的认可。

(2)真、善、美的定义

首先,关于真(或真理)。什么是真或真理,在西方哲学史上,是一个古老的问题。康德在其《纯粹理性批判》中把他的“先验分析论”即先验知性论称为“真理的逻辑”,但他虽然不完全赞同“真理是知识和它的对象的一致”这个普通的定义,自己却又没有给出真理的明确定义。实际上他是把具有普遍性与必然性的所谓的“先天综合判断”看成真理的判断形式,这一点已经在“原理分析论”中论述过了。但黑格尔却不买康德的账,在黑格尔看来,真理是“主观的和客观的理念的统一”,因此绝对理念才是“绝对和全部的真理”(《小逻辑》,第236节)。

其次,关于善(或至善)。康德称实践理性的唯一客体就是善和恶的客体,而其中的善就是“欲求能力的必然对象”。而黑格尔则把善看成理论理念和实践理念的统一,看成“自在自为的善”(同上,第235节)。

再次，关于美。康德给美下的一般定义是："我们可以一般地把美（无论是自然美还是艺术美[也包括崇高美]）称之为审美[感性]理念的表现。"（《判断力批判》，第 165 页）而黑格尔给美下的定义则是："美就是理念的感性显现。"（《美学》，第一卷第 142 页）康德和黑格尔的定义有异曲同工之妙，其共同点是都认为美是感性的对象。

（3）真、善、美三者的辩证关系

康德试图把真、善、美三者联结起来，把它们结合在一个体系中，但他实际上没有弄清它们之间的辩证关系。而在我们看来，只有黑格尔做到了这一点。在他看来，"美本身应该理解为理念[即绝对理念]"（同上，第一卷第 135 页）。他认为，一方面"美[作为理念]与真是一回事"（同上，第一卷第 142 页），而与此同时，善的理念是"理论理念与实践理念的统一"，因此就是"绝对理念"（《小逻辑》，第 235 节）。这样，在黑格尔看来，美就是既包含真又包含善的统一体，也就是说真、善、美一起构成了绝对理念的统一体。黑格尔通过他的绝对唯心论，把三者辩证地统一起来，给我们提供了有益的启示。

8. 美与丑

美的对立面是丑。如果说美带给人们的是愉悦的情感，那么丑带给人们的则是厌恶的情感。但二者又常常不可分离，具有相对性，并且是互相过渡的。

（1）美学家论丑

亚里士多德主张艺术的模仿说，认为滑稽是丑的一个分支，而滑稽又是喜剧的主题，因此在美的范围之内。他说：艺术作为一件模仿品常常是令人喜欢的，但被模仿的东西却可能是令人不快的。例如讨人嫌的动物或死尸的外形是令人不喜欢的，但在绘成精致的图画以后，却能引起快感。他的结论是："凡是属于模仿性艺术之列的东西，如绘画、雕塑和诗歌（没有提到音乐）以及一切模仿得惟妙惟肖的东西，都能给人以快感，就是在对象本身不能给人以快感的时候，也是如此。"（《美学史》，第 76—77 页）

康德认为："美的艺术的优点表现在：它所美丽地描述的那些物，在自然界中或许是丑的（häßlich）或讨厌的（mißfällig）。例如复仇女神、疾病、兵祸等等，作为祸患都能被描述得很美，甚至被表现在油画中；只有一种丑类（Art Häßlichkeit）不能照自然那样被表现出来而不摧毁一切审美愉悦，这就是那些令人恶心的东西

（如死亡和战神），因为这种东西好像在强迫人们去品尝它们，而人们却在极力抗拒着它们。”（《判断力批判》，第48节）这里康德把相对丑与绝对丑加以区别。

黑格尔认为，“丑总是一种歪曲”，甚至是一种“破坏”，它属于理想美的一个“暂时”环节，终会被“克复”，以达到“和谐的结果”。（《美学》，第一卷第23、216页）这样黑格尔就把丑看作艺术美的一个环节，看作暂时性和相对性的东西。但他也提到一些绝对的丑，如动物中的鳄鱼、癞蛤蟆，还有中国古代的缠足。

（2）美与丑的对立统一

对辩证法来说，美与丑是对立的统一。

首先，美与丑是有区别的，就自然界而言，泰山与黄山的美景与那些荒山野岭的景观不能同日而语，呼伦贝尔美丽的大草原与撒哈拉滚滚的黄沙无法相比；就社会而言，民主政治与独裁专制泾渭分明，和平与战争、友爱与仇杀等美丑立见；就人而论，西施之美与东施效颦美丑分明。因此美丑不分是不可取的和可悲的。例如我国十年动乱期间，个人崇拜盛行，忠字舞被吹捧成最美的文艺，就是美丑不分甚至美丑颠倒的典型，几乎把我们民族引向绝境。

其次，美与丑又是相互联系和可以相互转化的。例如自然美景遭到地壳变迁或人为破坏而变得丑陋，相反的则是荒山野岭经过自然原因和人为的改造变成花果山和旅游地。又如民主政治之美与专制政治之丑的互相转变在各民族的历史上更是屡见不鲜。因此美与丑并没有一个绝对的界限和标准，不过是不同地位、不同环境、不同民族、不同时代的人的一种主观的观念或意识而已。当然，美与丑都是可传达的，其根源就是共同的人性，但人性终究是可变的和进化的，文明人与野蛮人、有教养的人和粗俗的人的人性当然不能同日而语，但却是可以互相转化的。

9. 美的理想（美与典型）

美的理想（即审美的最高追求）问题是美学研究的重要课题。在美学史上只有康德与黑格尔两人系统论述了美的理想问题。

这里我们先看康德所说的美的理想或理想美。他在《判断力批判》第17节专门论述了美的理想。他为了给鉴赏判断寻求一个普适性标准，就从纯粹的自然美转向了美的理想（即以理性的理念为基础的典范或原型），强调了理性的理念在鉴赏判断中的重要作用，强调了美的属人本质，即美的理想的人本主义性质，因此非常重要。

例如,他首先提出:“通过概念来为什么是美的(schön)寻求一个普遍标准是不可能的。”他认为,什么是美的规定性根据只能是“主体[即人]的情感”(Gefühl des Subjekts),而这种情感(即“对美的感觉”或“美感”)的普遍可传达性来自一切人、一切时代和一切民族对这种情感的“一致性”(Einhelligkeit),而鉴赏的标准就是从这种一致性发源的,而且这种一致性根据在评判诸对象由以被给予一切人的那些形式[即美的形式或形式的美]时,对一切人来说都是共同的。根据以上所述,康德认为,我们可以把一些鉴赏品看作典范[典型](Muster),但归根结底,鉴赏是一种“评判美的能力”,即“通过不带任何功利的愉悦或不悦而对一个对象或一个表现方式作评判的能力”。(《判断力批判》,第37页注①、第45页)因此只有当他能够自己评判这一典范时,才能表现出他的鉴赏,而最高的典范,即鉴赏的原型,则是一个单纯的理念,而理想则意味着一个与某个理念相符的单个存在物的表象,它能够在个别描述中表现出来,这就是美的理想(Ideal des Schönen),想象力的理想,即审美追求的理想。但究竟哪一类美才能成为美的理想呢?康德的结论是:这种美的理想或理想的美必定不属于一个纯粹鉴赏判断的客体,而属于一个部分智性化了的鉴赏判断的客体[即理性化了的客体]。也就是说,美的理想必须以一个理性的理念(Idee der Vernunft)为基础,正是这种理念先天地规定着对象[客体]的内在[即先天]可能性建立于其上的那个目的[即作为美的目的]。而唯有在自身中就具有自己存在的目的的东西,即人,他通过理性自己给自己规定一个目的[这是内在的追求],或者,当他必须从外部知觉中拿来这些目的[这是外在的榜样]时,能把它们与本质的和普遍的目的放在一起加以对照,并因而能审美地评判这两种目的[内在的与外在的]的协调一致。因而只有这样的人[即有内在追求与外在榜样的人],才能成为美的一个理想,就像人在其人格中,作为一个理智者,才能成为世间一切对象的完善性理想一样。

康德的最后结论是:美的理想与道德理念的结合。他说:“美的理想只可期望于人的形象[如圣人]。而在这个人的形象里,理想就在于表达道德性,没有这种道德性,该对象[指人的形象]就不会普遍地、积极地使人喜欢。对内在地支配着人们的那些道德理念的明显表达固然只能从经验中取得;但要使这些道德理念与我们的理性在最高合目的性理念中与道德的善联系起来的一切东西相联结,如心灵的善良,或纯洁,或坚强,或宁静……”(同上,第72页)

这样康德就推出了美的理想——作为一个典范[即典型]的"人"。正如西塞罗所说的"在人看来,人是最美的"(《费尔巴哈哲学著作选集》,下卷第32页)一样,在康德看来,只有完善的人本身的形象才能成为美的理想。这样谜底就揭开了:只有人和人性本身才是鉴赏判断的唯一标准和原型。这里要认清:第一,只有作为理性动物的人才是判断者和主体;第二,只有人才能把自己和自己的生存和理想视作终极目的,一切自然物(Naturdinge)不过都是达到这一目的的手段,因此只有一个有理性、有人格、有思想的人,才能成为美的终极理想、终极目的和终极鉴赏标准。这里充分体现了康德以人为本的人本主义美学思想。当然,康德是个主观唯心论者和二元论者,他把作为感官现象的美与作为不可知的理念的美隔离开来,因此他不能真正解决美的理想问题。

我们再看黑格尔所谈的美的理想。黑格尔认为艺术的最高目的是"改善人类",即净化情欲和提高道德(《美学》,第一卷第64页),而对美的最高追求就是"艺术的理想",即艺术美的理想。黑格尔《美学》第一卷第三章的标题就是"艺术美,或理想"。这是黑格尔艺术理论的核心部分(同上,第一卷第197—378页),主要包括以下三个方面。

第一,理想本身(美的个性)。在黑格尔看来,从艺术理想本身来说,既然美是理念的感性显现,而理念就是概念和它代表的实在这二者的统一体、观念性的统一体、灵魂的统一体,即普遍性与个性的统一体,这就是艺术理想的个性。其实这就是作为"这一个"的艺术典型,虽然黑格尔没有使用"艺术典型"这个概念。但黑格尔又认为"灵魂集中在眼睛里",灵魂不仅通过眼睛去看外面的事物,而且还要通过眼睛被别人看见。黑格尔认为:艺术把它的每一个外在的形象,包括仪表、面貌、姿态、行动、事迹、语言、声音等,以及它们在不同生活情况中的千变万化,都化成眼睛或灵魂的住所,"人们从这眼睛里就可以认识到内在的无限的自由的心灵"(同上,第一卷第198页)。黑格尔要求:(1)艺术作品通体要有生气灌注,通过眼睛直通灵魂即心灵。而这种心灵就是心灵的生命,是圆满自足的灵魂,是外在因素与内在因素的协调一致。(2)艺术要把被偶然性和外在形状玷污的东西还原到它与真正概念的和谐,因此艺术要把现象中不符合概念的东西清洗出去,只有这样艺术才能把它的理想表现出来。黑格尔以拉斐尔的圣母像为例说明这个要求。(3)艺术理想的本质就是使外在事物还原到心灵性的事物,使外在现象符合心灵,成为心灵的表现。黑格尔认为,"活的个性"是个别主体性所包含的内在的实体性内容(意蕴)与外在的形式(形象)结合而成的“自由的和谐的整体”,它们处在一个“中途点”上,这大概就是前面所提到的作为灵魂住所的眼睛。黑格尔的结论是:“只有通过这种对单纯外在性的否定,艺术理想的某一确定形式和形象才能用适宜于艺术观照[直观]和艺术表现的现象,把上述的有实体性的内容(意蕴)表现出来。”(同上,第一卷第 206 页)

与此同时,黑格尔还在谈到“理想对自然的关系”时强调艺术的内容(意蕴)与形式(形象、现象)的辩证统一。(同上,第一卷第 206—222 页)他要求艺术作品的外在形象(包括景物与人物的仪表、姿势、面貌、动作等)到处“渗透”着“内在心灵”的“个性”。因此一个“崇高的”心灵必然要在外在的形象(仪表、面貌、行为等)中显现出来,同样,一个“平凡的”心灵所显现出的只能是“嫉妒怨恨的目的和卑鄙淫逸的贪求”。这就是伟人与凡人的区别。当然还有坏人,他们代表反面的、坏的、邪恶的力量,他们心灵和外在表现就只能是丑恶的了。

第二,一般世界情况与具体情境(理想定性)。这里所论述的实际就是艺术形象的历史环境或历史背景问题。

首先,是一般的世界情况(一般),即通常所说的“时代背景”(或“大环境”)。

黑格尔按照欧洲历史进程,将其归纳为以下三个时代。

(1)古希腊的英雄时代。其特点是个体的“独立自足性”,“个人在本质上是个整体,客观行动既是由他做出来的,就始终是属于他的,主体也愿意要把他所做的事看成完全是由他做的,对它的后果负完全的责任”。(同上,第一卷第 237、241 页)

(2)现代(即近代),即资产阶级时代。这时已形成了法律、道德和政治关系,理想形象的范围很窄狭,因此只有在窄狭的范围内,人作为个别主体才可以自由行动。这时他无论做出何种说明选择,都属于一种固定的社会秩序,而他也只能是这个社会中的一个受法律和道德限制的成员。

(3)个体独立自足性恢复的时代,即发达的市民社会时代。一方面这个时代是符合理性的,另一方面一些作品中的人物又要反抗市民社会本身,于是就产生了悲剧性,像席勒作品《阴谋与爱情》和歌德作品《葛兹·封·伯利兴根》中的人物。

其次,是具体情境(即特殊)。黑格尔认为,情境是世界情况的特殊化,它表现为下面的三种情况。

(1)情境在尚未转化为具体定性之前的无情境,还保持着普遍性的形式,这就是无定性的形式,例如古代庙宇、希腊雕刻、基督教的造型艺术就是这样。

(2)情境由普遍性转到特殊化,这是一种平板式(无害的)的定性,还没有产生矛盾和解决矛盾,如抒情诗。

(3)冲突,包括自然灾害产生的冲突、由自然力量造成的心灵冲突(亲属关系、继承权、阶级差别等)和由心灵性差异而产生的分裂(这是最重要的冲突)。但冲突虽然以破坏作为基础,但这种破坏不是始终的破坏,而是要否定它,以达到"作为两对立面斗争的结果"的冲突的解决,如古希腊悲剧三部曲。黑格尔论述这一过程说:"理想的美在于它的未经搅扰的统一性、静穆和自身完满。[但]冲突破坏了这种和谐……要表现这种破坏,理想本身也就会受到破坏,这里艺术的任务可以只在两方面,一方面使自由的美在这种差异中必不致遭到毁灭,另一方面是使分裂和连带的斗争只暂时现出,接着就由冲突的消除而达到和谐的结果,只有这样,美的完满的本质才能现出。"(同上,第一卷第260—261页)

第三,人物性格。黑格尔指出:由艺术作品的时代背景、具体情境、情节所产生的普遍力量必须在具体个人身上融为一个整体和个体,这种整体和个体就是具有具体心灵性及其主体性的人,就是人的完整个性,即性格。他说:"性格就是理想艺术表现的真正中心。"(同上,第一卷第300页)这种人物性格讲的就是艺术典型,是黑格尔艺术理论中最精彩的部分。黑格尔说:"理念作为理想……在它的得到定性的状态中鉴赏自己和自己发生关系的主体的个性。但是真正的自由个性,如理想所要求的,却不仅要显现为普遍性,而且还要显现为具体的特殊性,显现为原来各自独立的这两方面的完整的调解和互相渗透,这就形成完整的性格……"(同上,第一卷第301页)他从三方面来论述人物的典型性格:(1)丰富性;(2)特殊性与个性;(3)坚定性。

黑格尔的最后结论是:"理想的完整中心是人,而人是生活着的,按照他的本质,他是存在于这时间、这地点的,他是现在的,既个别而又无限的。"(同上,第一卷第313页)这就是黑格尔的美的理想——具有个性的典型化人。这里黑格尔的"理想"与康德的"理想"具有异曲同工之妙。而区别只在于黑格尔把美的理想放在一定的历史环境和时代背景中,把它看成运动和发展着的东西。这里,在马克思看来,黑格尔的这个令黑格尔分子伤透脑筋的、奇妙而怪诞的绝对理念或绝对精神,"无非就是抽象,即抽象的思维者"(《手稿》,第130页)。于是真相就大白了,所谓的绝对理念或绝对精神无非是异化了的人的理念或人的精神。现在黑格尔自己把绝对理念或绝对精神重新颠倒过来,变成了人的理念或人的精神,而艺术理想则变成了作为一个主体的人对美的最高理想,并且它的生成过程是一个世界历史的运动过程。这样,黑格尔美学的积极成果,像康德美学一样,就是它的以人为本和以人为中心的人本主义精神。黑格尔的艺术理想论非常全面而深刻,具有充分的合理性,因此应当为我们所借鉴。

最后,我们看看马克思的理想。马克思在1844年《手稿》中虽然涉及美学思想,即“艺术哲学”,并提出了“劳动创造了美”的科学论断,但却没有直接讲到美的理想问题。可马克思谈到了社会主义和共产主义的新人,即“人的本性”的“复归”,甚至还谈到这种新人所放射出的“高贵精神的光辉”(同上,第94页)。这样我们就可以推断出他关于美的理想的思想。而且马克思还曾提到资产阶级国民经济学所鼓吹的没有人性的“道德理想”(moralisches Ideal)问题(同上,第88页),从中可以看出康德、黑格尔与马克思所用的德文词都是同一个词(Ideal)。可以看出,在马克思的心目中,只有在社会主义和共产主义条件下,真正的美的理想才能实现,那就是人的解放和全面发展。反过来说,只有获得解放和全面发展的人,才是美的理想。当然,马克思的理想并不是他本人头脑中先天固有的东西,而是在长期的革命实践中经过观察、实验、对比、概括、分析、综合和推理等科学方法,而在他的头脑中形成和积累起来的东西。这里,让我们来分析一下马克思的美的理想或理想的美的几个方面。

(1)共产主义理想与美。马克思说:“共产主义是私有财产即人的自我异化的积极的扬弃,因而是通过人并且为人对人的本质的真正占有;因此,它是人向自身、向社会的(即人的)人的复归,这种复归是完全的、自觉的而且保存了以往发展的全部财富的。”(同上,第73页)而且“人以一种全面的方式,也就是说,作为一个完整的人(totaler Mensch)[即圣人或完人],占有自己的全面的本质。人同世界的任何一种人的关系——视觉、听觉、嗅觉、味觉、触觉、思维、直观、情感、愿望、活动、爱——总之,他的个体的一切器官,正像在形式上直接是社会的器官的那些器官一样,是通过自己的对象性关系,即通过自己同对象的关系对对象的占有,对人的现实的占有;这些器官同对象的关系,是人的现实的占有;这些器官同对象的关系,是人的现实的实现,是人的能动和人的受动,因为按人的方式来理解的受动,是人的一种自我享受。”(同上,第77页)而我们知道,既然只有共产主义才能实现“对人的本质的真正占有”(同上,第73页),而人的本质就是自由自觉的活动,即劳动,因此只有在共产主义条件下,才能真正谈到“劳动创造了美”,而既然劳动创造了真正的美,也就等于实现了美的理想。我们知道,马克思的理想是建立“自由人联合体”,而且在这种联合体中“每个人的自由发展是一切人的自由发展的条件”(《共产党宣言》)。因此,只有在共产主义条件下,人才能得到“全面发展”,那时脑力劳动与体力劳动的分工已经消灭,每个人每天既从事体力劳动,又从事脑力劳动(包括艺术创造),这样的人本身既是美的创造者,又是美的理想目的。(《德意志意识形态》)这样看来,对马克思而言,他像康德与黑格尔一样,也把美的理想归结为大写的“人”,即有灵魂、有理智、有思维、有直观、有感觉、有情爱、有愿望、有道德、有教养、人格高尚的“全面的人”“完整的人”,这就是共产主义的新人,即所谓的圣人或完人,他们每一个都是体现普遍心灵或普遍精神的“活的个体”。当然,这样的圣人在中国古代已有了先驱,如孙中山所敬仰的尧、舜、禹、汤、文、武、周公、孔子,而被尊为近现代圣人的有人列举了洪秀全等九人,但真正合格的,应该有孙中山、陈独秀,更应该有中国共产党的开国领袖毛泽东、刘少奇、周恩来等人。至于外国的圣人则有人列举了释迦牟尼、耶稣、穆罕默德、华盛顿、马克思、恩格斯等人。只有到了共产主义社会则人人皆可为圣贤,每个人都可以“放射出人的高贵精神的光辉”(《手稿》,第94页),这就是共产主义的美的理想或理想美的典型。

(2)人的生命与美。对马克思而言,“劳动就是生命”(同上,第16页),他说:“人是类的存在物,不仅因为人在实践上和理论上都把类——他自身的类以及其他物的类——当作自己的对象;而且因为——这只是同一种事物的另一种说法——人把自身当作现有的、有生命的类来对待,因为人把自身当作普遍的因而也是自由的存在物来对待。”(同上,第48—49页)当然,人不仅是精神,是精神的类,而且也是肉体,是肉体的类。而人作为肉体的类,则离不开无机的自然界。马克思说:“人在肉体[物质]上只有靠这些自然产品才能生活,不管这些产品是以食物、燃料、衣着的形式还是以住房等的形式表现出来。在实践上,人的普遍性正表现在把整个自然界——首先作为人的直接的生活资料,其次作为人的生命活动的材料[生产资料]、对象和工具——变成人的无机的身体。自然界,就它本身不是人的身体而言,是人的无机的身体。人靠自然界生活。这就是说,自然界是人为了不致死亡而必须与之不断交往的人的身体。所谓人的肉体生活和精神生活同自然界联系,也就等于说自然界同自身相联系,因为人是自然界的一部分。”(同上,第 49 页)当然,作为精神生活的审美活动与作为肉体生活的实践活动是密不可分的统一体,因为自然界是人化了的和观念化了的自然界,一方面影响着人的心灵,另一方面还到处都受到人的心灵的渗透和影响。因此作为精神生命的美的理想与自然界是分不开的。

(3)实现美的理想的条件。对马克思而言,共产主义理想,包括美的理想的实现,“实际上将经历一个极其艰困而漫长的[世界历史]过程”(《手稿》,第 93 页)。至于实现这种理想要走什么样的道路这个问题至今还没有结论,但无非是第二国际的民主社会主义与第三国际的专政社会主义两条道路,谁是谁非历史会作出判断。不过为了保证共产主义理想和美的理想的实现,则必须有一个渐进的精神准备与物质保障的问题,包括废除私有制,建立自由、民主、人道、博爱和法制的社会,大力发展经济,建设精神文明,实行义务教育(包括德、智、体、美),健全社会保障体系等。所有这些措施都可以在马克思著作那里找到根据。但这里有一个人的主观能动性问题,即一个美的精神、美的意识和美的观念的能动作用问题。既然是劳动创造了美,即美的精神、美的观念和美的意识,那么反过来,美的精神、观念和意识也必将推动劳动和社会的进步和发展,因此大力宣传马克思的美学思想必将成为实现社会主义和共产主义伟大理想的强大动力。这就是马克思所说的“理论的对立[即主观主义与客观主义、唯灵主义与唯物主义、能动与受动的对立]本身的解决,只有通过实践的途径,只有借助于实践的力量,才是可能的”。(同上,第 80 页)

第三章　美　感

1. 美感释义

审美活动作为一个系统由三个基本要素构成，即审美主体（人）、审美客体（经验世界）和审美活动（鉴赏活动）。而审美活动或鉴赏活动的最终目的就是享受美和判断美。美感就是对美的感觉或感受，是审美活动（鉴赏活动）的一个子系统。康德称美感（Gefühl des Schönen）是“对美的愉悦”（《判断力批判》，第4节）；黑格尔称美感（Schönheitssinn），即美的情感（Empfindung des Schönen），是一种纯粹的“主观感动”（《美学》，第一卷第41、42页）；费尔巴哈认为艺术家以美感为前提，而审美是感性的活动，例如他说“音乐是感情的独白”（《费尔巴哈哲学著作选集》，下卷第34页）；立普斯认为美感的产生是一种“移情”。而实际上，美感不过是由审美对象所激起的愉快的主观情感。对马克思而言，审美活动是一种“精神活动”，而与这种精神活动密切联系的则是“精神享受”（《手稿》，第13页），而精神享受的内容除了获取科学知识之类以外就是获取美感和做出审美判断。审美活动属于社会意识形态，而美感就是“人的感受快乐的感觉”（同上，第79页，已重译）。马克思称美感是一种“属人的感觉”，是“人的意识的一部分”（同上，第49页），是人的一种“自我享受”，是使人快乐的“精神食粮”（同上，第49页）。而美感的上层建筑就是审美（鉴赏）判断，没有美感审美判断是空虚的，没有审美判断美感是盲目的。

这里我们把美感作为审美活动（鉴赏活动）的子系统来加以论述。下面是美感的心理要素构成。

（1）感觉和知觉。在审美过程中感觉和知觉紧密衔接，二者几乎总是同时进行的，其总称就是感知，这种审美的感知是审美活动的起点，其特点是：①感知具有选择性，例如人们去花市买花，就要在各种鲜花中选择一种或几种自己喜欢的花；②感知具有完整性，例如一朵花是由花、叶、根茎构成的整体，一朵鲜花的美就表现在花、叶、根茎的有机整体中；③感知带有情感色彩，例如人们见到自己喜欢鲜花就会眉开眼笑、手舞足蹈、惊叫不绝，这就是美感所带有的情感色彩。

（2）想象力。按康德的说法，人类心灵有三种能力，即感官、想象力与统觉，认为想象力是沟通感性（感官）与知性（统觉）的中间环节。而想象力是"一种即使对象不在场也能具有的直观能力"，可区分为复制的想象力与创造的想象力。而创造的想象力则是鉴赏判断的关键环节，在整个审美活动（包括美感）中发挥着举足轻重的作用，甚至知性与理性也都要为它服务。想象力活动的特点是在美的创造和鉴赏之中的"自由自在的合目的性游戏"即"自由游戏"，正是这种想象力的自由游戏体现了人在审美活动中的主体性和主观能动性，而没有这种主体性和能动性，就谈不上美的创造和审美活动。

（3）情绪和心态。情绪和心态是审美情感的具体表现，其中情绪是一种较强烈的情感表现，带有较多的冲动性；心态是人的情绪之弥漫、持续的状态和趋向，是一种微弱的、平静的情绪。这两者构成了美感的主观心理条件，在审美活动中发挥着重要作用，体现为移情作用。例如，当你高兴时，你会感到花儿微笑、鸟儿欢唱；当你沮丧时，你会感到愁云惨淡、凄风苦雨。例如，李白表达欢快心情的诗《下江陵》："朝辞白帝彩云间，千里江陵一日还。两岸猿声啼不住，轻舟已过万重山。"杜甫表达惆怅情感的诗《春望》："国破山河在，城春草木深。感时花溅泪，恨别鸟惊心。烽火连三月，家书抵万金。白头搔更短，浑欲不胜簪。"这些诗句正是这种移情作用的表现。

（4）审美理解。审美感知的最后一个环节是审美理解，而审美理解取决于审美主体（人）内心中所贮存的审美图式或图型（模型、框架等），例如心中美女的图式或模型，它们成为审美的内在标准和尺度，使美的对象成为可理解的。正是这种审美图式在美感活动中，确立了非实用的独立于现实生活的"审美静观"的心理状态，把握了审美对象的象征意义和美的外在形象中的深层意蕴。这样美感就上升为审美判断。这就是审美图式在审美理解中所起的积极能动作用。

总之，美感是各种心理因素之间的互相渗透、互相推动、往复流动的复杂心理过程。其中对美的事物的感知是美感活动的心理基础，但如果感知没有想象和理解的参与，审美感知就变得盲目，变成单纯的生理快感；而如果想象和理解没有感知的参与，审美活动就会变得空虚，变成抽象的空想和逻辑推演。

2. 美感与审美判断

美感是审美判断的情感基础，没有美感就谈不上审美判断或鉴赏判断；审美判断或鉴赏判断是美感的指导，没有审美判断或鉴赏判断就不能理解和表达美。从美感上升为审美判断是审美活动中的一次飞跃。美感是感性的东西，审美判断是理智的东西。两者都具有可传达性。美感的传达可通过面部表情（如眉开眼笑）、肢体动作（如手舞足蹈）、形象化语言（例如在原始人那里）和概念化语言。审美判断的传达可通过诗歌（如郭沫若的《天上的街市》）、散文（如老舍的《养花》）、特写（如朱自清的《荷塘月色》）等形式。美感与审美判断的结合构成了审美活动的制高点。而美感与鉴赏判断的中间环节则是"想象力"及其"自由游戏"，它一方面与知性相结合，形成鉴赏判断，一方面与理性结合，形成崇高判断。中国古代的"审美关照论"在审美判断与美感相互关系的理解上取得了突破性成就。这种"审美观照论"源于中国古代典籍《易经》所说的"仰则观象于天，俯则观法于地"和佛教经典所说的"但益多闻，予奢摩他［奢摩他，即止息于此］，微密观照心犹未了"。这种观照说很好地解释了美感与审美理解的对立统一关系。例如有论者把审美观照分为三个层次：一是澄怀虚静，二是神与物游，三是物我两忘。澄怀虚静为审美静照［静观］，通过心斋［静］而凝神于一，这是审美体验的发端；神与物游是审美同情，是物我之间呈现交相往复的运动，这是审美体验的展开；物我两忘为审美超越，是物我浑然一体，这是审美体验的最高境界，是达到最高心灵和精神自由的境界。显然这种"观照"比"静观"［直观］具有更积极的意义。这里充分体现了审美活动的主体性和人本主义精神。

3. 美感的器官与种类

黑格尔认为审美的情感与审美的感官相联系。（《美学》，第一卷第 42 页）他还认为，审美是视觉与听觉两种感觉的活动（同上，第三卷第 12—13 页），特别是视觉——享受景色之美，其次是听觉——享受音响之美。当然，人的感觉有五种，除了视觉与听觉之外还有嗅觉、味觉和触觉。人们也可以说：嗅觉——享受气味之美，味觉——享受滋味之美，触觉——享受肌肤之美。但那些都不是真正意义上的美感，因为美感是一种高尚的情感，是一种审美的"静观""观照"［直观］和"欣赏"，绝不是大吃大喝，更不是肌肤之亲。康德早就把美的愉悦同单纯感官的愉悦区分开来了。但是没有感觉器官就不可能有美感,例如盲人就没有花红柳绿的美感,聋人就不会有优美曲调的美感。而感觉器官和美感的双向相互作用和生成却是世界历史的产物,都充满了文化和道德修养的内涵。而这种修养的炼成,按照中国儒家经典《大学》的概括则是一个正心、诚意、格物、致知、修身、齐家、治国、平天下的艰苦过程。这就是古今圣贤为之终生奋斗的大同社会即共产主义社会的伟大理想。

4. 美感的移情作用(移情诗词)

美感虽然来自审美对象的刺激,如马克思所说的“人的感觉、感觉的人性——都只是由于相应的对象的存在,由于存在着人化的自然界,才产生出来的”(《手稿》,第 79 页)。但美感并非完全是被动的,相反,美感具有一定的能动性,这种能动性表现在审美活动中的移情作用上。正如马克思所说:“[外部]对象如何对他来说成为他的对象,这取决于对象的性质以及与其相适应的[人的]本质力量(指人的五官感觉——引者)的性质。”(同上,第 79 页)因为人的情感是社会存在在人们心灵中的反映,是无比丰富的,如喜悦感、哀伤感、同情感、忧患感、负罪感等。既然审美活动是一种感性活动,因此必定会依赖于人们的情感状态。人的这种情感寓情于物,以诗歌形式表现出来,就是移情诗。这种移情诗仅在中国古代诗词中的实例,就是数不胜数的。

东晋陶渊明的田园诗《归去来兮辞》:“归去来兮,田园将芜胡不归!既目以心为形役,奚惆怅而独悲?悟已往之不谏,知来者之可追。实迷途其未远,觉今是而昨非。舟遥遥以轻飏,风飘飘而吹衣。问征夫以前路,恨晨光之熹微。”这是一首寓庆幸还乡之情于景物的诗。

杜甫的诗《春夜喜雨》:“好雨知时节,当春乃发生。随风潜入夜,润物细无声。野径云俱黑,江船火独明。晓看红湿处,花重锦官城。”这是一首寓喜悦感于景物的诗。

王维的诗《相思》:“红豆生南国,春来发几枝。劝君多采撷,此物最相思。”这是一首寓思念之苦于景物的诗。

崔颢诗《黄鹤楼》:“昔人已乘黄鹤去,此地空余黄鹤楼。黄鹤一去不复返,白云千载空悠悠。晴川历历汉阳树,芳草萋萋鹦鹉洲。日暮乡关何处是?烟波江上使人愁。”这是一首寓思乡之情于景物的诗。

杜甫诗《春望》:“国破山河在,城春草木深。感时花溅泪,恨别鸟惊心。烽火连三月,家书抵万金。白头搔更短,浑欲不胜簪。”这是一首寓忧国忧民之情的诗。

南唐李后主词《虞美人》:“春花秋月何时了,往事知多少?小楼昨夜又东风,故国不堪回首月明中!雕栏玉砌应犹在,只是朱颜改。问君能有几多愁?恰似一江春水向东流。”这是一首寓伤怀之情于景物的绝妙好词。

《西厢记》中的“碧云天,黄花地,西风紧,北雁南归。晓来谁染枫林醉?总是离人泪”则寓伤别之情于景物。

清代西藏六世达赖喇嘛仓央嘉措(1683—1706),是西藏历史上著名的诗人和政治人物。他写了很多细腻真挚的情歌。其中较为著名的是“曾虑多情损梵行,入山又恐别倾城。世间安得双全法,不负如来不负卿”和“新茶香郁满齿唇,伴得糁粑倍美醇。情人眼里出西施,每对卿卿每销魂”,这是两首寓感伤身世之情于外物的诗。

总之,移情诗可以把喜怒哀乐等各种情感投射到自然界事物里去,我们从这些诗句中可以充分看出诗词移情作用。

5. 美感的产生与演变

马克思称美感是一种“人的感受快乐的感觉”,称这种感觉为“人的感觉、感觉的人性”,说这种感觉“只是由于相应的对象的存在,由于存在着人化的自然界,才产生出来的……是以往全部世界史的产物”。(《手稿》,第 79 页)当然,美感不是人类所独有的一种感觉,按照普列汉诺夫的论述,从生物学的角度看,在动物那里就已经有美感了,例如鸟类喜欢鲜艳的色彩和优美的歌声,雄鸟用鲜艳的羽毛和悦耳的歌声吸引雌鸟。(《论艺术》,第 8—9 页)但动物美感的产生仅仅是其繁殖需要的产物,与人类美感的产生有本质的区别,只有人类美感的产生与其所特有的生产劳动密切相关,这就是马克思“劳动创造了美”的论断所包含的内容的一个方面。人类美感的产生与演变过程是:原始人的美感—古代人的美感—近代人的美感—现代人的美感。(《论艺术》;《美学》第二卷:象征艺术、古典艺术和浪漫艺术)美感产生和演变的路线图大约是:a. 审美对象(属人的自然、艺术、社会、心灵)—b. 感官刺激(人的五官,主要是眼、耳的愉悦)—c. 美感生成(内心的感受、欣赏、把捉、理解、想象、追求……)—d. 更高雅的美感。这个过程包括以下几个方面。

(1)美感与劳动。这里的劳动是指人类劳动,与动物生产的联系与本质区别。(《手稿》,第50页)马克思提出了“劳动创造了美”的著名论断。这里有两重含义。首先,劳动既创造了美,也创造了美感,这就说明美和美感是属人的,不是自然或其他外部和内部对象的固有属性。第二,既然是劳动创造了美和美感,美和美感就是人类历史的产物,就有一个发生、发展和演进的历史过程。不过在马克思看来,只有在社会主义和共产主义条件下的劳动才是“自由自觉的活动”,才能真正创造出美和美感。

首先,马克思说:“在共产主义社会高级阶段,迫使个人奴隶般地服从分工的情形已经消失。脑力劳动和体力劳动的对立也随之消失后,劳动已经不仅仅是谋生的手段,而且本身成了生活的第一需要之后,随着个人的全面发展,它们的生产力也增长起来。而集体财富的一切源泉都充分涌流之后——只有在那个时候,才能完全超出资产阶级权利的狭隘眼界,社会才能在自己的旗帜上写上:各尽所能,按需分配!”(《哥达纲领批判》)因此马克思反对商品、商品生产、商品交换、货币、分工,而主张“普遍的私有财产”和人的“自由自觉的活动”(《手稿》,第71、50页)。只有在这种情况下,人们才能自由地创造出美的东西来。

其次,马克思说:“在共产主义社会里,任何人都没有特定的活动范围,每个人都可以在任何部门内发展,社会调节着整个生产,因而使我有可能随我的心愿今天干这事,明天干那事,上午打猎,下午捕鱼,傍晚从事畜牧,晚饭后从事批判,但并不因此就使我成为一个猎人、渔夫、牧人或批判者。”(《德意志意识形态》)因此只有在这种情况下,每一个人都可以成为美学家和艺术家,每个人都能通过自己的劳动创造美和艺术品。

最后,马克思还说:“宗教、家庭、国家、法、道德、科学、艺术等等,都不过是生产的一些特殊方式[即精神生产的形态],并且受生产的普遍规律的支配。……甚至当我从事科学之类的活动(当然也包括审美活动和艺术创造活动——引者),亦即当我从事那种只是在很少的情况下才能直接同别人共同进行的活动的时候,我也是在从事社会的活动,因为我是作为人而活动的……”(《手稿》,第74—75页)

(2)美感与社会存在。我们在前面说过,社会成了劳动创造美的必要中间环节,因此没有一定的社会条件,就不可能产生美感或美的感受。例如康德就强调了以下几点:第一,人通过社交“把自己和动物的局限性区别开来”,区别的标志就是一个时代和一个民族的“教养”(Kultur,教养、修养)(《判断力批判》,第203页)

程度，包括鉴赏或语言方面的教养，或理性和条理方面的教养(《康德美学文集》，第258页)，没有这方面的教养就谈不上对美的鉴赏；第二，对于一个流落到孤岛上的人来说，他不会对花草树木和华丽大厦产生兴趣，因此就不会产生美感和美的创造，因为在这种情况下，美或不美对他而言毫无意义。(《判断力批判》，第39、139页)

(3)儿童美感的产生。现代儿童发展心理学的研究表明，婴儿对音乐和景色的观赏能力和审美意识不会凭空产生，只能在环境刺激与教育的作用下逐渐发展起来。了解三岁前幼儿音乐和景色观赏的“前能力”[潜能]的发展，可以帮助我们更好地去发现潜藏在幼儿心灵中的审美意识，创造相应的家庭和社会环境，提供必要的刺激，使这种娇嫩的艺术潜能和审美意识得到应有的保护和挖掘，为幼儿的观赏能力和审美能力的发展打下良好的基础。婴幼儿的美感和艺术欣赏的潜能是人类种系“积累遗传”的产物，正如恩格斯所说：“正如母体内的人的胚胎发展史，仅仅是我们的动物祖先以蠕虫为开端的几百万年[亿万年]躯体发展史的一个缩影一样，孩童的精神发展则是我们的动物祖先，至少是比较晚些时候的动物祖先的智力发展的一个缩影。”(《自然辩证法》——《劳动在从猿到人转变过程中的作用》)显然，这种种系遗传的潜能，对儿童美感的产生具有积极的促进作用，缩短了儿童美感的产生和培育过程。

6. 美感的复杂性和差异性

美感的复杂性表现为：美感的多样性与单一性、综合性与单纯性、质量性与数量性、人类性与种族性、集体性与个体性、历时性与共时性、生成性与发展性、现实性与遗传性等；差异性表现为：时代性差异、地域性差异、种族性差异、宗教性差异、性别性差异、阶级性差异、个体性差异等。但是从辩证法的角度看，复杂性含有单纯性，差异性含有同一性，这种单纯性和同一性扎根于人类的共性，即康德、黑格尔、费尔巴哈、马克思所强调的人的“类的本质”，正是这种类的本质构成它们的普遍可传达性，这里我们无须作具体的分析。

美感与美感对象的互动性：美感是审美主体与审美客体(经验世界)的“能动”与“受动”的互动与对立统一，是审美主体的“自我创造”和“自我享受”的对立统一。这就是马克思在谈到社会主义和共产主义的人对现实的全面占有时所说的，人的感官同对象的关系，是属人的现实[即属人的自然]的实现，是人的“能动”[即“精神创造”,能动地创造美]和“受动”[即“精神享受”,被动地享受美](《手稿》,第13页),即“人一方面赋有自然力、生命力,是能动的自然存在物……另一方面……是受动的、受制约的和受限制的存在物……”(同上,120页)

这里还有一个美感的确定性和模糊性(不确定性)问题。美感的产生既取决于审美客体(经验世界)的刺激,也取决于审美主体的情感状态,如愉快、困惑、哀伤等。前者表现为美感的指向性,指向生命的延续,指向人的生存,这使美感具有确定性,形成具有规定性的美感;后者表现为美感的复杂多变性,使美感具有模糊性、不确定性,特别是如果主体思想感情发生变化,就更会使美感处于变易之中,即处于移情作用的影响下,而导致美感的模糊不定。

总之,美感是审美活动的起点和基础,值得更深入地研究。

第四章　美的鉴赏

1. 鉴赏与鉴赏活动

首先,鉴赏是心灵(灵魂)的一种能力或功能。康德把心灵的能力区分为认识能力、愉快和不愉快的情感能力和欲求能力三种,其中的情感能力就是审美或鉴赏的能力。康德称:“鉴赏是评判美的能力。”(《判断力批判》第 37 页附注①)更具体说:“鉴赏就是与想象力的自由的合规律性相关的对一个对象的评判能力。”(同上,第 77 页)这里应当弄清的是:鉴赏是一种与美感不同的、做出审美判断的能力,而判断力则是知性的功能。因此这里我们要讨论康德所讲的审美判断(ästhetisches Urteil)或鉴赏判断(Geschmacksurteil)。

其次,鉴赏是一种审美的或鉴赏的活动,而且是一种审美或鉴赏的系统性功能活动。这里让我们简单介绍一下美籍系统哲学家欧文·拉兹洛(1932—　)在其《系统、结构和经验》一书运用现代系统论、信息论、控制论和结构主义等最新科学方法论,为“人类精神现象”所建构的“系统模型”(控制系统模型),其中就包括“审美活动”(鉴赏活动)的系统模型,即审美活动的“信息流程图”及其解释(欧文·拉兹洛:《系统、结构和经验》,李创同译,上海译文出版社,1987 年版,第 90—106 页),对人类审美活动做出了精彩的系统分析,其中包含着许多合理内容,值得我们认真学习和体会,请先看下图:

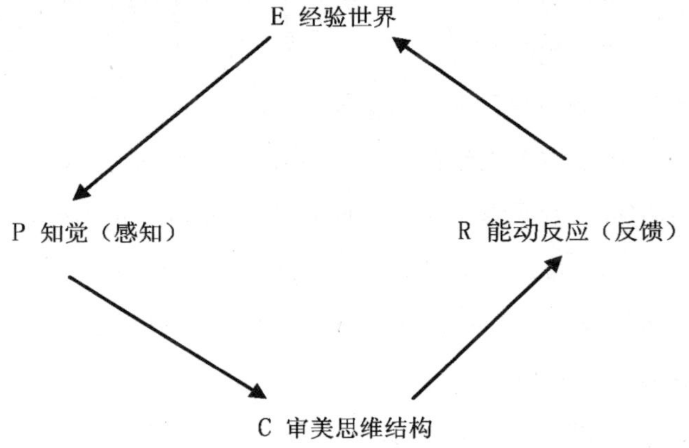

这是一个审美(鉴赏)活动的二维信息流程图,是一个“感性[认识]范型”,包括四个环节或要素(E,P,C,R),其中的每一个都构成一个子系统。按照拉兹洛的理论,E 为经验世界,即信息源(包括噪声或各种干扰),它所产生的信息流就是刺激,即输入;P 为过滤器,即通过过滤而产生的信息,就是知觉(感知);C 为审美的思维结构(包括感觉、想象或自觉);R 为审美的能动反应或反馈,即输出(包括美感和审美判断)。拉兹洛说:“就审美经验而言 P 和 C 都是不可缺少的,而且 P 必须是能为 C 所理解的。”而整个审美活动的“信息流程图”就是从经验世界 E(即审美对象或客体,包括自然美景、艺术作品和社会制度)输出的刺激信息到在审美主体感受中产生的知觉信息 P 再到审美主体心灵中储藏的审美思维结构的信息 C,以备用来同知觉信息进行匹配或比对,使知觉信息成为可理解的,最后是匹配结果的能动的反馈信息 R,即输出信息:如匹配成功(即知觉信息与审美结构相符合,当然,符合的程度另当别论)就形成美感和审美(鉴赏)判断,成为一次成功的审美经验,否则就形成反感或否定评价,成为一次失败的审美经验。

这里拉兹洛所讲的“审美思维结构”是审美活动的中心环节,类似于康德在《纯粹理性批判》中所说的作为感性直观与纯粹知性概念的中间环节的“图式”(Schema)或“图型”(即模式、模型、范型、范式、规范、框架等),只不过这种审美的思维结构或图式并非是康德所想象的是纯粹的先天形式,而是类似于列宁所理解的黑格尔的“逻辑的格”,是“人的实践经过千百万次的重复,它在人的意识中以逻辑的格固定下来。这些格正是(而且只是)由于千百万次的重复才有着先入之见的固定性和公理的性质”(《哲学笔记》,第 233 页)。它们借助于种系遗传世代传袭下来,以至无须每个人类个体都从头到尾再亲历一遍。当然这种审美结构并非是凝固不变的,而是为同一时代、同一民族、同一人群所共有,并跟随着历史进程不断演变、发展和进化的。

当然,这种审美结构与科学认识的结构不同,是一种感性认识的思想和情感的结构,它本身构成了审美系统的一个子系统。正如拉兹洛所说,其基本点就是“审美经验在于把握一种感性范型,从而获得一种清晰的、满足的、典型的审美情绪”(《系统、结构和经验》,第 96 页)。这种结构按照拉兹洛的看法,是一种“密码”或“规范”,包括“感觉”“想象”或“自觉”等要素,其中的所谓“自觉”,按我们的理解,就是黑格尔所说的“有意识的‘我’”或“自觉性”(《美学》,第一卷第 138 页),即作为审美主体的我或自我意识,包括审美主体的世界观、人生观、价值观、道德修养、知识储备、知识结构等知性或理性成分，因此这种“审美的思维结构”既包含感性（感觉）成分，又包含知性或理性（概念）成分，类似于一种审美典型或审美规范。而按照皮亚杰《结构主义》一书的说法，任何结构都具有“整体性”“转换性”与“自身调整性”。而按照我们的理解，这种“审美思维结构”就是把感性（感觉）与知性（概念）联结起来的自由的想象力的形式结构，即形象思维的形式结构，是人们在长期的审美实践—认识—实践的循环往复过程中，通过学习、体验和传承刻印到人们心灵中的图式或图型，它们本身就是精神的产物，因而具有观念性，系统性，相对稳定性，可传达性和个体、群体或种系的历史继承性和可变异性，因此它们不是静止不动和停滞不前的，而是处于不断演进的历史性建构过程中的。这种审美思维结构在审美活动中起着关键与核心作用，它们的活动特点就是康德所说的“想象力的自由游戏”。而整个审美（鉴赏）活动的流程是：信息源 E（即作为审美对象的经验世界，包括自然景观、艺术品、人等）—过滤器 P（即通过对感官刺激的过滤而在人们头脑中产生的“知觉”，或康德所说的“感性性直观”，即第一印象）—编码中心 C（与知觉或感性直观进行匹配的审美结构，即思想情感的结构）—反馈信息 R（即匹配的结果，或对外部环境的能动“反应”“投射”“整合”，类似于一种“移情”，即黑格尔、费尔巴哈与马克思所说的“自我对象化”）—E，即环境。而每一个回合都会成为审美主体的一次审美经验，而经验的积累和提高则需要不断实践。这样，拉兹洛的审美系统论就与一些人所坚持的机械的审美反映论划清了界限。

试举一例，如选美活动的进程就遵循这样的线路图：E，选手出场—P，经资格审查（过滤）所形成的第一印象—C，供与选手进行匹配的内定入选标准或方案—R，录取结果（可与否）。其中关键和优先的环节是 C，因为在选美对象实践选出之前，它已经在评委的心目和观念中预先存在了。当然，这一过程是在一定时间中进行的，不仅审美对象本身的展示需要时间，审美活动的进行也需要时间，而且审美活动的各环节在时间上还会有交叉。例如，形成第一印象的 P 就需要仔细反复观察，需要选手在现场做出各种动作和展示，而这期间正是评委（审美主体）调动头脑中的预选标准（审美结构或审美图式）进行反复匹配和对比的过程，这就需要时间，而对评审者来说，美感可能在第一印象（P）中就已经产生，但评审的最后结果（即做出审美判断）一般说来只能在匹配完成后达成。对自然景观、艺术品的审美（鉴赏）活动也与此类似，其中对自然景观的欣赏就需要很多的时间，一两天不一定，对一部戏曲、小说、电视连续剧等的鉴赏或欣赏则需要更多的时间,何止是一两天,可能是十天二十天,而且有一些著名自然景观(如我国的泰山、黄山、九寨沟)和艺术品(如贝多芬的交响乐、我国的四大文学名著)还让人流连忘返、百看不厌、赏心悦目,乃至终生喜爱。当然,还有对鉴赏者即鉴赏主体的要求,例如其个人修养、专业水平、审美经验、职业道德、身体素质、心理素质、精神集中程度等,这些东西都是长期积累、传承和学习的结果。

总之,在我们看来,拉兹洛的审美活动的信息流程环路图解具有很大的独创性与合理性,完全符合马克思的人本主义美学思想。只是拉兹洛的审美系统模型尚有不足之处,主要表现在他没有对审美判断的前提条件(如审美环境、审美实践、审美思维结构、审美心灵状态)做出具体分析,例如:

第一,他没有对作为 E 的"经验世界"的性质做出解释。他虽然指出了其中包含自然美景和艺术作品两个主要内容,但没有说清前者是人化了的自然,后者是人工的作品,因此两者都是马克思所说的"人化"了的审美对象,具有人本主义性质。

第二,他没有对审美实践或审美经验进行论证。他虽然提到了上述审美活动的信息流程图仅仅是"二维的表述",而不是向上的"螺旋曲线"(《系统、结构和经验》,第 11 页),甚至还提到了"发展新的审美结构"(同上,第 105 页)的设想,但它毕竟没有论述人类审美实践活动的历史发展过程。

第三,他没有对审美的"思维结构"C 的产生做出解释。他虽然提到不同的人可能具有不同的思维结构,因而会影响到审美效果,如蒙古牧人听到斯特劳斯的钢琴协奏曲《滑稽的人》时会感到差异和惊奇,但不能理解它的审美意义;西方音乐爱好者听到东方古典音乐时,也不能领会其中的审美含义。但是他没有解释审美思维结构的生成过程。其实我们提到过,这种心灵中的图式或图型是人类个体和种系在长期审美实践中,经过千百万次的重复,刻印在人们头脑中的东西,是一个实践—认识—再实践—再认识过程的产物和结果。

第四,他没有论述审美活动中主体的"心灵状态"或"情感状态"(如愉快、困惑、哀伤等)所起的重要作用。

2. 鉴赏与美感

美感处于审美(鉴赏)活动的低级阶段,是鉴赏活动的基础;鉴赏判断处于审美活动的高级阶段,是美感的升华。美感属于感性范畴,鉴赏判断则属于知性或理性范畴。没有美感的鉴赏判断是空虚的，没有鉴赏判断的美感是盲目的。因此美感是鉴赏判断的基础和依据，没有美感就谈不到鉴赏判断；鉴赏判断是美感的升华和指导，没有鉴赏判断就不能理解美感。“美感—鉴赏—更高雅的美感”是审美活动运行和发展的流程。从产生美感到做出审美判断是从感性认识到理性（知性）认识的飞跃，这不仅表现在人类个体的审美认知过程中，也表现在民族和种系的集体审美认知发展和进化过程中，同样遵循着实践—认识—再实践—再认识的普遍规律。

但是我们指出过，无论对美的鉴赏还是美感的产生，对柏拉图、康德、黑格尔和马克思来说，都是以审美主体的一定教养为前提的。而在我们看来，这种教养除了包括一定的知识储备、审美实践和审美经验外，更重要的是道德修养。例如中国绘画理论就强调作画者的道德修养，“学画者先贵立品，立品之人，笔墨外自有一种正大光明之概”（傅抱石：《中国绘画理论》，江苏教育出版社，2011 年版，第 26 页）。因此在我们看来，从事审美的人应品行为先，一个恶人和一个堕落的民族是没有资格谈论美的，更不消说创造美了。

3. 鉴赏判断与想象力

康德在美的分析论中一开头就说：“为了辨别某物是美（schön）还是不美，我们不是通过知性（概念）把某物的表象[指感性直观]与客体联系起来去加以认识，而是通过想象力（也许还与知性结合起来）把某物的表象与主体及其愉快或不愉快的情感联系起来[去加以辨别]。”（《判断力批判》，第 1 节）因此这里我们有必要对想象力在审美判断，包括对美的评判和对崇高的评判（同上，第 23 节标题）的重要作用加以说明。

首先，想象力与反思性判断力有密切关系。按康德的说法，一般判断力是把特殊思考为包含在普遍之下的能力（如：这朵玫瑰花是红的），而反思性判断力（包括审美判断力与目的论判断力）则是从被给予的特殊中去寻求普遍的能力，其任务是从自然中的特殊上升为普遍（如：这朵花是美的）（同上，导言Ⅳ）。审美判断力属于反思性判断力，是反思性判断力的一种。按康德的说法，审美判断力就是一种按照一条规则而不是按照概念来对物做出评判的特殊能力（同上，导言Ⅷ）。而想象力则是一种“先天的直观能力”（同上，导言Ⅶ），是“一种即使对象不在场也能具有的直观能力”（康德：《实用人类学》，邓晓芒译，重庆出版社，第 49 页），与反思性判断力中的审美判断力密切相关。

其次，关于想象力在诸认识能力中的地位。康德在《纯粹理性批判》中宣称："灵魂（即心灵）的三种能力……就是感官、想象力和统觉"，因此他说"想象力是人类灵魂（心灵）的基本能力之一""是灵魂的一种盲目的功能"，并把想象力看作联结直观与概念、感官与统觉、感性与知性的中介或桥梁，包括从下而上和从上而下两个方向的联结。例如他说："借助于这种纯粹的想象力，我们把……直观的杂多和纯粹统觉的必然统一联结起来了。这两个极端，即感性和知性，必须借助于想象力的这种先验功能而必然地发生关联……"（《纯粹理性批判》"主观演绎"）。康德把想象力区分为"复制（再生）的想象力"与"创造的想象力"两种，而创造的想象力又区分为"构成性的想象力""联想（类比）的想象力"与"亲和的想象力"三种形式（《实用人类学》，第 57 页），而与审美判断力密切相关的主要是创造性的想象力。

第三，是想象力在审美评判中的作用。按照《纯粹理性批判》所列举的人类灵魂或心灵的三种能力的对应关系，想象力正好相当于情感能力，因此我们完全有理由把想象力看成情感能力的对应物或类似物。而这里，审美判断针对的是感性的愉快或不愉快的情感，而想象力（创造的想象力）正是一种感性的"先天的直观能力"，它以其"自由自在的合目的性游戏"即"自由游戏"（《判断力批判》"美的分析论"中的总注释）为特征与知性的联合一致来"唤起愉快的情感"，所以审美判断离不开想象力（《判断力批判》，导论Ⅶ），康德甚至把想象力与鉴赏力并列起来（《康德美学文集》，第 191 页），因此康德一再强调想象力在审美评判中的关键与核心作用，他认为，在审美判断中，知性与理性都是为想象力服务的（曹俊峰：《康德美学引论》，天津教育出版社，1999 年版，第 245 页）。在审美活动中最重要的是想象力和知性这两种能力的相互作用。知性接到审美表象后，无所贡献而又要活动，不能规定对象而又要与之发生关联，于是它只好直接面对想象力自身，与想象力建立一种关系。这种关系就是如曹俊峰先生所说的，两种能力自由地，毫无牵挂地互相适应，这种适应又不是互相限制、互相规定，也不是固定的结合，而是在审美表象的推动和激发下，两种能力保持各自自由的活动，又互相应和，互相融洽，彼此之间不即不离，若即若离，就像梁山伯与祝英台所幻化的两只蝴蝶一样，在无边春色中翩翩飞舞。（同上，第 245 页）康德在美的分析论一开头就说："为了分辨某物是美还是不美，我们不是通过知性把某物的表象与客体联系起来去加以认识,而是通过想象力(也许还与知性结合起来)把某物的表象与主体及其愉快或不愉快的情感[能力]联系起来[去加以辨别]。”这里可以充分看出想象力在鉴赏判断中的关键和核心作用,因此康德称想象力具有“巨大的威力”(《判断力批判》,第17节)。这就是我们把想象力与情感能力密切联系起来,并列为同一等级的原因。

第四,想象力在审美活动中具有局限性,因此它不能不与知性和理性联系起来并协调一致,相互配合,并且这些认识能力[包括知性、审美判断力与理性]的协调一致为愉快情感提供了根据(同上,导言Ⅸ)。这时想象力就像一只轻捷的鸽子,随时都在鼓动其知性与理性的双翼,蜻蜓点水般地在感官世界中翩翩起舞、自由游戏、自由飞翔、并头前进,共同塑造千姿百态的美的世界。例如,按康德的说法,在鉴赏判断中想象力与知性联结起来与美相关,在精神情感的判断中想象力与理性联结起来与崇高相关。(同上,第26节附录)这表现在:一方面,知性为审美判断力立法(同上,导言Ⅳ),因为作为鉴赏判断的审美判断(像一切判断一样)也从属于知性(同上,第15节);另一方面,在对崇高的评判中心灵要倾听“理性的声音”(同上,第26节),否则就不能完成其“超感官的使命”(同上,第27节)。如,美的艺术或艺术美不仅是“自由的艺术”,而且是“想象力的表现”,同时也是体现了“理性为其活动基础”的生产或创作活动。(同上,第43、46、48、49等节)

第五,应当指出,对康德来说,美只涉及对象的形式(同上,第13节),正像可以把审美判断区分为纯粹的和经验性的一样(同上,第14节),也可以把想象力区分为纯粹的(先验的)想象力与经验性的想象力两种(《纯粹理性批判》“主观演绎”)。他认为,先验的图式是先验想象力的产物,经验性的图像则是经验性想象力的产物。(同上,“纯粹知性概念的图式论”)但这两种想象力各自究竟在审美判断中起着什么作用,康德没有明确说明,这一点还需要进一步弄清楚。

现在我们就来看看,审美判断(包括鉴赏判断)中的想象力究竟是指纯粹想象力还是经验性想象力。我们认为只能是后者,因为康德把想象力看作一种“先天的直观能力”,而直观又分为纯粹直观和经验性直观,先验的图式来自“纯粹的想象力”,而先验图式的图像则来自“经验性的想象力”,前者是知觉不到的,后者是可知觉到的。例如一个三角形的纯粹图式是看不见的,我们看得见的只是三角形的图像,就像一个具体三角形中的三角。所以我们不可能通过纯粹的想象力直接知觉到纯粹形式的美,只能通过经验性的想象力知觉到包含在某个物或对象中的形式的美,如玫瑰花中的形式美。康德在给美下定义时就说:美的形式是“在对象上被感知到的”(《判断力批判》,第 17 节)。这就足以说明,在审美判断中起着决定性作用的是经验性的想象力。

4. 鉴赏判断的可传达性

众所周知,人们对某物是美还是不美常常有不同的看法,例如一朵花、一个女孩、一匹马、一座建筑,有人说它(她)美,有人说它(她)不美。但同样无可争议的是,同一个民族、同一个时代人们的审美观却是类似的或一致的。这就涉及鉴赏(审美)判断的普遍可传达性,而没有这种可传达性就不会有美学。

康德是美学史上对鉴赏判断的普遍可传达性做了令人信服的论证的人。他指出,在一个被给予的表象(如愉快的情感)中有一种心灵状态的普遍可传达性,它作为鉴赏判断的主观条件,必然是鉴赏判断的基础,而对对象的愉悦则必然是其结果。这个普遍可传达性判断的根据既然是主观、无概念的,所以就无非是在表象力的相互关系中所遇到的一种心灵状态,它们处于自由游戏的情感中,而这种自由游戏状态则必须是可普遍传达的。(《判断力批判》,第 9 节)他还进一步论述说:“任何通过概念来规定什么是美的的客观鉴赏规则都是不可能有的。因为一切出自如下来源的判断才是审美的;就是说它的规定性根据是主体的情感而不是客体的概念……感觉(愉悦和不悦的感觉)的普遍可传达性,即一切时代和一切民族在某个东西的表象中对这种情感的尽可能一致性:这就是那个经验性的、微弱的、几乎揣度不出的标准,即由一些实例证实了的鉴赏标准,它从那深深隐藏着的一致性根据中发源,这种一致性根据在评判诸对象在其下被给予一切人的那种形式[美的形式或形式的美]时,对一切人来说都是共同的。”(同上,第 17 节)他更进而指出:鉴赏判断要求每个人的赞同,也就是说,谁宣称某物是美的,每个人都应当承认它是美的,但这种应当本身是根据这种评判所要求的一切材料提出来的,因而是有条件地提出来的。而人们之所以征求每个人的赞同,是因为人们对此有一个共同的根据,所以他可以指望这种赞同。而这种一致性的根据则是一条“主观原则”,它只通过情感而不通过概念就能普遍有效地规定什么是令人喜欢的,什么是令人讨厌的。而这样一条原则只能被看作共通感,只有在这个前提之下,即有一个共通感(认识能力的自由游戏的结果)的前提下,才能做出带有必然性的鉴赏判断。(同上,第 19、20 节)这正是人类的共性,即共同的人性,即费尔巴哈与马克思所说的人的“类的本质”所使然的。显然这是以人性论为根据的。

康德的这些论点具有很大的合理性，它讲清了人类的本性中情感的无比丰富性、多样性与一致性、共同性的统一。简言之，讲清了一切时代、一切民族的人性的多样性的统一，没有这种多样性的统一就没有美学。所以真正的美学必须是人本主义的。

5. 审美价值（审美的价值判断）（《判断力批判》，第 41、86、4、5、23 节；斯托洛维奇：《审美价值的本质》）

审美，亦称"审美活动"，即人们所进行的欣赏美的活动。这种活动构成了人（主体）对现实（客体）的审美关系，满足了人们的精神需要，是主体与客体、主观与客观、直观与理智、灵魂与形体的统一。审美价值是审美对象（客体）给人（主体、心灵）带来精神愉悦的价值属性，是一个以人为取向、以人为尺度的广阔天地。

鉴赏判断的价值取向就是审美价值。在鉴赏判断中对审美客体进行价值评估是一个重大美学课题，并且与美的理想问题密切相联系。这里我们先看一般价值。笼统说，价值就是马克思所说的"有用性"或"意义"（《手稿》，第 78、79、80 等页），因此有人说：价值，泛指客体对于主体表现出来的意义和有用性（斯托洛维奇：《审美价值的本质》，凌继尧译，中国社会科学出版社，2007 年版，第 28 页）。也就是说，这种有用性或意义表现在客体对人或人群的关系中，即对人或人群是否有用，因此价值是主客体之间的一种关系。而具体说，价值又是多样化和多层次的，可分为生活价值[或生存价值]（包括经济价值、政治价值、社会价值）、文化价值和精神价值，而精神价值则包括科学价值、伦理价值、审美价值。例如经济价值在马克思那里就区分为使用价值和交换价值，其中使用价值是交换价值的基础和物质承担者，价值（作为一般劳动）包含在使用价值（特殊劳动）之中。而政治价值，则是指政治活动和政治现象的价值，包括政治理论、政治组织、政治体制、政治活动、政治力量等的价值。而审美价值，也就是观赏价值（美与丑），与理论价值（真与假）、伦理价值（善与恶）一起，属于精神价值的范畴。审美价值是一种精神价值，是指审美客体或对象（包括自然界、人类社会、人类精神）的美或丑对审美主体（人或人群）的精神上的意义和有用性。

康德在《判断力批判》中专门谈到了"审美价值"（ästhetisch Wert）问题（第 53、54 节），对各种艺术美的审美价值进行了比较。他认为诗艺具有最高审美价值，因为诗艺扩展心灵(Gemüt),把想象力置于自由中,把审美提升到理念,它用随意产生的幻象做游戏,不是为了欺骗,而是诚实而正直地进行的。而讲演术则不值得敬重,因为它是通过美丽的幻象捉弄人的艺术[即具有负价值]。音乐在审美价值中的地位最低,因为它虽然能够激动和振奋心灵,使之成为一种惬意的自我享受,但它却仅仅以感觉(音调)来做游戏。造型艺术的价值比音乐更高,因为它们把想象力置于一种自由的但又与知性相适合的游戏中,促进了概念与感性的结合,促进了高级认识能力的温文尔雅。在造型艺术中,绘画的地位最高,因为它不仅作为素描艺术为其他造型艺术奠定了基础,而且扩展直观的范围,更远地深入理念的领域。

康德还谈到了诸感觉交替着的自由游戏都能使人快乐,特别是玩笑和笑话(即喜剧)的审美价值。他说:“在一切会激起热烈的哄堂大笑的东西那里都必然有荒谬的东西[丑]。笑是由于一种紧张的期待突然转变成虚无而来的激情。正是肯定不会使知性高兴的转变,却间接使人在一瞬间强烈地感到高兴。”这里康德所说的“笑话”,其实就是喜剧,类似中国的相声,它因丑恶的东西(假象)被揭露而引发快乐。但康德认为这种快乐的价值不过是在肉体中产生出生命力的某种平衡,从而有助于健康,因此严格说,属于快适的技艺,而不是美的艺术。显然,康德对喜剧的审美价值还没有足够的认识。

黑格尔在《美学》第一卷中也论述了艺术价值问题,即艺术表现“是否有价值”的问题。(《美学》,第一卷第52—69页)。黑格尔反对艺术的模仿说,认为“模仿的熟练所产生的乐趣总是有限的,对于人来说,从自己所创造的东西得到乐趣,就比较更适合于人的身份”(同上,第54页)。他也不同意艺术的“激发情绪说”(即移情说),因为此说认为艺术的目的就是“唤醒各种本来睡着的情绪、愿望和情欲,使它们再活跃起来;把心填满;使一切有教养或无教养的人都能深切感受到凡是人在内心最深处和最隐秘处所能体验和创造的东西……”(同上,第57页)相反,他主张艺术的“更高的实体性的目的说”,他区分三种情况:一是驯服粗野说,二是净化情欲说(即教训说),三是道德教训说。他说:“只有改善人类才是艺术的用处[价值],才是艺术的最高目的。”(同上,第64页)他反对艺术的目的被窄狭化为教益(即反对公式化和概念化),主张内心的自由与外在自然界的必然性的“和解”,他说:“我们要肯定的是:艺术的使命在于用感性的艺术形象的形式去显现真实,去表现……那种和解了的矛盾”。(同上,第68页)

显然,黑格尔的艺术价值论有更多合理性,值得我们借鉴。

马克思虽然没有正面阐述审美价值,但他还是从美的"意义"的角度论述了审美价值。例如他提到:"贩卖矿物的商人只看到矿物的商业价值,而看不到矿物的美和特性[即审美价值]。"(《手稿》,第78—80页)

又如,马克思在谈到对象(客体)的审美价值时是从两个方面来加以论述的。一方面从审美对象(客体)方面来说:"随着……一切对象……对他[人]说来成为他自身的对象化,成为确证和实现他的个性的对象……对象如何对他说来成为他的对象,这取决于对象的性质[如山、水、草、木]以及与其相适应的本质力量的性质[如眼、耳]……[例如]眼睛对对象的感受与耳朵不同,而眼睛的对象不同于耳朵的对象。……因此,人不仅在思维中,而且以全部感觉[主要指美感]在对象世界中肯定自己。"这里所说的对象正是人化的自然界和人造的艺术品,离开这些对象就谈不上审美价值。而另一方面,即从审美主体方面来看:"只有[美的]音乐才能激起人的音乐感;对于不辨音律的耳朵说来,最美的音乐也毫无意义[即毫无价值]……因为任何一个对象对我的意义[价值](它只是对那个与它相适应的感觉说来才有意义)都以我的感觉所及的程度为限。……只是由于属人的本质的客观地展开的丰富性,主体的、人的感性的丰富性,即感受音乐[美]的耳朵、感受形式美[形状美、形态美]的眼睛,总之,那些能成为人的享受的感觉[享受快乐的感觉,即美感],即确证自己是人的本质力量的感觉[感觉(美感)=人的本质力量],才一部分发展起来,一部分产生出来。因为,不仅五官感觉,而且所谓精神感觉、实践感觉(意志、爱等等),一句话,人的感觉、感觉的人性,都只是由于它的对象的存在,由于人化了的自然界,才产生出来的。五官感觉的形成是以往全部世界历史的产物。囿于粗陋的实际需要的感觉只有有限的意义。……忧心忡忡的穷人甚至对最美丽的景色都无动于衷……"(《手稿》,第78—79页)这就是说,任何对象的审美价值,都以主体(人)的感知程度为前提,也就是说对象(客体)的审美价值取决于主体(人)的美感程度和修养程度(包括知识、道德、艺术、情趣等的修养),没有美感和修养就谈不上审美价值,而且人的美感和修养又有一个不断发展和提高的问题,因此像美的理想的实现过程一样,也是全部世界历史发展的产物。这就是马克思的以人为本的审美价值论。

总之,马克思的人本主义审美价值论是我们人本主义美学的指导思想之一。

第五章　自然美

1. 自然界、人化的自然与自然美

(1)自然界(自然)。大到太阳系、银河系,小到我们所在的星球,乃至我们这个星球上的人类,都是整个宇宙的一部分,是整个自然界的一部分。马克思说:"无论在人那里还是在动物那里,类的生活从物质方面来说都表现于:人(和动物一样)赖无机自然界来生活,而人较之动物越是万能,那么,人赖以生活的那个无机自然界的范围也就越广阔……自然界就它本身不是人的身体而言,是人的无机的身体[肉体的自然界]。人靠自然界来生活。这就是说,自然界是人为了不致死亡而必须与之形影不离的身体。说人的肉体生活(physische Leben,肉体生命)和精神生活(geistige Leben,精神生命)同自然界不可分离,就等于说,自然界同自己本身不可分离,因为人[包括人的肉体生活和精神生活]是自然界的一部分。"(《手稿》,第 49 页)这是马克思关于人和人的精神的本体论。根据现代宇宙学的研究成果,我们的宇宙已经有 140 多亿年的历史,我们所在的星球也已有 40 多亿年的历史。这就是所谓的自在的宇宙和自在的自然界。而人类起源论的研究证明,人类已有数百万年的历史,而人类文明的历史不过几千年,至多一万年。人类原本是群居的动物,最初是为了种的延续和躲避野兽等的伤害,后来是为了进行生产劳动,而组成了社会群体,最初是血缘家庭、普那路亚家庭,后来是氏族、部落、部落联盟和国家,最后产生了人类文明,人类从自然界中分化出来,从自在的人变成了自为的人(自觉的人),有了意识和自我意识,有了自由自觉的劳动,能够通过劳动创造美和认识美。

(2)人化的自然。正如恩格斯所说:"劳动是一切人类生活的第一个基本条件……以致我们在某种意义上不得不说:劳动创造了人类本身。"(《自然辩证法》——《劳动在从猿到人转变过程中的作用》)而人类在生产劳动中,与自然界发生了千丝万缕的关系,自然界不仅为人类的生存提供了生活资料,也为人类的生产劳动提供了生产资料,更为重要的是人类在生产劳动中不仅依赖于自然界,而且根据自己的需要,改造着自然界,于是自然界就成了人类的生存环境和劳动的对象,到处打上了人的印迹,从而被人化了,成了“人化了的自然界”(《手稿》,第79页),包括肉体化了的自然界(即“人的无机的身体”,人的物质生活的生活资料和生产资料)和精神化了的自然界(即“人的精神的无机自然界”,人的精神生活的认识资料和观赏资料)两个方面(同上,第49页)。可以说,这是自然美产生的前提,因人们在通过劳动实践创造出自己生存的自然环境之前,这种自然环境首先在他们的头脑中作为一种愿望或追求存在了。

(3)自然美。正是人化了的自然界最终显现出美的属性。因此自然美就是自然界万事万物的感性显现。这里我们先要弄清以下几个问题。

首先,自然美只适用于人类。前面我们提过,马克思曾说过:“一物的属性不是由该物同他物的关系产生,而只是在这种关系中表现出来……”(《资本论》,第一卷)而自然界本身无所谓美不美,因此自然界美的属性只能通过它们与人的关系表现出来,因此康德在论述自然美的时候说:“美只适用于人类。”(《判断力批判》,第5节)

其次,自然美的精神属性。我们在本书第二章“美论”的“美的分析”一节中已经充分论证了美的精神属性,这一分析属性适合于自然美。

再次,自然美的分类。从美的对象看,可区分为飞禽走兽之美、鸟唱虫鸣之美、花草树木之美、山水云天之美、日月星辰之美,等等;从美的形态看,可区分为视觉之美(形象美、颜色美)和听觉之美(音响美、节奏美);而从来源看,可分为原生自然美和人造自然美;等等。

下面请看几幅自然山水美的图片:

中国的黄山

中国的帕米尔高原

中国的雅鲁藏布江

美国犹他州的神秘“石浪”

菲律宾的巧克力山

2. 康德与黑格尔论自然美

（1）康德的自然美。我们在前面说过，康德在《判断力批判》中首先和重点地论述了自然美。在他看来，所谓自然美，是一种纯粹的、形式的美。他按四个“契机”（即从四个角度）考察了自然美——①鉴赏判断按质来看的契机，即美的质的规定性，就是美的“非功利性”，据此他给出了美的第一个定义：“鉴赏是通过不带任何功利性的愉悦或不悦而对一个对象或一个表象方式做出评判的能力。这样一种愉悦的对象就被称作是美的（schön）。”②鉴赏判断按量来看的契机，即美的量的规定性，就是美的“普遍有效性”，即“普遍可传达性”，据此他给出了美的第二个定义：“凡是没有概念而普遍令人喜欢的东西就是美的（schön）。”③鉴赏判断按照目的关系来看的契机，即美的目的性因果关系的规定性，就是美的带有因果性的“合目的性”，据此他给出了美的第三个定义：“美（Schönheit）是一个对象合目的性形式，如果这形式是没有一个目的的表象［这里指概念］而在对象身上被感知到的话。”④鉴赏判断按照对对象的愉悦的模态来看的契机，即美的模态的规定性，就是美的“主观必然性”，据此他给出了美的第四个定义：“凡是那没有概念而被认作一个必然愉悦对象的东西就是美的（schön）。”

总之，康德对鉴赏判断中的美的规定性做了周密的论述。而特别重要的是他在美的独特性质方面，即美的质的规定性方面，把美看成生命（即所谓的“生命感”）的体现，而且在他看来，生命“乃是被促进和被阻滞这两种状态的继续不断的对抗性的活动”（《康德美学文集》，第 192 页）。这不能不说是康德对美学的一个重大贡献。

但与此同时，康德又把审美判断力与目的论判断力区别开来，即把属人的自然与自在的自然（即“自然的自然”）区别开来，又认为两者是不可分的整体。从康德那里我们看到了从自然界对人的主观合目的性到人对自然界的客观合目的性的转换，即从自然的属人本质到人的自然的本质的转换，这一转换充分体现了康德的主观与客观、认识与实践、现象与本体、精神与物质、意识与存在，简言之，就是人与自然的和谐统一的人本主义思想。

（2）黑格尔的自然美。黑格尔美学思想中灌注了强烈的西方传统的人本主义精神，人的主体性、精神性、创造性、理想性、超越性意识得到极度张扬。黑格尔宣称，他的《美学》是研究艺术美的，自然美本不属它的研究范围，因为在他看来，“艺术美高于自然美”，“自然美只是属于心灵的那种美的反映”，是心灵的“一种不完全不完善的形态”（《美学》，第一卷第 5 页）。但从客观唯心主义体系的需要出发，他还是在《美学》中设专章来论述自然美，声称：“自然作为具体的概念和理念的感性表现时，就可以称为美的。”（《美学》，第一卷第 168 页）他分别探讨了作为生命的自然美、外在美和自然美的缺陷等问题。他突出强调和重点论述的是作为生命的自然美。这部分成为他论自然美的精华所在，充满辩证法，富有启迪性。

而对我们来说，自然美不能像康德那样，仅仅限于形式，而应当像黑格尔那样，把它看成形式（形象）与内容（意蕴）的统一体。

3. 自然美的产生

自然界是从何时开始具备了美的属性或特征从而成了美的自然呢？换言之，自然美是怎样产生的呢？答案正如马克思所说：“劳动创造了美。”而且“既然一物的属性不是由该物同他物的关系产生，而只是在这种关系中表现出来……”，所以自然界的美就是自然界同人类的关系中表现出来的一种精神属性。当然，这里还有一个自然美的生成过程，包括自然对象从其具有的实用性（实用价值）到其具有的可欣赏性（审美价值）的转变过程。

中世纪唯名论哲学家司各托早就提出“如果上帝是万能的，他能否赋予物质以思维的能力”的问题。法国启蒙思想家狄德罗有关于感觉(精神)产生于物质的设想。恩格斯更提出:“物质不是精神的产物,而精神却只是物质的最高产物。”(《路德维希·费尔巴哈和德国古典哲学的终结》)他还写道:“物质在它的一切变化中永远是同一的,它的任何一个属性都永远不会消失,因此,它虽然在某个时候一定以铁的必然性毁灭自己在地球上的最美的花朵:思维着的精神,而在另外的某个时候一定又以同样的铁的必然性把它重新产生出来。”(《自然辩证法》“历史导论”)这就是说,精神原本是物质或自然界的一个固有属性。但这些说法都还不能说明自然美的属性具体是怎样显现或产生出来的。

既然是“劳动创造了美”,因此这里就有一个通过劳动怎样创造了美的问题。自然美首先是人类精神劳动的产物,是人化自然的一种精神或观念属性,它像世界上的其他一切事物一样,也有一个发生、发展和演变的过程。但自然界并非一被人化就具有了美的属性,为了使自然界在人的头脑中凸现出美的属性,需要成千上万年的漫长历史过程。其中至少要经过以下几个阶段:首先是自然界成为人化了的自然,即成为被人的肉体和精神干预了的自然;其次是自然界成为对人有用的自然;第三是自然界成为令人愉悦和喜爱的自然;第四是自然界成为可供观赏的自然。正是经过这样几个阶段,人化的自然才在人的感官(主要是视觉与听觉)面前显现出美的属性或特征。而具体说来,自然美的产生还至少包括以下几个前提条件。

(1)人的劳动。自然界的“人化”过程是自在的自然向自为(即为人)的自然转化的过程,其最关键的因素则是人的自由自觉的活动,即劳动(特别是精神劳动)。而且这是一个漫长而缓慢的历史过程。前面我们约略提过,考古发掘证明,居住在山洞中的原始人类已经开始仔细观察了与其劳动相关的自然物和人造物,开始创造了表现这些物品的原始艺术品,其中就包括表现鹿、马、山羊、野牛等动物形象的岩画,以及刻纹鱼叉和代表氏族权力的权杖、代表母性崇拜的母神雕塑等。当然,这些作品多半与原始神话、宗教和信仰有关,只具有象征意义,因此严格地说还不能表现真正的自然美。只是后来,由于劳动技能和智力的不断提高以及与自然接触范围的越来越广阔,自然美的属性,如形状、色彩、声音及其搭配和组合,才越来越多地被人所关注,并通过艺术品在人的感官面前复现出来。这时人们心灵中所产生的美的精神或美的观念才开始渗透到包括飞禽走兽、花草树木等无限广阔的自然界中去,反过来这些自然物又在人的心灵中激发出美的情感(即美感)和审美判断。当然,这种美的情感和美的判断(鉴赏)是人类共同本性即自由自觉的劳动的产物,它们伴随着劳动生产力的不断进步而产生和发展起来,它们属于一切人、一切民族和一切时代,成为人与人之间的普遍可传达的情感和判断。而且,现在有了现代科学技术,我们已不仅能够发现和感知我们这颗星球上的自然美,而且能够发现宇宙太空的自然美,例如我们不仅能用肉眼看到灿烂星空的美,而且能借助先进的太空望远镜观测到距离我们 17 万光年的美丽光环。

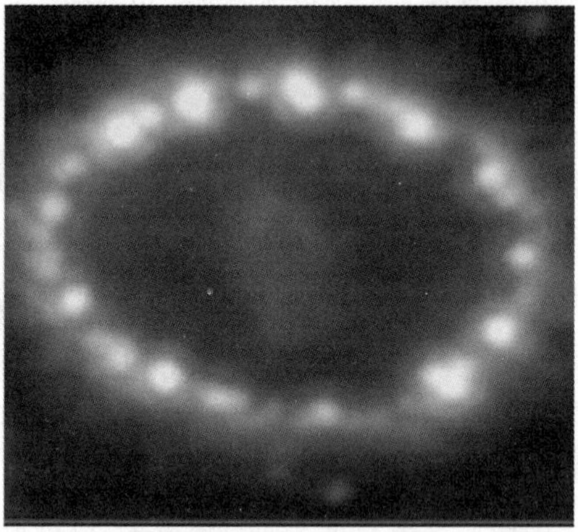

距我们 17 万光年的光环

马克思所说的"劳动创造了美",首先就体现为劳动使自然界被人化(包括肉体化和精神化),成了人化的自然界,并在此基础上创造了自然美,包括山水花木之美、飞禽走兽之美、日月星辰之美、鸟唱虫鸣之美,等等。正如上面所说,考古发现证明,居住于洞穴中的原始人群最早发现了自然美,首先表现在与狩猎活动相关的动物与工具等形象上,例如距今一万八千年前我国周口店山顶洞原始人钻孔兽牙饰品,距今一万三千年我国河北省兴隆县洞穴遗物—— 一件残断的似为某种器物柄部的刻纹角器,更有重庆奉节县兴隆洞发现的距今十多万年前世界最早的象牙刻纹鸟头图案和吹奏器哨形埙,还有欧洲距今三万年前西班牙阿尔塔米拉山洞壁画上的野牛形象等。这些考古发现就是最早的原始艺术与狩猎劳动有关的证明。普列汉诺夫说:原始狩猎民族"虽然所住的地方长满鲜花,可从来不用花朵来装饰自己。……上述的部落专门从动物界采取自己装饰的主要内容。"(普列汉诺夫:《普列汉诺夫美学论文集》Ⅰ,程代熙译,人民出版社,1983 年版,第 297 页)这证明当时的人类还不能欣赏花草树木之美，我国民族学调查中发现的鄂伦春族男性所爱戴的狍皮帽子则提供了间接证明。后来人类分批逐渐离开了山洞，有的来到了草原，成为游牧民族；有的来到了河谷，成为农耕民族。而草原、河谷等开始成为人类赖以生存的新环境，遂使人们得以大开眼界，欣赏到青山绿水、鲜花草地、飞禽走兽、鸟叫虫鸣等之美，我国仰韶遗址中四鹿纹彩陶、人面鱼纹彩陶、圆曲线花瓣盆，甘肃土谷台出土的蛙纹彩陶盆，青海马家窑出土的舞蹈纹彩陶盆，等等，就是证明。（图见《原始艺术史》）

(2)闲暇时间。马克思说，在资本主义条件下“工资的提高引起工人的过度劳动。他们越想多挣几个钱，他们就越不得不牺牲自己的时间，并且完全放弃一切自由来替贪婪者从事奴隶劳动”（《手稿》，第7页），“但是，国民经济学把工人只当作劳动的动物，当作仅仅有最必要的肉体需要的牲畜”，“国民要想在精神方面更自由地发展，就不应该再当自己的肉体需要的奴隶，自己肉体的奴仆。因此，他们首先必须有能够进行精神创造和精神享受的余暇”（同上，第13页）。这里的“精神创造”就包括科学的创造、艺术的创造、美的创造，“精神享受”就包括享受美感、欣赏艺术、欣赏美。但资产阶级的国民经济学则发明了一种“奴才艺术”，其教义是“自制，即对生活和一切人的需要的摒弃”。而结果是：“你越是少吃，少喝，少买书，少上剧院、舞会……少唱，少画，少击剑等等，你就能积攒得越多……国民经济学家把从你那里夺去的那一部分生命和人性，用货币和财富补偿给你……”（同上，第88页）

马克思认为，正是因为缺少闲暇时间和温饱，“忧心忡忡的穷人甚至对最美丽的景色都没有什么感觉；贩卖矿物的商人只看到矿物的商业价值，而看不到矿物的美和特性；他没有矿物学的感觉。”（同上，第79—80页）因此马克思才强调闲暇时间是创造美（包括自然美）和欣赏美（包括自然美）的一个必要前提条件。而且要想使人们（包括劳动者和文人）能普遍享有充分的闲暇时间，就必须使人们普遍富裕起来，只有那样人们才能有充分的闲暇去游山玩水，去体验、欣赏和描绘自然美。

(3)想象力的自由游戏。马克思说：“一个种的全部特性，种的类的特性就在于生命活动的性质，而人的类的特性恰恰就是自由自觉的活动。”（同上，第50页）“通过实践创造对象世界，即改造无机界，人证明自己是有意识的类的存在物，也就是这样一种存在物，它把类看作自己的本质，或者说把自身看作类的存在物……动物只生产自身,而人再生产整个自然界:动物的产品直接同它的肉体相联系,而人则自由地对待自己的产品。动物只是按照它所属的那个种的尺度和需要来建造,而人却懂得按照任何一个种的尺度来进行生产,并且懂得怎样处处都把[自己]内在的尺度运用到对象上去:因此,人也按照美的规律来塑造。”(同上,第50—51页)这里马克思强调了人以自己内在的自由精神的尺度即按照美的规律去创造和欣赏外部世界的美,实际是强调了自由自觉的创造,即强调了想象力的自由游戏在审美活动中的关键作用。而康德则对想象力的自由游戏的可传达性做了具体分析,指出这种自由游戏是一种心灵状态,具有普遍可传达性,而这种可传达性的根据则是一切民族、一切时代的人在审美情感上的一致性,正是这种一致性成为鉴赏(审美)判断的基础,否则就没有美学。康德的论述为我们理解想象力的自由游戏理论提供了合理依据。

(4)精神的修养(或教养)。前面我们介绍过马克思关于艺术修养在审美活动中的重要前提意义。而康德则曾强调道德修养在审美判断活动中的重要性,例如康德提出:首先,对自然美的直接兴趣在现实中并不常见,只有那些已经被教修养到善的程度的人,或对这种教养有非常好的接受力的人,才具有这种兴趣,而对一个根本没有审美兴趣的人就无所谓美不美;其次,这样鉴赏判断与道德判断之间就有一种类似性,虽说鉴赏判断的兴趣是自由的,而道德判断的兴趣则建立在客观法则之上。(《判断力批判》,第143页)而黑格尔在其《美学》中则更明确地指出:在审美活动中“对于古代希腊罗马的艺术、神话、文学以及信仰和习俗的熟悉,已经成为现代[指黑格尔时代]文化修养的出发点”。他还指出,需要熟悉的东西包括艺术、神话、文学、道德、法律等许多其他方面的历史材料,并说:“我们对过去事物之所以发生兴趣,并不只是因为它们曾一度存在过。历史的事物只有属于我们自己的民族时……历史事物才是属于我们的。”(《美学》,第一卷第345—346页)我国绘画理论同样强调观赏自然和描画自然时的修养(特别是道德修养)问题,例如他们说:“自然一大画本也。观者万千,而悟者不一二……修养之义大亦哉!”又说:“学画者先贵立品,立品之人笔墨外有一种正大光明之慨。”(《中国绘画理论》,第19、26页)这就是文化修养或精神修养在审美活动中的重要作用,正是这种精神修养成为美的观念之所以产生的一个重要前提条件。

(5)优越的自然环境。并不是任何自然环境都是美的,那些寸草不生的大沙漠和冰雪覆盖的南极洲和北冰洋能谈得上美吗?但大自然毕竟为人类创造了许许多多优越的、适合人类生存的自然环境，因此人类更要感谢大自然的恩惠，爱护周围的自然环境，而且人类还不仅要消极地享受自然环境，更要积极地美化自然环境，创造更多更美的自然景观，为人类的可持续发展创造条件。因此开展植树造林、保护生态、清除污染、节约能源等全民运动应当形成风气，不仅为当代而且为子孙万代造福。

（6）社会条件。我们前面提过，要想充分实现上述条件，就必须创立社会主义和共产主义社会制度，只有到那时，人们才能够真正去创造、欣赏和描绘自然美。

总之，上面所述的一切，是自然美产生的前提条件，而所有这些条件都与劳动生产力的进步和发展不可分割，而这些条件一但逐个具备，自然界所具有的实用价值就转化为它的审美价值，它的实用属性就转化为美的属性，于是真正的自然美就产生了。

4. 有闲文人对自然美的描绘

我国自有文明以来，古文献中对自然之美就开始有所记载，特别是从魏晋南北朝开始，文人们已把自然界的山川之美正式纳入审美范围。我们知道，我国汉末魏晋南北朝是中国政治上最混乱、社会上最黑暗的时代，特别是魏晋南北朝时期，是中国历史上的一个大乱世，在长达三四百年的时间里，经历了三十多个王朝的更替。然而随着北方豪族大量南迁，江南得到开发，成为山清水秀的鱼米之乡。于是随着劳动生产力的发展和生存环境（包括自然环境、社会环境、文化环境等）的优化，一些家境富裕的文人墨客有了更多的闲暇与逸趣，从而开创了一个精神自由、个性解放、文艺繁荣的时代。当时的文人为了逃避现实，而游山玩水，返璞归真，以寻求精神的慰藉，东晋著名诗人陶渊明就是一个代表。与此同时中国的传统美学思想也发生了突破性的变化，这是一个类似于欧洲文艺复兴的伟大时代，为唐宋时代文艺的繁荣打下了坚实的基础。下面我们仅就魏晋南北朝一些文人在山水田园诗文中对自然美的描述进行举例。先看文人们在散文或游记中的描写。

东晋书法家王羲之《兰亭集序》："此地有崇山峻岭，茂林修竹；又有清流激湍，映带左右，引以为流觞曲水……是日也，天朗气清，惠风和畅，仰观宇宙之大，俯察品类之盛，所以游目骋怀，足以极视听之娱，信可乐也。"

东晋画家顾恺之，人问"山川之美"，答曰："千岩竞秀，万壑争流，草木蒙笼

其上，若云兴霞蔚。”(《世说新语》)

南北朝北朝郦道元的《水经注》关于山水美景的生动描写更是俯拾皆是，其名篇《三峡》描述说：“自三峡七百里中，两岸连山，略无阙处。重岩叠嶂，隐天蔽日，自非亭午夜分，不见曦月。至于夏水襄陵，沿溯阻绝。或王命急宣，有时朝发白帝，暮到江陵，其间千二百里，虽乘奔御风，不以疾也。春冬之时，则素湍绿潭，回清倒影。绝𪩘多生怪柏，悬泉瀑布，飞漱其间。清荣峻茂，良多趣味。每至晴初霜旦，林寒涧肃，常有高猿长啸，属引凄异，空谷传响，哀转久绝。故渔者歌曰：‘巴东三峡巫峡长，猿鸣三声泪沾裳！’”

至于诗歌中对山水之美的描写，更是不胜枚举。

曹操诗《观沧海》：“东临碣石，以观沧海。/水何澹澹，山岛竦峙。/树木丛生，百草丰茂。/秋风萧瑟，洪波涌起。/日月之行，若出其中。/星汉灿烂，若出其里。幸甚至哉，歌以咏志。”

北朝《敕勒歌》(相传是鲜卑族民歌，北齐名将、鲜卑人斛律金传唱)：“敕勒川，阴山下。/天似穹庐，笼盖四野。/天苍苍，野茫茫，风吹草低见牛羊。/男儿血，英雄色。/为我一呼，江海回荡。/山寂寂，水殇殇。/纵横奔突显锋芒。”

陶渊明诗《归田园居》：“少无适俗韵，性本爱丘山。/误落尘网中，一去三十年。/羁鸟恋旧林，池鱼思故渊。/开荒南野际，守拙归园田。/方宅十余亩，草屋八九间。/榆柳荫后檐，桃李罗堂前。/暧暧远人村，依依墟里烟。/狗吠深巷中，鸡鸣桑树颠。/户庭无尘杂，虚室有余闲。/久在樊笼里，复得返自然。”

而在西方，到17世纪荷兰才出现独立的山水画，比我国隋代山水画《游春图》晚了进一个世纪。这说明西方人对山水自然之美的欣赏与爱恋要晚于中国。当然，西方文学家对自然之美的描述也并不少见。例如德国诗人席勒的诗《山之歌》(1803)对崇高山谷的描绘：“深渊旁令人眩晕的狭路，它通向生死的边缘；巨人[岩石]们挡住僻静的小路，预示着毁灭的危险；你不想唤醒沉睡的雪狮[雪崩]，就轻轻走过恐怖的山地。……双峰耸峙到蔚蓝的清宵，高高地超出了人世，彩云仙女们在上面舞蹈，身披着金色的霞帔。她们在跳着寂寞的轮舞，尘世的凡人无法去目睹……”又例如俄国伟大诗人普希金在《皇村回忆》(1814)中所描述的皇村美丽的夜景：“沉郁的夜的帷幕，悬挂在轻睡的天穹；/山谷和丛林安息在无言的静穆里，远远的树丛堕入雾中。/隐隐听到溪水，潺潺地流进了林荫，轻轻呼吸的，是叶子上沉睡的微风；/而幽寂的月亮，像是庄严的天鹅，在银白的云朵间游泳。”

著名作家屠格涅夫的《猎人笔记》(1852)中也有许多关于俄罗斯大自然美景的生动描述，如《树林和草原》一文的描述：“太阳升得很快，天空明净……您登上山顶……多美的景致啊！河流蜿蜒伸展达十俄里，在雾霭中隐隐泛着蓝色的光彩；河那边是一片水汪汪的碧绿大草地；草地后面是一些缓坡的山丘；远处有几只凤头麦鸡在沼地上空翱翔鸣叫……”

所有这些诗文中的描绘都说明，随着劳动生产力的发展和社会关系的变迁，人们对自然美的审美意识也日益繁荣旺盛起来，这充分证明了马克思“劳动创造了美”的论断。我国进入改革开放时代以来，人们对自然界的山水之美更加迷恋，山水旅游的风气日盛。例如，二十世纪七十年代我国的伐木工人在四川西部高原发现了人间仙境——九寨沟风景区，这一发现被誉为人类历史上的一次重大发现。当时的伐木工人被眼前的景色惊呆了：无数梯级湖泊纵横交错，湖水五彩斑斓，但见人在岸上走，鸟在水中飞，鱼在天上游，如梦如幻，水乳交融，美不胜收，与世界名景斯里兰卡千尺悬瀑、几内亚新娘面纱、日本日光之泷、瑞士日内瓦湖相比，更胜一筹。2017 年 8 月地震之前，前往九寨沟旅游的中外游客如潮如涌，凸显了现代人对山水美景的迷恋。下面是震前九寨沟美景的几幅照片：

九寨沟风情之箭竹海美景

九寨沟秋天风景图片欣赏 1

九寨沟秋天风景图片欣赏 2

5. 自然美的形式

康德在论述自然美时说："美(Schönheit)是一个对象的合目的性的形式"(《判断力批判》，第17节)。这里康德强调的只是自然美的纯粹性，即纯粹的美的形式，而忽视了具体的感性的美的内容，也就是说形式本身就是美，因此他的美学是主观唯心主义的形式美学。因为在康德看来，纯粹性仅仅属于形式(同上，第14节)，而感性的纯形式则是空间与时间，因此在康德那里，纯粹形式的美或美的纯粹形式不过是空间与时间形式的多样性或杂多性及其千变万化的合规律的搭配与组合。康德还从四个方面论述了形式美的基本特征，即四个契机：纯粹美的质、量、关系和模态四个规定性。而在黑格尔那里则辟出专门章节论述了自然界"抽象形式的外在美"与"感性材料的抽象统一的外在美"。黑格尔把美的表现形式与美的感性内容均称为"外在的美"(《美学》，第一卷172—183页、第314—321页)，并提出了抽象形式美的四个特征(即美的形式的四个规定)，称"自然美的抽象形式是自然美的外在定性和从外因来的[即非精神渗透了的]统一"，它们是：整齐一律、平衡对称、符合规律(即差异面的互相依存，即对立的统一)与和谐。同时还举出了各种感性材料的美，如线、面、形状、色彩和声音。它们中的每一种都是抽象的统一，是本身不含差异的协调一致，例如笔直的线、平滑的面(如平静如镜的湖、平滑的海面)、纯粹的声音、纯粹的颜色，等等，都给人以满足、震动和愉快。这两种外在美在审美活动中密切相关联，缺一不可。只是对两者的密切关联，黑格尔并没有做进一步的说明。(《美学》，第一卷第182—183页)

这里我们也把自然美(包括人造自然、人体和艺术品)的形式或形式的自然美抽取出来加以论述，并在黑格尔的形式美三个特征或规定的基础上外加上曲线性、节奏性和整体性三个特征或规定，一共是六个。这六个成为一个独立的形式系统，包括六个要素，即六种形式美即美的形式：齐一性(齐一美)、对称性(对称美)、曲线性(曲线美)、和谐性(和谐美)、节奏性(节奏美)、整体性(整体美)。只是要记住：这些美的形式与作为其质料的感性材料是不可分割地联系在一起的。还有，我们不赞成黑格尔关于自然美的形式是纯粹外在的东西，并未渗透着内在精神(Geist)的观点，相反，我们认为它们也是鉴赏者(人)的内在精神的体现，体现了鉴赏者、画家、诗人"胸中自有万仞山""胸中元自有丘壑"的美感情怀，因此形式美也是形神兼备的统一体。当然，这种形式美归根结底是人类劳动形式美自我对象化的滥觞，因此要归因于长期积累和世代传承的劳动本身的美。

(1)齐一性(齐一美)。按黑格尔的理解，“整齐一律”，即齐一性或齐一美，表现为无差别的一致性，也就是同一形状的一致的重复，被称为“抽象的一致性”，如湛蓝的天空、清清的河水、碧绿的草地等。齐一性是一种整齐的美、秩序的美，虽说千篇一律，但却给人以明净、纯洁的美感。如农民插秧，间距相等，笔直成行；阅兵式上的士兵，服装统一，队列有序，步伐整齐，威武肃穆；几何图形中的直线，整齐划一，方向一致；大型建筑的门窗和立柱，形状相同，尺寸一律。当然，还有工艺品上的纹饰，形状划一，齐而不乱。所有这些齐一性都显示出一种齐一的美。齐一性或齐一美虽然是一种外在的形式美，但亦能收到赏心悦目之功效，能够在人们的灵魂深处引起共鸣，因此具有很高的审美价值，如中国古诗中的五言诗、七言诗，等等。按照黑格尔的看法，从艺术的形式美来说，齐一性(整齐一律)主要适用于建筑，体现为建筑中直线形、直角形、圆形以及柱、窗、拱、梁、顶等在形状上的一致，也体现在音乐和诗歌里拍节的整齐一律。(同上，第一卷第316页)齐一美的例证如：

整齐建筑的齐一美

整齐树阵的齐一美

整齐的受检阅队伍的齐一美

（2）对称性（对称美）。按黑格尔的说法，“平衡对称”，即对称性，与齐一性相关联，形式不能永远停留在外在的一致性里，一致性与不一致性相结合，差异和对立闯入单纯的统一性里来破坏它，于是就产生了平衡的对称。（同上，第一卷第174页）由于这种齐一与对称的结合，美的形式就有了一种新的，具有更多定性的，更加复杂的一致性和统一性。例如劳动中一张一弛的对称美，建筑物对称美，人和动物的两耳、两眼、四肢的对称美，中国古诗中的对仗美等。人们普遍认为楹联（对联）是中国汉语最独特的一种文学形式，其独特性主要表现在结构和语言上，这就是整齐对称的形式美。这种对称的形式美的例证，在中国古诗中不胜枚举，如杜甫《江村》中的诗句：“自去自来梁上燕，相亲相近水中鸥。老妻画纸为棋局，稚子敲针作钓钩。”李白《登金陵凤凰台》中的诗句：“吴宫花草埋幽径，晋代衣冠成古丘。三山半落青天外，二水中分白鹭洲。”白居易《赋得古原草送别》中的诗句：“野火烧不尽，春风吹又生。远芳侵古道，晴翠接荒城。”李商隐《无题》中的诗句：“春蚕到死丝方尽，蜡炬成灰泪始干。晓镜但愁云鬓改，夜吟应觉月光寒。”陆游《游山西村》中的诗句：“山重水复疑无路，柳暗花明又一村。箫鼓追随春社近，衣冠简朴古风存。”孙中山《挽刘道一》中的诗句：“尚余遗业艰难甚，谁与斯人慷慨同。塞上秋风悲战马，神州落日泣哀鸿。”鲁迅《自嘲》中的诗句：“破帽遮颜过闹市，漏船载酒泛中流。横眉冷对千夫指，俯首甘为孺子牛。”等等。这种语言的对称美在西方语言中是找不到的。这种对称美在建筑美和人体美中亦有突出的表现，例如：

建筑形体的对称美

东方女孩面目对称美

（3）曲线性（曲线美）。曲线性，是形式美的一个重要特征，类似于黑格尔的“符合规律”。这种曲线性比平衡对称更高一级，正是齐一与对称的对立统一，类似辩证法所讲的否定之否定。例如，波浪线就属于这一类，那就是一种给感官以享受的“曲线美”。实际上这种曲线性广泛地体现在自然美和艺术美中，如：连绵起伏的山峦，波光粼粼的河水，维纳斯女神雕像S形身段，敦煌石窟中的飞天的飘逸身姿，克里姆林宫洋葱状的塔尖，等等，无不给人以曲线美的享受。参看下图：

雕塑：维纳斯女神

敦煌石窟中的飞天

克里姆林宫洋葱形塔尖

(4)和谐性(和谐美)。黑格尔认为,比单纯的符合规律更高一级的是和谐。这种和谐是差异和对立各因素的"协调一致",因此是齐一、对称和曲线的互相依存的统一。如形状、颜色、声音等的和谐。(同上,第一卷第180—181页)例如音乐中各种音调的和谐、绘画中各种颜色的和谐。我们还可以举出自然景观的和谐、人造园林的和谐、建筑结构和造型的和谐、艺术作品结构和布局的和谐等例子，当然，还有人体四肢、五官的和谐，等等。

自然界中青山绿水草地白云组合所体现的和谐美

东方美女身材的和谐（匀称）美

（5）节奏性（节律美）。这种节奏性比和谐又更高一步，体现了宇宙万物运动发展的阶段性，因此涵盖了一切生命（包括人类、动植物乃至整个宇宙）运动的节律

(例如:有无相生、阴阳轮转、星云运行、天地交融、四季变换、昼夜交替、生死轮转)。而生命运动的节律则是普遍的自然节律的投射。节奏美正是生命节律的感应,具有重要的审美意义,曾对古典艺术产生了广泛而深刻的影响,体现在古典建筑(中国的故宫、孔府等,法国的凡尔赛宫,希腊的宙斯神殿,印度的泰姬陵等)、古典绘画、古典音乐、古典诗词歌赋等艺术形式中,但它们归根结底都是伴随生产劳动的节律产生的。参见下图:

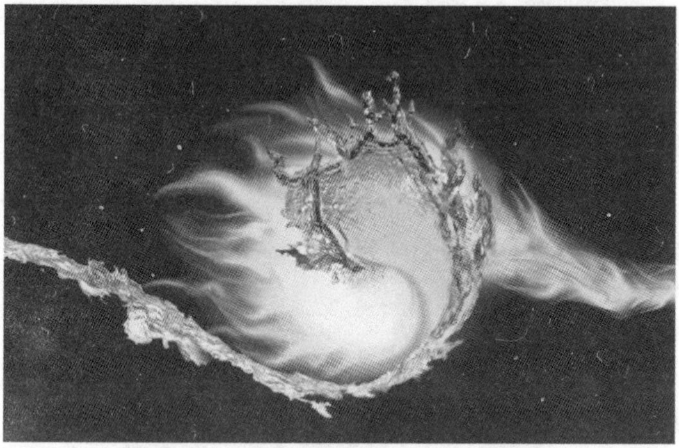

阴阳轮转示意图

星云运行示意图

(6)整体性(整体美)。整体性是所有上述因素的综合统一,指的是一个结构具有内部融贯性,各组成部分在结构中的安排是有机的联系,而不是独立成分的混合，整体和部分都由一种内在规律所决定，并且整体大于部分之和，凸现出新的系统质。这种整体性也就是宇宙万物的组织性和系统性。整体性的美，大者如宇宙、星系、日月星辰、高山、大海，庄子的“天地有大美”之言是也；小的如建筑、园林、人体、绘画、诗文等整体之美，成语的“浑然一体”之谓是也。当然，从结构主义观点来看，任何整体性都不是静止不变的，而是包含着转换性和自调性，自然界、人类社会和人类思维的整体性、组织性和系统性都是如此。而散漫、无组织则与整体美相反，成为丑的显现。

这种整体性的美既体现在自然景物（包括人体）中，也体现在各种形式的文学艺术作品中。文学作品，如王勃《滕王阁序》：“豫章故郡，洪都新府。星分翼轸，地接衡庐。襟三江而带五湖，控蛮荆而引瓯越。物华天宝，龙光射牛斗之墟；人杰地灵，徐孺下陈蕃之榻。雄州雾列，俊采星驰。台隍枕夷夏之交，宾主尽东南之美。都督阎公之雅望，棨戟遥临；宇文新州之懿范，襜帷暂驻。十旬休假，胜友如云；千里逢迎，高朋满座。腾蛟起凤，孟学士之词宗；紫电青霜，王将军之武库。家君作宰，路出名区；童子何知，躬逢胜饯……”此文一气呵成，层次井然，脉络清晰，由地及人，由人及景，由景及情，可谓丝丝入扣，层层扣题，尽显千古奇文的整体之美。

自然景观的整体美

建筑物的整体美

刘奇画作《荷塘清韵》的整体美

6. 自然美的形体(形式)和意蕴(内容)的统一

形体包括:线条、形状、色彩、声音、整齐、对称、和谐、整体、节奏、变换,等等;意蕴或精神包括:雄伟、惊险、壮美、秀丽、奔放、凄婉、寂寞、辽阔,等等。

我们不赞成康德关于自然美的主观形式主义美学观点,也不赞成黑格尔关于自然美的客观唯心主义观点,而主张自然美像艺术美一样,是表现形式(形体)与精神内容(意蕴)的统一。

我们知道,对马克思而言自然界是“人化了的自然界”,而这种人化的自然又表现在两个方面的二重化上,一是肉体化的自然方面,二是精神化的自然方面,这就是马克思所说的人不仅“在精神上把自己二重化(verdoppelt)”,而且“在现实[实践]中把自己二重化”(《手稿》,第51页)。而这两个方面(精神与现实)中所包含的自然与人的关系又密不可分,它们都是一种人本主义的“属人的关系”。例如,马克思就把人的视觉、听觉、嗅觉、味觉、触觉、思维、直观、情感、愿望、活动、爱等看成一种“属人的关系”(同上,第77页)。因此自然美也是形(形态)与神(意蕴)的统一体。我国魏晋时期诗人谢灵运的山水诗只“尚形似”,如《泰山吟》:“岱宗秀维岳,崔崒刺云天。岞崿既崄巇,触石辄芊绵。登封瘗崇坛,降禅藏肃然。石闾何晻蔼,明堂秘灵篇。”论者认为该诗片面突出了“形似”而忽略了“神似”。但到了唐朝,以王维、孟浩然、杜甫、李白等为代表的诗人则强调“以形传神”,把自然山水之外形与作者的内心感受沟通起来,达到了神形兼备、情景交融、主客统一、浑然一体的绝佳境界,而这种境界则体现为大自然的美景所具有的多样独特的精神属性,包括人们心中所潜藏的雄伟、惊险、壮美、秀丽、奔放、凄婉、寂寞、广阔等情怀。这种情怀带有普遍的人性色彩,因此成为在人们之间普遍可传达性的基础。说自然美包含雄伟、惊险、壮美、秀丽等精神意蕴,这听起来似乎是难以理解的。其实,马克思就说过:“只有当对象对人来说成为属人的对象,或者说成为对象化了的人,人才不致在自己的对象里面丧失自身……因此人不仅在思维中,而且以全部感觉在对象世界中肯定自己。”(同上,第78—79页)诗人们在游山玩水后所写下的山水诗赋就是实证。

(1)反映诗人雄伟情怀的山水诗可举:①杜甫的《望岳》:“岱宗夫如何?齐鲁青未了。/造化钟神秀,阴阳割昏晓。/荡胸生层云,决眦入归鸟。/会当凌绝顶,一览众山小。”②李白的《泰山吟》:“平明登日观,举首开去关。/精神四飞扬,如出天地间。/黄河从西来,窈窕入远山。/凭崖览八极,目尽长空闲。/偶然值青童,绿发双去鬟。/笑我晚学仙,蹉跎凋朱颜。/踌躇忽不见,浩荡难追攀。”

(2)抒发诗人惊险心怀的山水诗赋可举:①李白的《望庐山瀑布》:“日照香炉生紫烟,遥看瀑布挂前川。/飞流直下三千尺,疑是银河落九天。”②当代辞赋作家谭杰的《华山赋》:“嗟乎!盘古开天地兮,列宿布山川。宇外引天水兮,仙界移华山。三皇封西岳兮,五帝赐擎天。威仪凌三界兮,紫气覆六关。西接昆仑,脉系灵源;东压崤岨,势扼中原。北眺黄河,朝霞夕岚;南望秦岭,虎踞龙盘。俯收函谷,鼎镇长安;仰察四海,磐固轩辕。古今朝圣地,天下第一山!”这两篇作品正抒发了作者内心中的惊险情怀。

(3)抒发诗人壮美情怀的山水诗可举:①曹操的《观沧海》:“东临碣石,以观沧海。/水何澹澹,山岛竦峙。/树木丛生,百草丰茂。/秋风萧瑟,洪波涌起。/日月之行,若出其中。/星汉灿烂,若出其里。/幸甚至哉,歌以咏志。”②李白的《送温处士归黄山白鹅峰旧居》:“黄山四千仞,三十二莲峰。/丹崖夹石柱,菡萏金芙蓉。/伊昔升绝顶,下窥天目松。/仙人炼玉处,羽化留余踪/。亦闻温伯雪,独往今相逢。/采秀辞五岳,攀岩历万重。/归休白鹅岭,渴饮丹砂井。/风吹我时来,云车尔当整。/去去陵阳东,行行芳桂丛。/回溪十六度,碧嶂尽晴空。/他日还相访,乘桥蹑彩虹。”这两首诗可谓反映诗人壮美胸怀的千古绝唱。

(4)唐代许多诗人都有描述峨眉山之秀的诗作,用以抒发自己的秀美情怀,例如:①李白的《听蜀僧濬弹琴》:“蜀僧抱绿绮,西下峨眉峰。/为我一挥手,如听万壑松。/客心洗流水,余响入霜钟。/不觉碧山暮,秋云暗几重。”②骆宾王的《畴昔篇》:“……华阳旧地标神制,石镜峨眉真秀丽。/诸葛才雄已号龙,公孙跃马轻称帝。/五丁卓荦多奇力,四士英灵富文艺。/云气横开八阵形,桥影遥分七星势。……”③陈子昂的《感遇》:“浩然坐何慕,吾蜀有峨眉。/念彼楚狂子,悠悠白云期。/悲哉时不会,涕泣久涟濡。/梦游绥山穴,南采巫山芝。/探源观群化,遗世从云螭。/婉娈将永矣,感悟不见之。”

(5)抒发诗人奔放胸怀的山水诗可举:①李白的《将进酒》:“君不见黄河之水天上来,奔流到海不复回。/君不见高堂明镜悲白发,朝如青丝暮成雪。/人生得意须尽欢,莫使金樽空对月。/天生我材必有用,千金散尽还复来。/……”②刘禹锡的《浪淘沙》:“九曲黄河万里沙,浪淘风簸自天涯。/如今直上银河去,同到牵牛织女家。”

(6)抒发诗人凄婉胸怀的山水诗可举:①王之涣的《凉州词》:“黄河远上白云间,一片孤城万仞山。/羌笛何须怨杨柳,春风不度玉门关。”②刘禹锡的《竹枝词》:“山桃红花满上头,蜀江春水拍山流。/花红易衰似郎意,水流无限似侬愁。”③马致远的的绝代佳作《天净沙·秋思》:“枯藤老树昏鸦,小桥流水人家,古道西风瘦马。/夕阳西下,断肠人在天涯。”

(7)抒发诗人寂寞胸怀的山水诗可举:①柳宗元的《江雪》:“千山鸟飞绝,万径人踪灭。/孤舟蓑笠翁,独钓寒江雪。”②王湾的《次北固山下》:“客路青山外,行舟绿水前。/潮平两岸阔,风正一帆悬。/海日生残夜,江春入旧年。/乡书何处达?归雁洛阳边。”③孟浩然的《宿桐庐江寄广陵旧游》:“山暝听猿愁,沧江急夜流。/风鸣两岸叶，月照一孤舟。/建德非吾土，维扬忆旧游。/还将两行泪，遥寄海西头。”④韦应物的《滁州西涧》：“独怜幽草涧边生，上有黄鹂深树鸣。/春潮带雨晚来急，野渡无人舟自横。”

(8)抒发诗人宽广胸怀的山水诗有不知名作者《草原诗三首》为证：①其一：“黄毯悄然换绿坪，古原无语释秋声。/马蹄踏得夕阳碎，卧唱敖包待月明。”②其二：“极目青天日渐高，玉龙盘曲自妖娆。/无边绿翠凭羊牧，一马飞歌醉碧宵。”③其三：“斜阳无睹看斜阳，山包林荫俱染黄。/莫道老牛归去饱，牧人炉下正生香。”

7. 自然美的规律

前面我们曾谈到美的规律，这里我们看看自然美的规律，即马克思所说的异化劳动第一个规定时所涉及的“自然界”的美的规律。这种自然美的规律既涉及原生的自然物（包括自然环境——山水日月、花草树木、鸟兽禽鱼），也涉及人造的自然物（道路、涵洞、堤坝、房屋、桥梁、舟船、车辆、园林等），它们都是劳动所创造的人化了的自然界。这两种自然界的创造，都要遵照自然美的规律，包括齐一、对称、有序、和谐、整体和节奏等。

其次还要涉及劳动本身美的规律，即马克思所说的异化劳动第二个规定所涉及的“劳动本身”的美的规律，这种劳动本身美的规律包括形体、声音、齐一性、对称性、曲线性、和谐性、节奏性，等等。这种劳动本身美的规律既体现在各种自由自觉的体力劳动中，如抬木工人、纤夫、铁工、瓦工、收割农民、采茶姑娘等工人和农民的体力劳动中，也体现在自由自觉的机械操作、马车驾驶、汽车驾驶、飞机操纵等机械劳动中。这些符合美的规律的劳动都具有审美价值，都能唤起人们的美感享受。

而上述两种规律（自然美的规律与劳动本身美的规律）又是密切联系着的，二者联系的纽带就是劳动的社会性。这两种美的规律正是通过劳动的社会性联结起来、统一起来和显示出来的。当然，这里所说的美的规律还只是物质劳动或体力劳动本身的美的规律，除此之外还有各种体育活动、艺术创作、科学活动中美的规律，这些美的规律我们将放到适当的地方去论述。

这样，自然美的规律就可以归结为：自然界中美的事物（包括劳动对象和劳动本身）在通过人的物质劳动和精神劳动过程中发生、发展和变化的内在的、必然的、本质的、稳定的和不断重复的联系。

当然，美的规律本身也不是僵化静止的，而是随着人类劳动和各种其他人类活动的进步而发生、发展和变化着的，因此美和美的规律正如马克思所说，“是以往全部世界历史的产物”。

8. 人与自然美(关爱自然，保护环境)

马克思说：“共产主义，作为完成了的自然主义，等于人本主义，而作为完成了的人本主义，等于自然主义，它是人和自然界之间、人和人之间的矛盾的真正解决，是存在和本质、对象化和自我确证、自由和必然、个体和类之间的斗争的真正解决。”(《手稿》，第 73 页)这里充分体现了马克思的人与自然和谐统一的思想。进一步讲，人与自然美也是一种“属人的关系”，也同样体现了二者的和谐统一。也正是在这个意义上，人类应当关爱自然和保护自然，把自然界看成自己的朋友。我们虽然不像原始人那样相信万物有灵论，但相信自然界的万物都是有生命的，因为对唯物辩证法来说，宇宙中的一切事物都有着发生、发展和灭亡的过程，是生生不息的生命过程。因此人类应当关爱自然，创造优美的自然环境，而关爱自然也就是爱护人类自身，包括人类的心灵。我们赞成那样的口号：“热爱自然，保护环境，珍惜万物，好好活着。”但现在，对自然资源的过度开发已造成了自然环境的严重破坏，如此以往，自然界将美而不美了，这不仅威胁到了人类的生存，而且威胁到了人类的审美情趣。这种过度开发自然的行为也是一种异化，人的不良行为不仅不能创造自然美，而且毁坏了自然美，甚至毁坏了自然界和人类本身。这不能不引起有识者的忧虑和政府的高度重视。

9. 关爱人、人的生命和人的精神

人的问题是人本主义美学研究的核心问题。马克思说“人是自然界的一部分”(《手稿》，第 49 页)，恩格斯说“精神……是物质的最高产物”，是“地球上的最美的花朵”(《费尔巴哈与德国古典哲学的终结》《自然辩证法》)，因此我们应当呼吁：关爱人、人的生命和人的精神！人的问题至少以下几个方面。

(1) 人道主义。我们多次提到，马克思 1844 年《手稿》的核心概念和核心思想是人本主义(Humanismus)。从人本主义角度出发，人是万物之灵，是万物的主体、万物的尺度、万物的终极目的、万物的终极鉴赏标准和万物的终极价值取向。但这种人本主义的另一个含义则是人道主义，即以仁为道，关爱人和人类。中国古代思想家孔子就是一个伟大的人道主义者,他宣称:仁者“爱人”“泛爱众”。因此我们要大力提倡人道主义,反对各种形式的阶级残杀、种族残杀、宗教残杀,反对民族主义、法西斯主义和极权主义,反对各种不义战争,拥护人类持久和平。

(2)人权。马克思本人也是一个人道主义者,对他而言,人道主义的首要含义是“博爱”,他说:“共产主义的博爱则从一开始就是现实的和直接追求实效的博爱。”(《手稿》,第74页)马克思后来虽曾一度过分强调阶级斗争,说“迄今以来一切社会的历史都是阶级斗争的历史”(《共产党宣言》),但马克思却反对残酷地对待人的生命。他在《资本论》第一版序言中说:“不过这里涉及的人,只是经济范畴的人格化,是一定的阶级关系和利益的承担者。”因此他不主张追究资本家的个人责任,不主张剥夺他们的人权,更不主张从肉体上消灭他们。在《神圣家族》中,他还把用“非常残酷的手段”“狠狠地把人弄死”的做法,称为“惨无人道”。因此关爱人和人的生命是马克思主义的共产主义人性论的应有之义。而历史的悲剧则是,在一百多年的社会主义和共产主义运动中,在极“左”思潮的推动下,在一些国家和地区,曾因夸大阶级斗争的你死我活性和残酷性,而犯下了导致千百万无辜生命惨遭屠戮的反人类罪行,这是应当从根本上加以杜绝的。因此我们应时刻记住国际红十字会的宗旨:发扬人道主义精神,保护人的生命和健康,促进人类和平进步事业。

(3)自由精神。人本主义和人道主义的一个重要含义就是尊重和爱护人的精神自由和思想自由,因为正如恩格斯所说,“思想着的精神”是“地球上的最美的花朵”。北京大学原校长蔡元培首次提出“思想自由、兼容并包”的教育理念。现在我们的国家正在宣传教育兴国的口号,因此“思想自由、兼容并包”也应当成为我们的教育治国理念,成为中华民族伟大复兴的起点。现在令人欣慰的是,我国政府不仅公开承认了“天赋人权”(如生存权、自由权、民主权等)的概念,而且自1980年起,先后签署和批准了十余个国际人权公约,特别是我国政府于1998年10月签署了联合国《公民权利与政治权利国际公约》,更受到了世界舆论的普遍欢迎,开创了我国人权史的重要篇章,标志着我国已经开始融入了维护普世人权的伟大潮流。国务院前总理李鹏1989年在与苏联总统戈尔巴乔夫会谈讲话时说:“我们不认为自由、民主、人权是资本主义国家的专利。社会主义国家也应是自由的、民主的,享有充分的人权。”(冯林主编:《中国公民人权读本》,经济日报出版社,1998年版,第502页)这个讲话代表了中国党和政府的声音,令人备受鼓舞。

第六章 崇高美

崇高美在美学史上是一个广受关注的课题,这里让我们从先看康德的崇高论,在我们看来,康德的崇高论不仅论证严密,而且有很大的合理性。

1. 康德的崇高论

康德吸取英国经验主义美学家博克(1729—1797)的美学思想,把美与崇高区别开来,并提出了他自己的崇高论,主要讲的是自然界的崇高。这里我们跟随康德的思路加以论述。

康德在《判断力批判》的"美的分析论"里主要讲了三种美,即自然美、崇高与艺术美。其中他一方面把崇高与自然美相比较,另一方面又把艺术美与自然美相比较。这里为了对比整齐与鲜明,我们把自然美称为"秀丽美",把崇高称为"崇高美"(王国维按照康德的思想,把美分为"优美"与"壮美"),其实对康德而言,自然美就是一种秀丽美。

(1)美(秀丽美)与崇高(崇高美)的区别

在康德看来,美(秀丽美)与崇高(崇高美)两者的区别是非常显著的。(《判断力批判》,第 23 节)自然美涉及对象的形式,而崇高美倒可以在无形式的对象上看到,只要在这个对象身上,或通过对象的诱发而表现出无限制(Unbegrenztheit),同时又联想到整个无限制的总体。还有,美似乎被看作不确定的知性概念的表现,而崇高却被看作某个不确定的理性概念的表现,也就是说,美与知性概念相关,而崇高与理性概念相关。还有,就种类而言,两种愉悦,即对美的愉悦与对崇高的愉悦也是大不相同的:对美的情感直接带有一种促进生命的情感,因而可以与魅力以及某种自由游戏性的想象力结合起来;而对崇高的情感(Gefühl des Erhabenen)却是一种间接产生的愉快,因此它是通过生命力(Lebenskräft)的一种瞬间阻抑、以及紧跟而来的生命力的更为强烈的涌流之感而产生的,所以崇高的情感作为感动(Rührung)并非是自由游戏,而像是想象力工作中的严肃态度。因此崇高也不能与魅力结合,而且由于心灵不止被对象所吸引,而且也交替地一再被对象所拒斥或威胁,从而产生"悲悯"与"痛苦"的情感,因此对崇高的愉悦与其说包含着积极的愉快,不如说包含着惊叹或敬重,也就是说它应该被称之为消极的愉快,即否定性的愉快,类似于苦尽甘来的愉悦。还有,更根本的区别在于:对于自然美必须在自然客体中去寻找,而对于崇高却只需在我们心灵中去寻找。这一点连黑格尔也注意到了。(《美学》,第二卷第79页)这就类似于一种"移情"。

而实际上,崇高与美确实是两种风格的美,如果说美是母亲般的让人爱恋的阴柔之美,那么崇高就是父亲般的令人敬畏的阳刚之美,这正是易经所说的一阴一阳的关系,是"地势坤"与"天行健"的关系。(朱志荣:《美学原理》,华东师范大学出版社,2012年版,第150页)

那么究竟什么是崇高感呢?康德描述崇高感与美感的区别说:"我们现在要加以考察的精细感情,主要有两种:崇高感和美感。两种情感都是愉快的,但愉快的方式和性质却完全不同。高耸入云的雪峰的那景色,一段狂风骤雨的描写,或者弥尔顿关于冥冥世界的一节叙述,都会引起愉快,不过是带有某种恐惧的愉快。另一方面,鲜花盛开的草地,溪水奔泻、牛羊遍野的山谷,对天堂的描写,或者荷马史诗中对爱神维纳斯腰带上图示的描绘,也会引起愉快的情感,但与前者不同,这里是赏心悦目的愉快……崇高令人激动,美令人陶醉……崇高总是高大的,美可能是小巧的……"(《康德美学文集》,第13—14页、第206页)

例如,康德举例描述崇高感说:"当观看高耸入云的山脉、深不可测的深渊和底下汹涌着的激流,阴霾沉沉、勾起人抑郁沉思的荒野等等时,一种近乎惊恐的惊异,恐惧与神圣的战栗就会攫住观看者,而这在观看者知道自己处于安全中时,都不是真正的害怕,而是企图凭借想象力使我们自己参与其中,以便感到着同一个能力的强力,并把由此激起的内心活动和内心的静养结合起来,这样来战胜我们自身中的自然,因而也战胜我们之外的自然,如果它对我们的舒适的情感造成影响的话。"(《判断力批判》,第109页)这样看来,崇高感就真的是一种"移情"了。康德的这种分析是准确的和深刻的,故为我们所引用。

(2)崇高的分析

康德像论述美(优美)的判断(即鉴赏判断)一样,也按照范畴表的模式把崇高分为四种,前两种为数学的崇高,后两种为力学的崇高。

①从量来看的崇高，即对自然物大小的估量。

康德认为，对崇高作数学的估量而言没有最大的东西，因为如果把看似最大的东西作为单位，那么在更大尺度上看它就是最小的一。但对审美大小的估量而言却有最大的东西，如果把审美中的最大评判为绝对的尺度，主观上（对评判者而言）就不可能有任何比它更大的尺度了，那么就会导向（führe）崇高的理念，并会产生一种感动（Rührung），即崇高感。

但康德又认为，把一个量直观地纳入想象力中来，却不能超出的最大的量，即无限。因此如果对崇高的量做出审美判断，就必须去描述荒野的大自然所含有的纯粹的量。一个对崇高的纯粹判断［即对崇高的纯粹量所做出的判断］必须完全没有任何客体目的作为其规定性根据，因为客体的目的只能作为客观根据，而不能作为主观根据。但康德认为，这样的崇高是想象力所达不到的，只能借助于无限性的理念。于是康德认为，对于自然的美我们必须在自然客体中寻找，而对于崇高我们却只需要在判断者的内心中寻找。

我国古代美学文献把“崇高”称为“大”，把大视为崇高是一条重要的审美原则。例如：中国原始人的岩画中巨大的动物形象和人物形象都体现了一种以大为美的审美原则，认为大代表力量，代表权威，大的形体醒目、突出，给人以膨胀之感、崇高之感。庄子的《逍遥游》说：“北冥有鱼，其名为鲲。鲲之大，不知其几千里也。化而为鸟，其名为鹏。鹏之背，不知其几千里也，怒而飞，其翼若垂天之云。是鸟也，海运则将徙于南冥。南冥者，天池也。”此文虽然寓意人的心灵的“逍遥”，即自由自在，但直接描写的却是神奇的大鹏：它不仅巨大无比，而且还要腾空而起作万里游。还有李白的《望庐山瀑布》诗：“日照香炉生紫烟，遥看瀑布挂前川。飞流直下三千尺，疑是银河落九天。”这首诗向人们展示了庐山瀑布的壮美风姿、无穷动力和一往无前的雄伟气势。这就是崇高之美在量上的高大形象。

②从质来看的崇高，即对自然中的崇高的敬重情感。

康德说：“感到我们的能力不适合于到达对我们来说是法则的理念的那种情感，就是敬重（Achtung）［的情感］。”他认为，这种情感就是把每一个可能被给予我们的现象都统摄到一个整体的直观中去的那个理念，它除了绝对的整体之外没有任何其他的尺度。而这种崇高的敬重情感，是由于想象力对大自然的大小估量而产生的不愉快感，同时又是一阵愉快感。康德在描述这种从不愉快到愉快的崇高感或敬重感时说:“崇高是按其规模和程度来说都能引起崇敬之感的那种伟大(令人畏惧的大),它吸引人(以便用自己的力量去衡量它),但人在他自己的评估中与那伟大相比时因自己极其渺小而感到的恐惧同时又使人不敢接近它(例如,我们头上的惊雷或高耸荒凉的山峰);但如果人自己身处安全之地,把他自己的力量聚集起来去把握那种现象,同时又担心它的伟大不可企及,这时就会激起惊赞之感(即由持续不断地战胜痛苦而产生的一种愉快的情感)。”(《康德美学文集》,第206页)

例如,我国宋代苏轼词《念奴娇·赤壁怀古》:“大江东去,浪淘尽、千古风流人物。/故垒西边,人道是、三国周郎赤壁。/乱石穿空,惊涛拍岸,卷起千堆雪。/江山如画,一时多少豪杰!/遥想公瑾当年,小乔初嫁了,雄姿英发。/羽扇纶巾,谈笑间、樯橹灰飞烟灭。/故国神游,多情应笑我,早生华发。/人生如梦,一尊还酹江月。”该词把我国古代英雄的崇高本色表现得淋漓尽致。

③从因果关系来看的崇高,即对强力自然的崇高感。

康德认为:强力是一种胜过很大障碍的能力,自然界当它在审美判断中被看作强力,而又对我们没有强力时,就是从因果关系来看的力学的崇高。康德指出:“如果自然界在力学上被我们评判为是崇高的,那它就必须被表象为是激起畏惧的。因为在(无概念的)审美评判中,克服障碍的优势只是按抵抗的大小来评判的。可现在,我们努力去抵抗的东西却是一种苦难,如果我们感到我们的能力经受不住这种苦难,那么它就是一个畏惧的对象。所以对审美判断力来说,自然界只有当它被看作是畏惧的对象时,才被认作是一个威力,因而才是力学的崇高。”康德举例说,险峻的山崖、闪电雷鸣的云层、火山、飓风、被激怒的海洋、高高的瀑布……都使人们感到自己的渺小。但只要我们处于安全境地,那么这些景象越是可怕,就越是吸引人;而我们就愿意把这些对象称之为崇高,因为它们把我们的灵魂力量提升到超出日常的平庸,并让我们心中一种不同性质的抵抗能力显露出来,使我们有勇气与大自然的表面的万能相较量。(《判断力批判》,第28节)

例如,高尔基的《海燕之歌》写道:“在苍茫的大海上,狂风卷集着乌云。/在乌云和大海之间,海燕像黑色的闪电,在高傲地飞翔。/一会儿翅膀碰着波浪,一会儿箭一般地直冲向乌云,它叫喊着,——就在这鸟儿勇敢的叫喊声里,乌云听出了欢乐。/在这叫喊声里——充满着对暴风雨的渴望!在这叫喊声里,乌云听出了愤怒的力量，热情的火焰和胜利的信心。/海鸥在暴风雨来临之前呻吟着，——呻吟着，它们在大海上飞窜，想把自己对暴风雨的恐惧，掩藏到大海深处。/……看吧，它飞舞着，像个精灵，——高傲的、黑色的暴风雨的精灵，——它在大笑，它又在号叫/……它笑那些乌云，它因为欢乐而号叫！/这个敏感的精灵，——它从雷声的震怒里，早就听出了困乏，它深信，乌云遮不住太阳——是的，遮不住的！/……狂风吼叫……雷声轰响……/——暴风雨！暴风雨就要来啦！……/让暴风雨来得更猛烈些吧！"这里所歌颂的就是不避狂风巨浪战胜一切困难的崇高革命精神。

④从模态来看的崇高，即对自然界的崇高的模态判断。

康德指出：对自然物的美进行判断是可以达到一致的，但对自然界的崇高进行判断却不能轻易指望与别人的沟通。因为，为了对自然对象的这种优越性［即崇高性］下一个判断，需要的不光是在审美判断力上，而且是在为其提供基础的认识能力上，有更多的修养。因为这是一种理性施加于感性之上的强制力（Gewalt），为的只是与理性自身的领地（实践的领地）相适应地扩大感性，并使感性展望那在它看来是一条深渊的那个无限的东西［这个"深渊"就是沟通知性与理性的"人的本性"］。事实上，没有道德理念的发展，我们经过文化修养的准备而称之为崇高的东西，对于粗人来说只会显得很吓人。因为他将在自然强制力的毁灭作用的那些例证上，以及这个强制力使他自己的力量在其面前消失于无形的巨大规模上，只看到异常的艰辛、危险和困顿，将要包围那被驱逼到那里去的人……它是在人的本性（menschlich Natur）中，即在人们能够凭借健全知性同时向每个人建议的并且能够向自己所要求的东西中有其根基（Grundlage）的，也就是说，在趋向于对（实践的）理念情感即道德情感的素质中有其根基。康德论证说：这样一来，在这上面就建立起别人对我们关于崇高的判断的赞同之必然性，这种必然性是我们同时一起将其包含在这个崇高判断中的。

在人类历史上，对崇高事业的必胜信心就是建立在这种崇高判断的必然性基础上的。例如对马克思而言，消灭私有制，建立社会主义和共产主义制度，就是他的必胜的信念和理想，他把自己的一切都献给了这个伟大的事业，这是令人崇敬的。你看《共产党宣言》那种响彻宇宙的雄心壮志："共产党人不屑于隐瞒自己的观点和意图。他们公开宣布：他们的目的只有用暴力推翻全部现存的社会制度才能达到。让统治阶级在共产主义革命面前发抖吧。无产者在这个革命中失去的只是锁链。他们获得的将是整个世界。——全世界无产者，联合起来！”

当然，今天看来，离这种崇高信念和理想的实现，还有一个非常遥远的历史过程，不是单靠一两次暴力革命就可以大功告成的。

2. 黑格尔的崇高论

黑格尔赞赏康德把崇高和美区别开来，说他把崇高归原到主体的情感、想象力和理性的心理功能，就原则而论是正确的。但黑格尔认为，真正的崇高“一般是一种表达无限的企图，而在现象领域里又找不到一个恰好能表达无限的对象。”他认为，崇高的意义“就是它和现象界整体相对立，成为本身具有实体性的太一，这个太一本身就是纯思想，也就只为纯思想而存在”（《美学》，第二卷第79页）。黑格尔认为艺术中的崇高只能通过诗来表现，而不能通过造型艺术来表现。他提出了掌握崇高的两种方式。

（1）艺术中的泛神主义。在黑格尔看来，泛神的“泛”就是“全体”，并非指个别事物，而是指“大全”，即唯一的实体，它虽然内在于个别事物，却不是从个别事物中提炼出来的抽象物，而是个别事物中存在的“普遍灵魂”。（同上，第82页）他以印度诗、伊斯兰教诗、基督教神秘主义为例加以论述。

（2）崇高的艺术。黑格尔认为艺术的崇高有三个表象，第一，把神作为创世祖和世界主宰，例如希伯来诗的主要内容就是神；第二，抽去神的有限世界，例如自然和人的形象都被抽去了神而摆在我们面前，使自然规律得到承认，使被创造的世界被看作是有限的、受局限的，不是独立的，因而只是为显示神的光荣而存在的；第三，人的个体从对万物虚无的承认和对神的崇敬和赞扬里，去寻求自己的光荣、安慰和满足，这使我们应当惊赞的却是心灵崇高的力量，它让一切都消失掉，以便显示出神的唯一的威力，而正是在这种万物空虚的境界中，人才获得了比较自由独立的地位。黑格尔以圣经中的《诗篇》为例加以论证。

这就是黑格尔所理解的崇高，他与康德的区别在于：康德把崇高看作一种主观情感，而黑格尔自己则把崇高看作一种绝对理念，因此康德坚持的是主观唯心主义，而黑格尔坚持的则是客观唯心主义。我们认为，在对崇高的分析上康德远远胜过黑格尔，更值得我们借鉴与继承。

3. 崇高美的类型与实例

在我们看来，崇高美包括四种类型：(1)自然界中的崇高美；(2)艺术中的崇高美；(3)社会中的崇高美；(4)人格的崇高美(包括崇高的理想美、事业美、道德美、形象美)。自然界的崇高美上面已经谈过了，艺术中的崇高美和社会中的崇高美要留到适当地方去谈，这里我们仅就人格的崇高美加以简单论述，因为在我们看来崇高的人格力量是人类文明的重要组成部分和强大动力，所以我们不吝笔墨加以介绍。

我国古代文人关于人格的崇高有许多论述。如孔子夸赞先圣就用大来形容："大哉！尧之为君也。巍巍呼！唯天为大，唯尧则之。"孟子云："充实之谓美，充实而有光辉之谓大，大而化之之谓圣，圣而不可知之之谓神。"他还说："天将降大任于是人也，必先苦其心志，劳其筋骨，饿其体肤，空乏其身，行拂乱其所为，所以动心忍性，曾益其所不能。"庄子曰："天地有大美而不言……圣人者，原天地之美而达万物之理，是故至人无为，大圣不作，观于天地之谓也。"(于民：《中国美学史资料选编》，复旦大学出版社，2008 年版)这都是古代先贤对崇高人格的生动描述。

至于崇高人格的典型，古今中外的历史上多有先例。所谓"时势造英雄"，此言固然不差，但每当人类历史的转折关头，总会有"先知先觉"横空出世、呼风唤雨。他们是特立独行的"超人"，是历史进步的旗手，是呼风唤雨的海燕，是惊天动地的精灵，没有他们的思想、言论和行动，历史就要改写。就国外而言，崇高人格的代表有许许多多，如日心说维护者布鲁诺、法国爱国者圣女贞德、美国独立战争领导者华盛顿、印度独立运动领袖甘地，还有马克思、恩格斯、伏契克、纳吉、南非独立运动领袖曼德拉等人。我国崇高人格的代表更是不胜枚举，如孔子、孟子、司马迁、岳飞、海瑞、王阳明、谭嗣同、秋瑾、陈独秀、胡适、鲁迅、彭德怀、邓小平、张中晓、吕荧、张志新、林昭等人。这里我们介绍四个悲剧性的典型人物：

(1)苏格拉底(前 469—前 399)出生于雅典城邦，曾三次参加爱国战争，身负重伤。他以传授知识为业，一生过着艰苦生活。公元前 399 年雅典陪审法庭以藐视传统宗教、引进新神、败坏青年和反对民主等罪名判处他死刑。但苏格拉底临危不惧，视死如归，不向邪恶势力低头，愿为真理而献身。苏格拉底在申辩中说:“这些年来,我把私事置于脑后,抛弃天伦之乐,为你们的利益整日奔忙,像父兄一样默默地照顾你们每一个人,敦促你们潜心向善。”“高兴一点看待死亡吧,并且记住一个真理:没有什么坏事会危及一个正直的人,不管是生前还是死后,他和他所有的一切都不会被神所抛弃,我将面临的死亡也不是偶然来到的。只是我看得很清楚,死亡并且解脱对我来讲是更好的选择,所以神意没有给出任何阻止我的信号,也因为这个原因,我并不责怪我的原告,还有判我死刑的人们,他们没有做伤害我的事,当然他们所有人对我也本来就是不怀好意,因此我会有一点不喜欢他们。”“分别的时刻来到了,我们会各走各的路,我去死,而你们继续活着,哪一条路更好,只有神才知道。”(柏拉图:《申辩篇》)最后苏格拉底饮毒酒自尽。苏格拉底死后两个月,雅典人幡然梦醒,于是给他平反,并将指控他的原告判处死刑。还在他曾经讲学的广场上树立他的铜像,以示纪念。苏格拉底的崇高人格永世流传,照亮了人类文明,堪称“人类精神之父”。

(2)伊姆雷·纳吉(1896—1958)出生于匈牙利农民家庭,第一次世界大战中被召参加奥匈帝国军队,派往东线作战。1917 年在前线被俄军俘虏,1918 年加入苏俄工农红军,1920 年 5 月加入俄共(布),后被派遣回国开展革命工作。1929 年重返苏联学习农业研究,同时参加第三国际工作。在斯大林进行大清洗期间,纳吉侥幸逃过一劫。1944 年纳吉回到匈牙利,二战后匈牙利人民共和国成立,纳吉曾经于 1953 年到 1955 年短暂出任总理。1956 年受苏共二十大赫鲁晓夫批判斯大林影响,匈牙利爆发了匈牙利事件,数十万群众上街游行示威,要求苏军撤离匈牙利,纳吉再度出任总理,开始推行自由化政策并准备退出华约组织。但已经撤离的苏联红军又长驱直入布达佩斯,对游行进行抵抗的群众进行血腥镇压,纳吉寻求美国与其他西方国家的援助,但没有成功。1956 年 11 月 22 日纳吉被苏军秘密逮捕,随后以反苏、反社会主义、充当帝国主义走卒罪名于 1958 年 6 月 15 日被送上匈牙利人民法庭审判。纳吉拒不认罪,并手扶着围栏、态度镇静地答辩说:“我曾两次在我国努力维护社会主义这个词的荣誉,那是在 1953 年和 1956 年。第一次,拉科西出来反对我;第二次,反对我的则是整个苏联的武装力量。在这个由热情和仇恨构成的诉讼中,我必须为了我的思想而牺牲我的生命。我愿意奉献它,因为照你们的观点它已失去了价值。我相信,历史终将宣判杀害我的刽子手,只有一点是违背我的意愿的:将来由杀害我的人来替我平反昭雪。”法官转向被告:“被告伊姆雷·纳吉,你想提出赦免申诉吗?”

“不!”纳吉用一个字回答。于是法庭庭长缓缓地站起来,用平板板的语调宣布最后的判决:“人民法庭,以匈牙利工人阶级和全体劳动人民的名义宣判伊姆雷·纳吉死刑,立即执行。”随后纳吉被带往刑场,他像平时走上演讲台一样走上绞架。当绞索套在他的脖子上时,他用尽最后的力气高喊一声:“社会主义的、独立的匈牙利万岁!”1989 年 5 月 31 日,匈社工党中央在关于重新安葬纳吉的公报中,称纳吉是“社会主义改革政策的象征”,他被处死是“非法的”。伊姆雷·纳吉作为共产党人的崇高人格象征给那些坚信自由、民主、真理和正义的人们树立了光辉榜样。

(3)陈独秀(1879—1942)是中共的主要创始人,连任五届中共主要领导人,曾被毛泽东誉为“五四运动的总司令”。1915 年,为抗议袁世凯的“二十一条”卖国条约,辛亥革命参加者陈独秀毅然从日本回国到达上海。为挽救国家“将亡”的命运,他在上海创办《新青年》杂志,高举民主(人权)与科学两面大旗,发起和领导了一场全民的思想文化启蒙运动,即新文化运动,后应蔡元培邀请,出任北大文科学长。五四运动爆发时,他亲自上街散发传单,遂被捕,后流落到上海。1920 年在俄共代表维经斯基的帮助和指导下筹备成立了中国共产党早期组织。1921 年中共在马林主持下召开了党的第一次全国代表大会,陈独秀被选为第一任书记。随后根据共产国际的指示,中共开始与国民党实行国共合作,并进行了以打倒北洋军阀为目的的北伐,这就是 1926—1927 年的大革命。大革命由于斯大林的遥控和瞎指挥而遭到失败。但共产国际和斯大林竟把中共总书记陈独秀当成替罪羊,并最终将其开除出党。1932 年陈独秀在上海被国民党警方以“危害民国”罪逮捕,被押送南京受审,而他临危不惧,竟在火车上呼呼大睡。检察官对他提起控告,指出:陈独秀被共产党开除是因自己倾向托派,并非完全脱离共产党;他在法律上,亦主张打倒国民政府和实行无产阶级专政,因此危害民国毫无疑义。陈独秀旋即高喊:“有抗辩!”他指出:“政府并非国家,反对国民政府不等于危害国家,如果反对政府就是叛国,那么推翻清政府的孙中山、黄兴等人也是叛国。”又说:“余固无罪,罪在于维护工农大众利益而开罪于国民党而已。法院欲思对内对外保持司法独立之精神,应即宣判余之无罪,并责令政府赔偿余在押期间物质上精神上之损失”……他滔滔不绝,引经据典,引得旁听席赞许声不断。但法院不予采纳,遂判处陈独秀有期徒刑十三年,褫夺公民权十五年。陈独秀当场表示上诉。经上诉,最高法院终将原判陈独秀褫夺公权部分撤销,改判有期徒刑八年。但在监禁期间陈独秀仍关心党的理论和事业，不忘思考，最后经过六七年的深思熟虑，幡然醒悟，提出了自己的最后见解，其中包括：①提倡民主的普世价值；②对斯大林的假民主和真独裁本质的揭露；③对斯大林专制体制历史根源的揭露；④坚持独立思考，而不拘泥于马列主义教条；⑤提倡社会主义民主，并制作一个公式："民主＋科学＝社会主义"。1937 年陈独秀获释，断然拒绝蒋介石让其出任劳动部长的邀请，而流落到四川江津小镇孤居，拒绝接受蒋介石的补贴，过着贫困潦倒的生活。但他仍关心国家和民族的命运，呼吁全民抗战，直到病死。陈独秀虽被错误地开除党籍，但仍然不屈不挠，坚持共产主义理想，体现了一个中共党员的崇高人格，值得我们学习和发扬光大。

（4）吕荧（1915—1969），中国现代美学家，从小就爱好文学，1935 年考取北京大学历史系，"一二·九"学生运动中，参加了中国共产党的外围组织，开始研读马列著作。随后他开始以吕荧的笔名发表译作和文艺理论文章，并大量翻译俄国文学作品，如普希金诗体小说《叶普益尼·奥涅金》，同时结识了胡风等文艺界知名人士，后来为摆脱国民党的统治而去了台湾和香港。1949 年，他为迎接新中国的诞生而回到大陆，到北京后，即以欣喜的心情撰文指出：新时代已经到来，文艺工作者应将表现新现实、新人物作为自己的新课题。1950 年他应邀至山东大学任中文系教授和系主任。但正当吕荧热情献身于新中国文艺事业之时，厄运袭来。1951 年 11 月，《文艺报》发表文章，点名批评吕荧所谓在文艺理论教学中的脱离实际和教条主义倾向。具有诗人气质、性格倔强的吕荧对这样的批评难以接受，发表文章予以反驳，以致被认为在思想改造运动中"采取了不正确的态度"，山东大学召开批判大会数次，形成了运动声势。山东大学校长华岗不想扩大势态，几次劝说吕荧象征性地做一点自我批评，以便解脱。但吕荧坚决不肯做违背心愿之事，随后他不辞而别，到人民文学出版社任特约翻译。1954 年 3 月他加入中国作家协会，后担任《人民日报》社文艺部顾问至 1956 年。在此期间，他翻译出版了《列宁与文学问题》、莎士比亚的《仲夏夜之梦》、普列汉诺夫的《论西欧文学》，并以主要精力从事美学研究。1953 年 7 月完成美学论文《美学问题——兼评蔡仪教授的〈新美学〉》，对蔡仪的"美是客观"的观点提出批评，在国内美学界较早提出"美是物在人的主观中的反映"，是一种"观念"的观点，认为美是主观的。正当这时吕荧又一次被卷入政治漩涡。1955 年 5 月 25 日，全国文联主席团和作协主席团举行联席扩大会议，决定开除胡风中国作家协会会籍。心口如一的吕荧不满这种做法，主动登台发言，提出思想意识领域的问题不应等同于政治问题，当场遭到会议主持者的斥责，被赶下台。后经最高人民检察院批准，吕荧被隔离审查长达一年之久。直到1957年12月3日，《人民日报》发表他的著名美学论文《美是什么》，毛泽东主席亲自校阅了该文的“编者按”，他才得到公开平反，得以恢复名誉。在长时间的隔离审查中，吕荧精神上遭受了严重摧残，导致严重的精神分裂症。1959年以后，他身体时好时坏，加之家庭破裂，单身生活几乎不能自理。但即使在这种情况下，他仍献身学术研究，1962年发表了《关于“美”与“好”》的美学研究论文。“文化大革命”开始后，吕荧再遭迫害，作为“胡风分子”被投进劳改农场，受尽非人的折磨，经常遭受斥责、谩骂和殴打，但他整日沉默寡言、闭目静坐以示抗议。1968年冬天他病情严重，身体瘦弱得只有50多斤，却得不到治疗。1969年3月5日，吕荧在冻饿中逝世于北京清河农场，终年55岁。1979年公安部为其平反、恢复名誉。1984年，由其学生李希凡等发起，上海文艺出版社编辑出版《吕荧文艺与美学论集》，以为纪念。吕荧代表了中国文学艺术界知识分子的良心、勇气、执着和智慧，以他勇于坚持真理、追求自由、无私奉献的崇高人格赢得了学术界和文艺界广大同人和读者的赞美。

第七章　艺术美

1. 艺术美的定义

康德认为：艺术美虽然就形态(Form，形式)而言甚至胜过自然美，但自然美对艺术美仍然具有优越性，这就是自然美能够独自唤起直接的兴趣，并与一切在道德情感上经过陶冶的人的高雅的、根基良好的思想境界相符合。(《判断力批判》，第142页)

还有，他说："自然美是一个美的事物(schönes Ding)；艺术美则是一个事物的美的表现(schöne Vorstellung)。"(同上，第155页)而且美的艺术又常常是"对自然的模仿"(同上，第144页)，因此"美的艺术是一种当它显得像是自然时的艺术"(同上，第149页标题)。这是康德所理解的自然美与艺术美的关系。

康德还认为："不论是谈到自然美还是艺术美，我们都可以一般地说：美就是那在单纯评判中(而不是在感官感觉中，也不是通过某个概念)而令人喜欢的东西。"(同上，第150页)他认为，美的艺术或艺术美不仅是"自由的艺术"，而且是"想象力的表现"，同时也是体现了"以理性为其活动基础"的任意性的生产或创作活动。(同上，第43、46、48、49等节)因此他给艺术下的经典定义是："我们……把通过自由而生产，即通过以理性为其活动基础的某种任意性而进行的生产，称之为艺术。"(同上，第146页)

而对黑格尔来说，美的领域只限于"艺术"或"美的艺术"。他说"艺术作品是人的活动的产品"，是作为"自由人"和"主体"的人的"心灵的产品"或"心灵的表现"，而"心灵"也就是"精神"，因此艺术品同时也就是人的"精神的产品"。(同上，第33、39、49、38、201、88等页)所以艺术"属于心灵的绝对领域"(同上，第129页)，而"自由是心灵的最高定性"(同上，第124页)，因此艺术美的根本特性是"自由性"(同上，第10页)，因为"美本身却是无限的，自由的"(同上，143页)。因此他认为"艺术美高于自然",艺术"真正是美的","因为艺术美是由心灵产生和再生的美"(同上,第4—5页),即艺术美是"由心灵的创造活动产生出来"(同上,第49页)的。当然,对黑格尔来说,这种"心灵"是美的、高贵的、有教养的和自由的心灵。

黑格尔还特别强调艺术的内容和形式之间的辩证关系,他说:"艺术的内容就是理念,艺术的形式就是诉诸感官的形象。艺术要把这两方面调和成为一种自由的统一的整体。"(《美学》,第一卷第87页)又说:"艺术的任务在于用感性形象来表现理念。"(同上,第90页)他还特别强调艺术创造的主要目的不是"娱乐",不是"唤醒"情绪、愿望和情欲,而是"净化情欲和教训人类",是"提高道德"和"改善人类"。(同上,第45、57、64等页)

黑格尔的艺术论有许多合理的地方,给了我们很多启示,值得深刻领会和借鉴。

而马克思的艺术理论,从《手稿》看至少有以下几点。首先,"劳动创造了美"是马克思美学的核心命题,当然也适合于艺术创造。其次,艺术创造的性质:艺术创造只不过是人类生产的一种"特殊方式",因此是一种"精神劳动",首先是这种精神劳动创造了艺术美。第三,艺术和艺术创造的人本主义,其体现:一是劳动,二是自由,劳动创造美和自由主义精神是马克思人本主义美学的两大支柱。第四,艺术与自然:既然艺术美是人类自由自觉的精神劳动创造出来的,因此艺术品离不开人化了的自然,即离不开马克思所说的"人的精神的无机自然界",其中包括原生自然物、人造自然物(假山、运河)和各类艺术作品的材质(画纸、画布、颜料、绣线、面料、建筑材料、衣料、声音、乐器、放映器材,等等),这也就是黑格尔所说的"精神的无机自然界"(《美学》,第三卷第109页)。

综上所述,既然艺术美首先是人的精神劳动的产物,因此它就是人的生命活动的重要组成部分,艺术品就是人的生命的体现、生命的火花,是灵魂超越肉体而绽放出来的奇彩无比的辉煌。

2. 艺术美的产生

我们知道,黑格尔认为美的广大领域就是美的艺术,因此这里让我们仅就美的艺术或艺术美产生的历史背景,来论述美的产生过程。黑格尔把艺术美分为三种类型,体现为三个时代:象征型艺术、古典型艺术与浪漫型艺术。这种分法是不全面的。这里我们把艺术美产生的历史过程划分为六个时期。

(1)原始艺术美的产生。关于原始艺术的产生几成千古之谜,但归纳起来无非是模仿说、游戏说、巫术说、表现说和劳动创造说五种。模仿说的代表是古希腊哲学家亚里士多德,他们认为模仿是人类固有的天性和本能,艺术起源于人类对自然的模仿。游戏说的主要代表是德国戏剧家席勒,他在《美育书简》中首先提出了艺术起源于游戏的观点,认为艺术是一种以创造形式外观为目的的审美自由的游戏,人的审美活动和游戏一样,是一种过剩精力的使用,剩余精力是人们进行艺术这种精神游戏的动力。巫术说的代表是英国人类学家泰勒和弗雷泽。他们认为,原始人思维的方式同现代人有很大的不同,对原始人来说,周围的世界异常陌生和神秘,令人敬畏。原始人思维的最主要特点是认为万物有灵,相信山川草木、鸟兽虫鱼都是有灵性的,并且都可以与人交互感应。于是,原始人就创造并举行一些巫术仪式,以祈祷神灵的保佑,达到他们的实用目的。巫术说对于我们理解原始艺术,特别是原始美术发生的动力,以及这些艺术在当时条件下非审美的性质具有重大意义。表现说的代表主要有英国诗人雪莱、俄国文学家托尔斯泰等人。这种学说认为艺术起源于人类表现和交流情感的需要,情感表现是艺术最主要的功能,也是原始艺术发生的主要动因。原始人通过各种艺术来表达他们的情感,从而促成了艺术的发生和发展。前面这些学说都有其合理的成分,但都不能真正解决原始艺术如何产生的问题,而唯有马克思的劳动创造说才能真正解决艺术产生的千古之谜。

我们前面已经谈到过,原始艺术最早产生于距今大约三万至一万年前旧石器时代晚期,即蒙昧时代晚期。当时的人类已从动物界分离出来,已经进入以狩猎为主的时代,他们过着群居生活,已经有了多音节的简单语言作为交流工具。他们最初居住在树上,后来为了躲避寒冷和野兽的侵袭才以原始群为单位,进入靠近水源地的岩洞中。我国古代文献《易经》就说“上古穴居而野处”,《韩非子》也载有“上古之世,人民少而禽兽众,人民不胜禽兽虫蛇”,这时他们已经学会用火,火不仅可以用来烧烤食物、取暖、照明和驱赶野兽,而且由于吃了熟食而有利于脑的进化和智力的发展。正是熟食的额外能量,使人类取得了生物学上的优势,让他们生存下来,繁衍了更好的后代。

我们知道,居住在山洞中的人类已经能够制造各种渔猎工具,如石核、石刀、石斧、投枪、弓箭、渔叉、渔网、骨针等,并且过着群居生活,通过艰辛的劳动以及同野兽或异群人的斗争获得了生存的权利,感到自己和族群成员都是人,而当他们按照自己的方式认知和改造周围环境时,美的观念就逐渐产生出来,特别是一旦有了闲暇时间和适当空间,他们就开始用自己的智慧创作出艺术品来。

考古学和人类学的研究证明,原始人相信万物有灵,认为到处都有灵魂或神灵:在山岩里、树林里、河里、野兽身体里、人的身体里、人所使用的工具里。而他们的生活就是自己身体里的灵魂与异己灵魂的不断斗争。原始艺术最初就是人的灵魂和万物之灵进行斗争的实际需要产生的。当时原始人所面对的对象或客体主要不是单纯的周围自然界,而是与人们的生产和生活息息相关的狩猎对象、生产工具和生活用具,它们是每时每刻都需要的生产和生活的物质资料,因而成为原始艺术的丰富素材。这些狩猎对象和工具本身也是有灵魂的。为了生存斗争,他们不得不借助灵魂或神灵的力量,于是他们创造了巫术仪式和咒语,以帮助他们在斗争中取得胜利,并从中得到快慰。因此在出去打猎或打仗之前,他们举行巫术仪式,用巫术擦拭自己的武器,以便使被关在武器里的灵魂或神灵更强壮,他们甚至还对着斗争的对象念专门的咒语请求神灵帮助他们战胜敌人。(列维-布留尔:《原始思维》,商务印书馆,1986年版,第一章)而随着工具制造工艺和狩猎技能的提高,他们的生活质量有了很大的提高,并且有了更多的闲暇,有时间有精力对劳动工具和猎获物进行深入细致的观察和琢磨,这时他们不仅感到猎获物更加丰足,也开始感到手里的工具越来越适用和精致,也充满了灵气。而且这时部族内部已经有了脑力劳动与体力劳动的初步分工,甚至产生了巫师和专门从事艺术活动的成员。于是在他们的头脑中就开始产生了美感和审美意识,而原始艺术品就是这种美感和审美意识的外在表现,首先是原始人类精神劳动的产物。大概最初的艺术品就是刻纹工具(饰棒、饰叉、饰矛、饰垂等),随后才是雕刻(如木刻、骨刻)、文身、歌舞、岩画等艺术形式。人类学的研究证明,当初对原始人来说,能满足其精神快乐和享受的东西,既不是神仙,也不是广阔的周围世界,而是自己辛苦劳动的制成物(生产工具和生活用具)和猎获物,特别是精致的饰品、工具、武器和温顺或凶猛的野兽。经过千万年的潜移默化和世代传承,这些精心制作、近在眼前、形影不离的饰物、劳动工具和作为食物来源的狩猎对象和狩猎成果的野兽,首先成为对自己的生存不可缺少的有用的东西,因此具有实用价值;

而既然是实用的东西，就会成为令他们喜爱和愉悦的东西；而既然是令他们喜爱和愉悦的东西，就会成为他们观赏的东西，从而凸显出美的属性，成为美的东西。而一当把自己所欣赏的东西通过刻纹、雕塑和岩画等形式表现出来，艺术美就产生了。这样人类劳动的创造物就从其所具有的实用价值（功利价值）逐渐转化为其所具有的观赏价值（审美价值），从而完成了从实用到美观的飞跃。当然这一过程是经过数万年的进化过程才完成的。这一切都证明了马克思所说的“劳动创造了美”和普列汉诺夫所说的“劳动先于艺术”（《论艺术》，第73、93等页）的科学论断。因此原始艺术是原始人劳动的产品，成为他们的精神生活的一部分。只是他们的精神生活，遵循着神秘的“万物有神论”，遵循着列维－布留尔所说的“互渗律”。但原始人的精神生活毕竟是受那个时代生产力发展水平制约的。于是，原始人所创造的原始饰品（如项链、手链、耳环）、原始雕刻（人物、动物）和原始岩画（人物、动物、狩猎、舞蹈）就成了原始艺术美的代表，他们成为原始人神秘的精神生活的外在表现，正好体现了他们灵魂中奔腾不息的原始生命意识。例如在我国北京周口店山顶洞发现的距今一万八千年原始人遗址中的石珠、钻孔砾石、钻孔兽牙、钻孔介壳等人工装饰品，河北省兴隆县洞穴发现的距今一万三千年的刻纹角器，新疆哈巴河县多尕特洞穴大约一万年前的彩绘岩画，以及法国和西班牙的洞窟野牛岩画等等就是这种原始生命意识的具体体现。因此原始人的艺术是一种野性的艺术，原始的艺术美是一种充满诱惑的野性美。这就是原始艺术美产生的大致情况。

北京周口店山顶洞石器、骨器（距今约一万八千年）

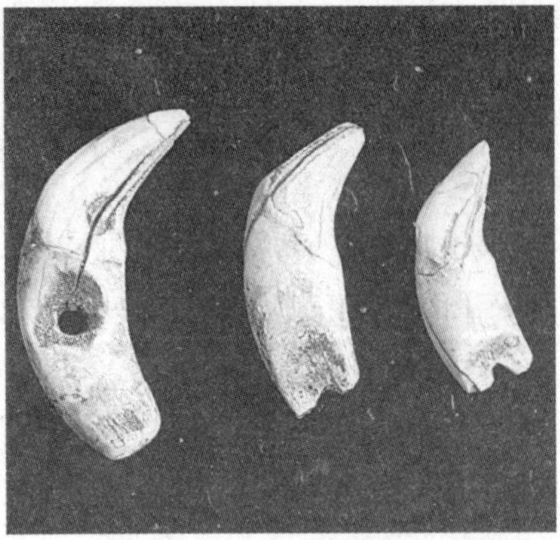

北京周口店山顶洞钻孔兽牙

新疆洞穴彩绘岩画（距今约一万年前）

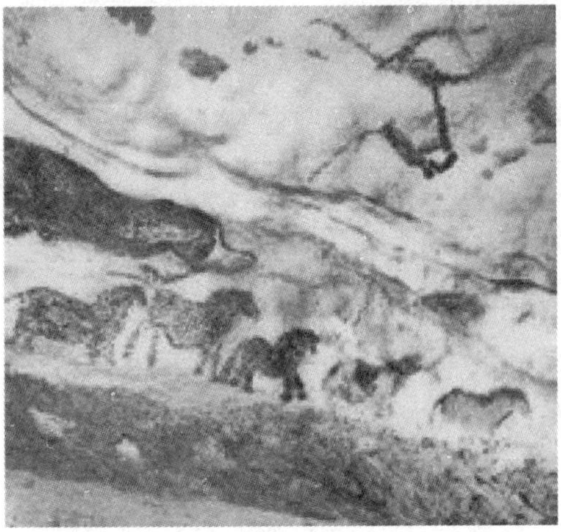

法国拉斯科洞穴壁画（距今一万五千年）

（2）东方古典艺术美的产生。在古希腊，到了铁器时代才开始进入奴隶制社会，史称古典时代。而在中国，早在4700年前的夏朝时代就出现了青铜器，例如中国古代文献中就有"禹铸九鼎"的记载。这时中国社会已开始进入奴隶制时代，这就是中国的古典时代的开始，比古典希腊罗马时代早了一千多年。东方古典艺术的代表是我国商时代的青铜器艺术。当时的生产力已有了长足的发展，已经进入农业社会，手工业也开始出现，已产生了专制奴隶制国家。当时的生产工具、生活用具、装饰品、祭器、乐器、兵器等主要是青铜器，如我国殷商时代的铜铲、铜刀、铜斧、铜铲、铜锛、铜镞、铜车、铜鼎、铜礼器、铜乐器、铜饰品、铜镜等，经久适用，造型精美。这些青铜器的出现大多与生产、生活、祭祀、战争相关，其中有些器具本身就是精美的艺术品，证明了当时人类审美情趣已经远远超出了原始人，走上了多样化、专业化和高雅化的方向。当时还已经开始观测天象，能够欣赏到星空之美。有了历法，例如《尚书》尧典记载："（尧）乃命羲和，钦若昊天，历象日月星辰，敬授人时"；到夏朝，更有了正式的历法，称夏历。与此同时还创造了文字[相传黄帝时代的仓颉造字]，如殷商时代的甲骨文和钟鼎文，字形古朴美观，展现了书法艺术之美。以我国夏商时代的艺术品为例，说明当时艺术已有了很大的发展，尤以造型艺术最为突出。例如铜器上通常刻有精美花纹，如饕餮纹、云雷纹、羊纹、虎纹、鹿头纹、牛头纹等等，造型庄严均匀，且富于变化。还有各种立体雕或浮雕，如人身像、人头像、各种动物像、装饰物，造型精美，栩栩如生，相形之下原始艺术品已经丧失了它们的审美价值。这一切都说明当时已经出现了精神劳动与物质劳动的分工。我们知道，早在原始社会末期部族领袖和巫史阶层就已经成了专业的脑力劳动者，从此有了专门人才去创造真正的艺术品，同时人类艺术品的制作和欣赏也就都达到了更高的水平。例如商武丁时代（距今3000多年）由专门人才制造的后母戊鼎就是世界上发现的最大、最重青铜器，重832.84公斤，造型庄重，花纹精美，具备很高的审美价值，成为中华民族的国宝。

商代后母戊鼎

商代人面铜鼎

西周大克鼎

战国早期青铜乐器曾侯乙编钟

还有印度、柬埔寨、缅甸、印尼等地的神庙艺术。印度泰姬陵,全称为“泰吉·玛哈尔陵”,又译泰姬玛哈,是印度知名度最高的古迹之一,是莫卧儿王朝第5代皇帝沙·贾汗为了纪念他已故皇后阿姬曼·芭奴而建立的陵墓,被誉为“完美建筑”。它由殿堂、钟楼、尖塔、水池等构成,全部用纯白色大理石建筑,用玻璃、玛瑙镶嵌,绚丽夺目、美丽无比,入选“世界新七大奇迹”,有极高的艺术价值,是伊斯兰教建筑中的代表作。柬埔寨吴哥窟,以建筑宏伟与浮雕细致闻名于世,是世界上最大的庙宇,与中国万里长城、埃及金字塔和印度尼西亚的千佛坛一起被誉为古代东方的四大奇迹。该寺庙全部用砂岩重叠砌成,占地约2平方公里,四周有城壕环绕。神庙围有依次增高的3层回廊,各回廊的四角配有高塔,以中心塔(高出地面65米)为顶点,形成高度依层次递减的高塔群,呈现出均衡美。吴哥寺的装饰浮雕丰富多彩。浮雕刻于回廊的内壁及廊柱、石墙、基石、窗楣、栏杆之上,题材取自印度教神话和高棉王朝的历史。缅甸仰光大金塔状似一个倒置的巨钟,用砖砌成,塔身高112米,塔基为115平方米。塔身贴有1000多张纯金箔,所用黄金有7吨多重。塔的四周挂着1.5万多个金、银铃铛,风吹铃响,清脆悦耳,声传四方。塔顶全部用黄金铸成,上有1260公斤重的金属宝伞,周围嵌有红宝石664颗,翡翠551颗,金刚石443颗。整座金塔宝光闪烁,雍容华贵,雄伟壮观,周围每座小塔的壁龛里都存放着玉石雕刻的佛像,刻工细腻、端庄秀美、栩栩如生,具有极高的艺术价值。印尼婆罗浮屠佛塔是由附近河流中的安山岩和玄武岩砌成的。塔的建筑采用大乘和密宗教义的结合形式,整个建筑物犹如一个巨大的曼荼罗(坛场)。在建造时,共用了近225万块岩石,底层用每块重约1吨的巨石铺就,总体积达5.5万立方米。塔底呈正方形,周长约120米,总面积将近1.5公顷。这座著名的佛教圣殿,整个建筑分为三层。基座是五个同心方台,呈角锥体;中间是三个环形平台,呈圆锥体;顶端是佛塔。四周围墙和栏杆装饰精美,围绕着环形平台有72座透雕的印度塔,内有佛龛,每个佛龛供奉一尊佛像。该佛塔整个就是一组艺术杰作,具有极高的艺术价值。

印尼婆罗浮屠佛塔(建于公元 750—850 年)

印度泰姬陵(建于公元 1631—1653 年)

缅甸仰光大金塔(建于公元6—10世纪)

柬埔寨吴哥窟神庙(建于公元12世纪)

(3)欧洲古典时期艺术美的产生。欧洲古典时期的艺术,以希腊艺术为代表。古希腊位于地中海北岸,当时已进入铁器时代,盛行着典型的城邦奴隶制,奴隶占人口的大多数,奴隶劳动成为社会生产力的主导。公元前五世纪前后,古希腊进入黄金时代,经济上农业、工商业、采矿业、海外贸易均很发达,教育、科学、文化、艺术繁荣。希腊艺术的主要形式是史诗、悲剧、神庙建筑、雕刻等,均体现着审美意识的高涨。史诗伊利亚特与奥德赛、雅典帕特农神庙、欧里庇得斯的悲剧、掷铁饼者与维纳斯女神的雕像是无与伦比的希腊古典艺术的辉煌代表,它们的产生是希腊艺术家精神劳动的结晶,验证了马克思"劳动创造了美"的论断。马克思认为,物质劳动与精神劳动的分离具有重要的历史意义,他说:"分工只是从物质劳动和精神劳动分离的时候起才开始成为真实的分工。"(《马克思恩格斯选集》,第1卷第36页)因此首先是:人类的精神劳动创造了艺术美。这就是希腊艺术美产生的大概情景。(参见下图)

古希腊雕刻作品:群雕

(4)欧洲中世纪艺术美的产生。基督教被罗马帝国定为国教不久,罗马帝国分裂。公元476年西罗马因北方蛮族入侵而灭亡,欧洲开始进入中世纪封建社会。这时罗马教皇成了世俗政权的首领,教会仇视教育和文学艺术,音乐和诗歌只限于对上帝的赞颂,欧洲进入了野蛮和黑暗的深渊,哲学成了宗教的奴仆,文学艺术也断绝了生路。所幸到了中世纪末期,随着生产力的发展、工商业的繁荣和新兴资产阶级的出现,欧洲迎来了伟大的文艺复兴。而文艺复兴却给欧洲的文学艺术带来了新的辉煌,产生了但丁的《神曲》与薄伽丘的《十日谈》那样的文学名著和达·芬奇的《最后的晚餐》与拉斐尔的《西斯廷圣母》那样的天才画作。这些文艺大师坚守的共同理念就是人本主义美学,他们实践了“劳动创造了美”的信条,把艺术美推进到一个新的高度。

欧洲中世纪艺术:绘画、雕塑、建筑

(5)欧洲近代艺术美的产生。英国1640年开始的英国资产阶级革命标志着欧洲社会进入近代时期。英国18世纪的工业革命是欧洲近代劳动生产力发展的标志,从此人类社会进入了蒸汽时代,蒸汽动力的机车、轮船、飞机成为最便捷的交通工具。工业革命极大地提高了劳动生产力,引起了社会结构的重大变革,促进了近代城市的兴起,大大密切了世界各地之间的联系,改变了世界的面貌,猛烈冲击着旧制度、旧思想和旧观念。与此同时欧洲艺术也迎来了一个新的繁荣期。近代欧洲艺术和艺术美的产生是工业革命开始的劳动生产力发展和社会关系变革的结果。其表现在建筑艺术、雕刻艺术、绘画艺术、音乐艺术等方面。

①在建筑艺术方面产生了巴洛克和洛可可风格,前者的特点是外形自由,追求动态,喜好富丽的装饰和雕刻、强烈的色彩,常用穿插的曲面和椭圆形空间,后者特点是细腻柔媚,常常采用不对称手法,喜欢用弧线和S形线,尤其爱用贝壳、旋涡、山石作为装饰题材,卷草舒花,缠绵盘曲,连成一体。天花板和墙面有时以弧面相连,转角处布置壁画等等,均收到了令人形色悦目的奇效。

②在绘画艺术方面18—19世纪欧洲绘画囊括了西方艺术史上的五大绘画种类:历史画、肖像画、风景画、风俗画与静物画。展品所呈现的多样的版画技艺,产生了新古典主义、浪漫主义、现实主义和批判现实主义流派,亦收到了令人形色悦目的奇效。

③音乐艺术,包括以巴赫、亨德尔、海顿、莫扎特和贝多芬为代表的古典主义

音乐流派，以韦伯、舒伯特、柏辽兹、肖邦、李斯特、瓦格纳、里姆斯基－科萨科夫等为代表的浪漫主义音乐流派，以斯美塔那、德沃夏克、格里格、格林卡、鲍罗丁、柴可夫斯基等为代表的民族乐派，均收到了令人声音悦耳的奇效。

欧洲近代绘画艺术

（6）西方现代艺术美的产生。1918年第一次世界大战的结束，标志着世界现代史的开始。随之人类社会进入了电器时代。由于劳动生产力的发展和社会关系的变化，人类在艺术和艺术美方面也进入了一个全新的时代，出现了艺术理论和艺术实践。特别是弗洛伊德主义的非理性的潜意识理论，对现代艺术的理论和实践的影响更加深远。其总的趋势是返璞归真、张扬人性，涌现出粗犷美、凌乱美、怪异美、朦胧美、梦幻美、超时空美等流派。现代艺术也体现在建筑艺术、雕刻艺术、绘画艺术、音乐艺术、人体艺术等艺术种类中。例如现代建筑艺术的繁荣与新材料、新设备、新技术、新工艺密切相关，更与建筑设计的新思想、新观念、新理念密切相关。而这一切又都以劳动生产力的发展为前提。而事实上，不论你对这些新式建筑做出何种评价，都无法否认20世纪是建筑艺术上最丰富多彩的100年。尽管其中不乏丑陋、怪诞、无聊等形态的糟粕，但无法掩饰的是，二十世纪的世界建筑群星璀璨，绚丽多姿。代表作有：美国芝加哥百货公司大厦（1899—1904）、芬兰赫尔辛基火车站（1906—1916）、联合国总部大厦、巴西议会大厦、美国波特兰市政大楼、美国电话电报大楼、美国帝国大厦、美国波特兰市政大楼、美国电话电报大楼等等都是公认的现代建筑精品。因此现代建筑艺术的兴起，绝不应当从意识形态的角度出发，斥之为垄断中产阶级的腐朽建筑艺术的典型。

巴西议会大厦

美国帝国大厦

又如现代的绘画艺术，包括以康丁斯基（1866—1944）为代表的抽象派绘画，他的代表作《构成第四号（战争）》（1911），突破了空间的固有秩序，以抽象的色彩和线条来表达内心精神的绘画形式，表现了现代战争的残酷。

康丁斯基绘画:《构成第四号(战争)》

还有以毕加索(1881—1973)为代表的立体派绘画,主要趋势是丰富的造型手段,即形似混乱的空间、色彩和线条的随意搭配与运用。其代表作《格尔尼卡》(1937)与传统现实主义的表现方法截然不同。画中含有丰富的象征性,在普通现实主义的作品中很难找到,公牛象征强暴,受伤的马象征遭受德国法西斯飞机轰炸的西班牙,闪亮的灯火象征光明与希望。当然,画中也有许多现实情景的描绘。画的右边,一个妇女怀抱死去的婴儿仰天哭号,她的下方是一个手握鲜花与断剑张臂倒地的士兵。画的左边,一个惊慌失措的男人高举双手仰天尖叫,离他不远处,那个俯身奔逃的女子是那样地仓皇,以致她的后腿似乎跟不上而远远落在了身后。这一切,都是飞机轰炸中受难者的真实写照。

毕加索绘画:《格尔尼卡》

当然还有现代音乐,如节奏复杂的爵士乐和节奏强劲的摇滚乐的兴起;还有充满青春活力的迪斯科舞蹈、桑巴舞,情节跳跃、多变的弗洛伊德主义意识流小说,甚至还有当代中国的朦胧诗,等等。所有这些全新的艺术形式的产生都证明了马克思所说的"劳动创造了美"的科学论断。

3. 艺术的种类

我们参照康德与黑格尔的艺术分类,把艺术分为五大类:造型艺术、语言艺术、音乐艺术、表演艺术和杂艺,但具体可分为以下几种:造型艺术——建筑、园林、雕塑、绘画;语言艺术——演讲、诗歌、小说、散文;音乐艺术——声乐、器乐;表演艺术——舞蹈、戏曲、影视(电影、电视);杂艺——杂技、口技、魔术、马戏、相声、小品;人体艺术,包括裸替与非裸体人体艺术。这里我们介绍几种。

(1)造型艺术——建筑

造型艺术包括建筑、园林、雕塑、绘画,其中雕塑在原始艺术中已崭露头角,而建筑艺术则产生于文明时代,被黑格尔归为象征型艺术,称之为理念的"图解式的尝试",这当然是不可取的。实际上建筑艺术是重要的艺术类型,历经古代、中世纪、近代和现代几千年的历史发展,至今更加辉煌。建筑艺术是以其物质外形所体现出来的人类精神的辉煌成果,包括民宅、宫殿、陵墓、寺庙、教堂、佛塔、校舍、会堂、办公楼、体育馆等等,具有实用、美观、坚固、宏伟、空间性、时代性、民族性、区域性、个体性、多样性、艺术性、技术性、形式性(齐一、对称、和谐、节律、整体)、象征性等特点。这里主要讲以下四个特点:

①空间性

建筑空间是一种"人化空间",是一个与自然相隔离、与自然环境相对立,使人能够加以利用的满足其物质和精神需求的封闭的、人造的、既有功利性又有艺术性的世界。这种空间是建筑艺术所独有的规定性,也是它与其他造型艺术不同的地方。这种空间性,在量的方面本是"三维"的,即长、宽、高,如果外加流动的时间一维就成为四维空间,即四维时空,本质上是人的时空观念的外化的表象,因此是"人化"了的。而建筑的美就在这种四维空间中,通过人身临其境的体验而被人感受到。建筑美的这种由空间的存在形式,再加上时间流动状态的特点,在古今中外的建筑身上可谓比比皆是。例如国外,意大利的威尼斯市的"圣马可广场",是举世公认的"广场的典范",它的"典范性",不仅表现在它功能的协调性，也突出地表现在它造型的四维空间性。它以统一而富有变化的结构方式，充分地显示了建筑美的动静结合、空间与时间融汇的特点。在我国，古代的建筑有一个明显的特点，就是重视群体规划和序列设计。最典型的要数中国古典的宫殿建筑和园林建筑，十分注重将建筑的空间存在形式转化为时间的流动状态。北京城以故宫为核心的建筑群就是典型的代表。它那9000多座建筑物，被圈于一个规模巨大的城墙内，各自个性鲜明，整体又排列井然，从天安门到午门，再经过小桥到达太和门、太和殿、保和殿、御花园……各幢建筑的次第排列，也使建筑的空间构图转化为了时间的存在，使建筑的静态美具有了动态感。我国是一个有着五千年文化传统的民族，祖先给我们留下了无比丰富的古建筑遗产，而北京城的古典建筑，在新中国成立后因城市改造和十年"文革"等的破坏，如今已百孔千疮、风光不再，这无疑是对古典建筑文明的一场浩劫。

在现代建筑中，建筑美的这种四度空间的特点则不仅仍然十分鲜明，而且还新意迭出。如，被人们称为现代派建筑始祖的德国"包豪斯校舍"，不仅充分利用了建筑四度空间的特点，还赋予这种四度空间以现代特点。它在平面上，突破了传统建筑，特别是古典主义建筑惯用的对称原则，采用非对称的自由灵活的构图手法，将学生宿舍、教学楼与实习工厂这两部分建筑，由食堂及办公楼作为纽带，联成一气，组合成一个三翼风车样的形状。由于不存在能够观赏整幢建筑全景的视点，因此，人们若需要欣赏或了解这幢建筑的全貌，就势必环绕建筑行走，这样一来，就既包容了运动，又蕴含了时间，使建筑进入了四度空间[四维时空]的范畴，具有了动态感，而人对建筑的审美，也就自然地由静态进入动态。

当然建筑美在四维空间中还体现出设计者的审美理念和审美节奏（韵律），例如我国著名建筑学家梁思成对审美节奏有过精彩的论述。如他在对音乐、舞蹈和绘画的比较中，揭示出建筑同时完成从艺术空间到时间的持续性和流动性。他说明了建筑自身的韵律节奏：重复运用相同构件单元形成"主题"，而差异点缀其上则形成"变奏"。这是艺术性的"差异的重复"，是大统一中的小变化，同时避免了单调枯燥和杂乱无章。

②视觉性

与建筑的空间性特征密切相关的是建筑的视觉性特征。这种视觉性特征在审美上决定了建筑艺术一系列丰富的内容。这些内容主要有两大类：一类是建筑的造型，另一类就是建筑的色彩。如果说，建筑的造型往往直接表现出建筑美的风格形态,那么建筑的色彩则有力地烘托出建筑美的情调和意蕴,深化建筑美的境界以及相应的审美效果。建筑的视觉美就一定意义上来说,主要表现为建筑的形式美和色彩美。

就形式美而言包括整齐的美、对称的美、曲线的美、和谐的美、节奏的美和整体的美。关于这方面我们在谈到美的形式时已有所论列,这里不再重复。而就色彩而言,还有许多讲究。建筑视觉美直接影响到审美效果,其中色彩的感觉则是一般美感中最大众化的形式,因此,也是审美观照中最引人注目的因素。例如古希腊的帕提农神庙,铜门镀金,瓦当、柱头及檐部均饰以红蓝为主的浓重色彩,显得瑰丽异常,美不胜收。又如我国古典建筑,如宫殿、寺庙建筑等就十分重视色彩的运用,这些建筑常被饰以金黄的琉璃屋顶,大红的墙柱,错彩镂金,艳丽璀璨。至于现代建筑,色彩的运用更成了不可缺少的因素,五彩缤纷的颜色,不仅可以使建筑的外观显得更鲜明、更美丽、更富意蕴,而且,它本身已成了构成建筑的气势与风格的重要因素。而特别在现代建筑“方匣子”式的造型千屋一面的状况下,色彩更成了各类建筑显现自身的创意与个性的极为重要的因素,而且,许多现代建筑,往往就是因为在建筑立面上色彩运用的成功而使自己脱颖而出,成了某类建筑的典范。

③时代性

古今中外的建筑无不体现着时代精神,这种时代精神的内容包含有时代习俗(或风俗)、时代理念和时代风格。我们先看古典建筑。

首先,就习俗而言,欧洲人性格自由奔放,个性张扬,这在古典巴洛克式建筑中体现得淋漓尽致。而中国的建筑,如四合院封闭式格局,体现了深沉内敛的儒家文化底蕴。又如中国建筑讲究天人合一、人与自然的和谐,在开始建筑之前要看风水,例如中山陵的选址就考虑了这方面内容。

其次,就理念而言,欧洲人信奉基督教,把上帝(神)视为至高无上的主宰,但同时又崇尚自由、民主、人权的理念,而我们中国人则信奉大一统理念,迷信明君、圣主,因此在建筑上凸显皇家气派与神圣。

再次,就风格而言,欧洲的哥特式建筑具有空灵、纤瘦、高耸、尖峭的风格,巴洛克式建筑则具有富丽堂皇、新奇欢畅的风格。而中国古典宫廷建筑则采用大屋顶,上面铺设金黄色的琉璃瓦,凸显华美壮丽,上面还装饰带有神秘色彩的鸟兽,以象征皇权的神圣。至于民居则丰富多彩,如南方的干阑式、西北的窑洞式、北方的四合院式、游牧部落的毡包式。

而20世纪以来现代建筑，无论是习俗、理念和风格都为之一变，技术至上，造型单纯，结构严谨，被指斥为“钢铁加玻璃方盒子”，因此单调乏味、冷漠，缺乏人性，不顾民族、地域特点，无视文化传统。而到了二十世纪末，又兴起了后现代思潮，强调多元化、复杂化、情感化、人性化和历史传承，因此带有人文主义、自然主义、复古主义、民族主义等色彩。

④民族性

由于地理环境和民族文化传统的区别，建筑艺术的民族性特点也非常明显。比如就欧洲来说，西班牙式的建筑色彩亮丽，造型活泼，屋顶坡度较小，阳台较大，与地理环境关系很大。法国式的建筑风格庄重，有仿古情调，受达官贵人青睐，与法兰西民族在欧洲的重要历史地位相关。北欧挪威、瑞典的建筑则色彩绚丽，屋顶陡峭，与其地理位置相关。俄式传统建筑多以木造为主，后受拜占庭文化影响开始有石建筑，其风格则典雅大方、高阔端正，主建筑结构搭配多个矗立上端的半圆形顶盖。伊斯兰建筑类型是清真寺和宫殿，清真寺有矩形的庭院，内有一间祈祷大厅，装饰富丽堂皇，运用圆形、方形等几何符号构成象征性的图案，结合叶饰和阿拉伯文字。至于中国古典建筑的民族特点更加突出，前面已有涉猎，这里就不谈了。总之建筑艺术的民族特点是与其所处的独特地理环境与独特的民族精神相结合的产物，是不能被忽视的。

我国自改革开放以来已经融入世界一体化潮流，在建筑艺术上吸收世界现代建筑的优秀成果，取得了辉煌成就。例如北京与广州两个电视塔就成为两个城市的标志性建筑，被戏谑为“北有大裤衩，南有小蛮腰”，一个道尽了北方人的豪爽大气、不拘小节的性格，一个让人不禁联想到浑身珠光宝气、美轮美奂的美女身姿。这两个建筑都展示出现代文明的优秀成果，令当地人民感到自豪。

(2)造型艺术——人体雕塑

前面提过，人体雕塑早在洞穴时代的原始人那里就有了萌芽。而其真正的产生则是古代文明开始的时代，其中最早的大约是古埃及和古美索不达米亚，而达到鼎盛则是古希腊时代。例如最早的雅典娜女神的黄金雕像和维纳斯女神的裸体雕像就是其代表作。按照丹纳在《艺术哲学》中的说法，一是希腊城邦大多坐落在地中海沿岸，为了与周边的异族(如波斯人)进行斗争就需要有强健的身体，因此他们愿意展示自己的肌肉和体形，不以裸体为羞；二是全民性的奥林匹克运动会更是展览与炫耀裸体的场合，于是裸体艺术就繁荣起来，并达到登峰造极的程度。下面我们介绍两个代表性作品：

①掷铁饼者

这件作品的作者是米隆，他选择了一个转身性的瞬间：运动员为投掷铁饼而大幅摆动双臂，快速旋转身躯。作者抓住的这个瞬间概括了掷铁饼这一动作的整个过程，显示了运动员最典型的姿态，最强烈地展示了运动员肌肉的健美和力量的充沛，让人联想到掷铁饼者双臂张开，仿佛一张拉满的弓；而铁饼和运动员头部的两个圆形左右呼应，支撑身体的右腿如同轴心，使大幅弓起的身体保持平衡。这样的构思设计显示了米隆的艺术匠心，他能在构思和塑造上达到如此完美的程度，显示了他对于人体结构知识的极度熟悉和高超的雕塑技巧。作品所追求的是一种健美、庄重、和谐和洋溢着青春活力的生命之美、力量之美。（见下图）

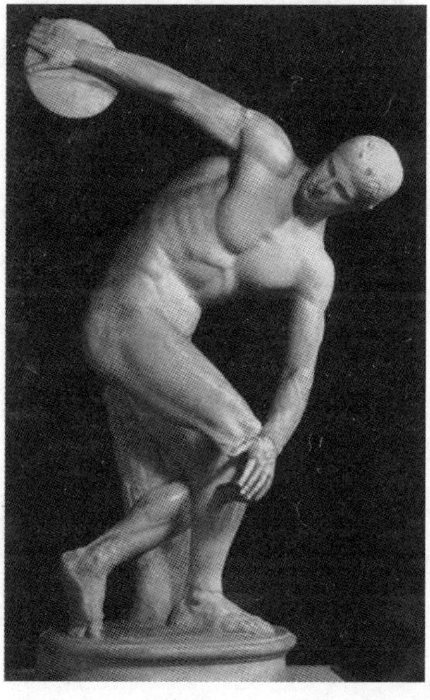

掷铁饼者

②断臂女神维纳斯雕像

这座雕像相传是公元前二世纪末，希腊雕刻家阿里山德罗斯的作品，刻画的是希腊爱与美的女神。这个名字后来传到意大利，意大利语就叫“维纳斯”，于是希腊的女神也就变成了维纳斯。维纳斯雕像为大理石雕塑，高2.04米，1820

年在爱琴海米洛斯岛的山洞中被发现,现藏法国卢浮宫博物馆。雕像高贵端庄,其丰满的胸脯、浑圆的双肩、柔韧的腰肢,呈现出S形的优美身姿,展现出一种成熟的女性美。人体的结构和动态富于变化却又含蓄微妙,雕像体现了充实的生命力和静穆的神态,在风格上接近公元前四世纪古典主义盛行时期的作品,为希腊化时期所少见。此雕像残缺的上肢构成了一种独特的美,令人遐想。(见下图)

维纳斯女神

(3)造型艺术——绘画

黑格尔把绘画艺术归为浪漫艺术一类,称其为主体性原则(自由美的原则),既侵入了内容,又侵入了表现方式,精神于是又退回到它本身,因此达到了"最高度的美"。这就是十五世纪到十六世纪上半叶意大利文艺复兴所达到的境界。正如雅克·德比奇等在《西方艺术史》中所说:"十五世纪是围绕人文主义而发展的意大利文艺复兴的世纪。人文主义是第一种把人(而不再是神)置于一切思考和创造中心的理论。"(雅克·德比奇等:《西方艺术史》,徐庆平译,海南出版社,2001年版,第123页)因此,如果说雕塑艺术在古希腊时期达到了顶峰,那么绘画艺术则是从文艺复兴开始才达到顶峰的。其代表人物就是被誉为"文艺复兴后三杰"的达·芬奇(1452—1519)、米开朗基罗(1475—1564)与拉斐尔(1483—1520)。

随后就是十七世纪荷兰绘画的黄金时代,涌现出许多现实主义绘画大师,其中最伟大的画家是伦勃朗(1606—1669)。黑格尔称荷兰画具有"爽朗气氛"和"戏剧因素",称之为"荷兰画的无比价值所在"。(《美学》,第三卷上册第326页)下面我们介绍一下拉斐尔和伦勃朗的代表作。

①拉斐尔·圣齐奥(1483—1520),意大利画家、建筑师。与达·芬奇和米开朗基罗合称"文艺复兴后三杰"。拉斐尔的画以秀美著称,画作中的人物清秀,场景祥和。他的性情平和、文雅,和他的画作一样。拉斐尔于1520年猝逝于罗马,终年37岁,葬于万神庙。

其代表作之一是《西斯廷圣母》。(见下图)

油彩布画:《西斯廷圣母》(1514)

此画完成于1514年,是拉斐尔最成功的一幅圣母像。此画创造了一个具有崇高牺牲精神的母性形象,为拯救人类她把儿子送向人间。画家采用了比较稳定的金字塔形构图法来建构这一场面:绿色的帷幕拉开,圣洁而貌美的圣母赤着双脚,怀抱耶稣,显现在白云缭绕的天上,正在缓缓落向人间。圣母左边是跪着迎接圣母到来的罗马教皇西克斯特,他穿着厚重的金黄色法衣,一手置于胸前,以示虔诚；一手指向画外，表示要引领圣母。右边一侧是跪着的圣女巴巴拉。她对圣母下凡显出极大的恭顺与喜悦。而在画面下端，画家又画了两个天真烂漫的小天使，他们张着小翅膀，似乎在等待这一奇迹的出现。此画构图严谨，空间透视处理得极好。整幅画面虚实相生而又流畅平稳，分散的人物实际上是在一个圆形的色彩组合之内，使观者既能领悟到直观的形象，又能使自己产生一种神圣和谐的幻觉。因此黑格尔称拉斐尔的绘画是“艺术完美的顶峰”（《美学》，第三卷上册第 320 页）。

②伦勃朗·哈尔曼松·梵·莱因 1606 年出生于距荷兰首都阿姆斯特丹不远的莱顿。伦勃朗少年时代，荷兰在尼德兰革命后摆脱西班牙的控制而取得独立，迎来黄金时代。伦勃朗 14 岁开始学画，当时贴近现实生活的肖像画、风俗画、风景画、静物画开始流行，成为荷兰美术的主要体裁。伦勃朗学成后很快确立起自己最具特色的绘画原则，并一举成名。与文艺复兴时期的大师们不同的是，伦勃朗更倾向于现实生活，其绘画也体现出现实主义精神。但其后来因家庭遭遇不幸而一蹶不振，最后竟贫穷潦倒，画风也开始转变，开始更多地关注自己的内心世界和身边的形形色色真实存在的人，屠夫、厨娘、乞丐、瘸子、盲人等经常出现在他的速写中。其代表作《达娜厄》的圆滚滚的身体就是个健壮的乡下女孩形象。（见下图）

油画：达娜厄（1636）

这幅画作于1636年，以希腊神话为题材，描绘的是宙斯化作金光前来与被阿古斯王囚禁的达娜厄幽会的情景。画中，达娜厄被描绘成一个成熟的女人，躺卧在床上。她右手不由自主向前伸出，脸上流露出惊奇与喜悦。光线全部聚集在她身上。周围则是暗部，利用金雨反射于帷幕、器具上的金光、她和仆人惊讶欣喜的神色来突出宙斯降临的主题。女人肌肤的肉感，帷幕的厚重，器物金灿灿的质感，细腻逼真，甚至床边的女鞋也清晰可见。

(4)造型艺术——中国画

黑格尔在他的巨著《美学》中虽然也谈到中国人的绘画“也很驰名”，却只字不提中国画的特点，更不曾对中国画进行过具体评述，足见其对中国画的漠视与无知。因此，这里我们单独谈谈中国画，即水墨画(或南画)。

①中国绘画的历史

陈师曾在《中国绘画史》中说：“伏羲画卦，仓颉造字，是为书画之先河，即为书画同源之实证。”相传：“画嫘，舜妹也，画始于嫘，故曰嫘画。”但真正的绘画则起源于夏商周三代，按陈师曾的说法：“夏禹铸鼎以象神奸，殷高宗以形求得传说，此为人物画的滥觞。至周之世，画之用渐广。”(陈师曾：《中国绘画史》，中华书局，2014年版，第4页)随后就开始有铜器画、帛画、壁画、砖画、棺木画、漆器画、屏风画等出现，画的对象多为人物、怪兽，亦有动物、植物。

山水画则肇兴于魏晋南北朝时期，当时由于社会动乱，北方胡人侵入中原，汉族渐次南迁，文人们不得不寄情于山川、田园，借佛老之说、美术书画之趣，而安慰其精神，使精神有所寄托，逃脱烦恼，从而开启了一个类似于欧洲文艺复兴的精神自由、个性解放、文艺繁荣的时代。特别是一些文人到了江南，与南方自然美景接触，而启发了其山水画之构思。然当时山水画尚未独立成派，大抵为人物画之背景。其中东晋顾恺之(约346—407)被视为中国画的第一个文人画家，其著名的《女史箴图》是提倡女德的一卷绘画，《洛神赋图》为赞美神话中女神的图卷，其中虽不乏山水画面，但却不占主导地位。

唐朝由于经济繁荣、社会安定，山水画从盛唐吴道玄(吴道子，约680—759)开始独立成科，并开始分为南北两宗。随后南宗画派的王维等画家更别开水墨淡彩之山水画之先，并有纸本水墨画传世。水墨画是一种独特的绘画形式，被视为中国的传统绘画，是中国国画的代表。水墨画当初只有水与墨两种原料，以及黑与白两种颜色调成的五彩，用以状物、象形。后来又用青绿色涂染，有时还略加金色,以造成更华丽的效果,于是唐代的山水画又被称为“青绿山水”或“金碧山水”。水墨画至五代、宋更有花鸟画、人物画之盛。水墨画历经唐宋,至元、明、清进入更加辉煌繁荣的时期,时至今日,更是名家辈出,佳作如潮,已成为中华文明的旷世瑰宝,具有深刻的精神文化内涵。

②画论

中国画不仅历史悠久,而且绘画理论比起西方来说更有独到之处。下面试以五个方面论之。

一曰精神论。绘画乃人类精神劳动的一种形式,因此绘画理论首要是精神论。中国的系统绘画理论始于东晋大画家顾恺之,其著有《论画》《魏晋胜流画赞》等。按傅抱石引述日人金原省吾的说法:“顾恺之之画论,实中国绘画思想之根本。”(《中国绘画理论》,第 3 页)其核心思想为“迁想妙得”,即在绘画的创作或鉴赏过程中把思想感情融入画作,以深切体会其精神内蕴,领会画作的奥妙,最终达到主客体交融、人与自然和谐的物我同一精神境界。傅抱石解释说:“恺之‘迁想妙得’一语,为中国绘画理论上最初有力之启发。足开谢赫六法之先河。”(同上)他还进而论述说:“吾国画人,狂称‘仿古’……而化[画]在我……而‘我’必须卓然入画,则此画面始有‘我’,始有生命。”(同上,第 9 页)此言实为高论矣。顾恺之还在强调“迁想妙得”的同时提出“以形写神”的论点,主张画家还应该通过“形”(即形象)来表现“神”(即精神),这样就做到了形神兼备、以神为本,达到了感性形式与理性精神的辩证统一。可见顾恺之的绘画理论不仅有开创之功,而且是全面而深刻的。至唐白居易论画曰:“画无常工,以似为工。学无常师,以真为师。故其措一意,状一物,往往运思,中与神会,仿佛焉若驱和役灵于期间者。”(《中国美学史资料选编》,第 240 页)又至宋米有仁(米芾子)更进而提出:“画之为说,亦心画也。”(《中国绘画理论》,第 6 页)再至明释道济《画语录》则说:“夫一画含万物于中,画受墨,墨受笔,笔受腕,腕受心。”(同上,第 10 页)又再至明唐寅更明确说:“凡画,气韵本乎游心,神采生于用笔。意在笔先,笔尽意足……”(同上)顾恺之等人之论与黑格尔所谓艺术品是“精神产品”的观点不谋而合,然提出的时间却比黑格尔早了上千年。

二曰修养论。修养的第一要务是去杂念。唐朝画论家张彦远(815—875)说:“凝思遐想,妙悟自然。物我两忘,离形去智,身因可使如槁木,心固可使如死灰,不亦臻于妙理哉?所谓画之道也。”这里是讲鉴赏作画或赏画时,必须去除一切杂念、杂欲，也就是康德所说的做到“静观”。第二是立德。清朝王昱在《东庄论画》中说：“学画者先贵立品，立品之人，笔墨外自有一种正大光明之概。否则画虽可观，却有一种不正之气，隐跃毫端。文如其人，画亦有然。”第三在养性，即修养心性。为此需多观察，读万卷书，走万里路。第四在树笔格，实乃艺术风格。按傅抱石先生的理解，求格之高，其道有四：一曰心地，以消俗虑清；二曰善读书，以明理；三曰却早誉（不图尽早成名）；四曰亲文雅（即符合时代精神），以正体裁。

三曰造意论。唐王维在《山水论》中说：“凡画山水，意在笔先。”傅抱石解释说：“画为‘我’之画，则未画之前，‘我’仍在也。既画之后，‘我’亦在也。‘我’之所以移于画面，及画面之所以容受‘我’，不能毫无觉动（即自觉）……故须‘意’在笔先，始能具体而能痛快。”（《中国绘画理论》，第 34 页）他还引用元季四大家之首黄公望的名言“画不过意思而已”来解释“意在笔先”的含义。其实这里的“意”或“意思”就是傅抱石所引清人所说的“一点精神”（同上，第 36 页），即不过就是一种精神灌注而已。这就是马克思所说的“自我对象化”。

四曰神韵论。傅抱石引唐张彦远的话说：“古之画，或遗其形似，而尚其骨气，以形似之外求其画，此难与俗人道也。今之画，纵得形似，而气韵不生，以气韵求其画，则形似在其间也。”这里讲的就是绘画中的外在形象与内在精神的关系，强调的是精神内蕴的重要性。

五曰方法论。中国画非常讲究方法，例如傅抱石所引南北朝齐谢赫所论绘画“六法”，实为中国绘画理论的系统构成之论。其概要为：一、气韵生动；二、骨法用笔（即运笔）；三、应物象形；四、随类赋彩；五、经营位置（即布局）；六、传移模写。《四库全书总目提要》说：“所言六法，画家宗之，至今亦千载不变也。”（《中国绘画史》，第 4 页）

总之，中国绘画不仅历史久远，独立成派，成果辉煌，而且有系统理论根据，是人类绘画艺术史不可忽视的。

③中国画的代表作

中国画有数千年的悠久历史，其代表作举不胜举。我们先看中国文人画始祖顾恺之的《洛神赋图》（局部），此画为我国千百年来绘画史上最有影响力和最为世人称颂的名画。

《洛神赋》原为曹植的一篇文章，描写他在洛水河边巧遇女神的情景，画家顾恺之将其绘成不朽画卷。此为画面开首部分，描绘曹植等在洛水河边与洛水女神瞬间相逢的情景。曹植步履趋前，远望龙鸿飞舞，一位“肩若削成，腰如约素”“云髻峨蛾，修眉联娟”的洛水女神飘飘而来，而又时隐时现，忽往忽来。此卷设色浓艳，画法古拙，系魏晋画风。乾隆皇帝见到此画后拍案叫绝，御批四字：“妙入毫巅”。

下面是盛唐金碧山水画《明皇幸蜀图》，传为李昭道所作：

此画表现唐明皇李隆基为避“安史之乱”而入蜀的历史。为中国最早的绢本设色山水画，画为青绿设色，崇山峻岭间一队骑旅自右侧山间穿出，向远山栈道行进，前方着红衣骑者应为唐明皇，嫔妃则着胡装戴帷帽，展示着当时习俗。画中山势突兀，白云萦绕，人物清晰，画面布局错落有致，栩栩如生，令人百看不厌。

下面我们看北宋名画《清明上河图》(局部)：

《清明上河图》是中国十大传世名画之一，为北宋都城汴梁(今开封)风俗画，北宋画家张择端所画，绢本设色画，现藏于北京故宫博物院。从这个截面中可看出当时市井生活的真实面貌，街上有骑马、坐轿、步行的行人，街旁有商店、摊床、小贩，各行各业的人物都栩栩如生，足见这是一卷写实主义的画作。

下面是元代的《富春山居图》(局部)：

《富春山居图》是元代画家黄公望的作品，是纸本水墨画，以浙江富春江为背景，全图用墨淡雅，山、水、民居的布置疏密得当，墨色浓淡干湿并用，极富于变化，是黄公望的代表作，被称为“中国十大传世名画”之一。该画体现了画家追求宁静、平凡、无欲、幽居的思想境界，体现了人与自然的和谐意境。

下面是明代画家徐渭的代表作《竹卷》(局部)：

《竹卷》为纸本水墨画，反映了画家的暴躁疯狂的性格。此画画中有诗：枝

枝叶叶自成排，嫩嫩枯枯向上裁。信手扫来非着意，是晴是雨恁人猜。从配诗中亦可看出作者狂放不羁的精神状态。

下面是清代李鱓的《玫瑰图》：

李鱓为中国清代著名画家，杭州八怪之一，江苏兴化人，曾以画供奉内廷，为政清简，颇得民心，但因得罪上司而被罢官，后居扬州，以画为生，工诗文书画。此画为纸本水墨画，色彩鲜明，生机盎然，配诗“月月红如此，那能数见鲜，一年开一度，应博世人怜”，均体现出作者虽曾受过迫害，但仍然热爱生活、积极入世的精神。

(5)语言艺术——诗(Poesie)

诗属于语言艺术。诗的艺术形式早在原始人群中就有了萌芽，而且与歌混为一体，但其真正的兴起却是伴随文明时代才到来的。黑格尔把诗歌列为浪漫型艺术的更高阶段。这里我们顺着黑格尔关于诗的论述谈以下几个方面。

①诗的一般意义，或一般性质

归纳黑格尔的观点，诗的一般特点至少有以下几点：第一，诗把造型艺术与音乐两方面的特点在精神领域里结合成一个整体；第二，诗的原则是精神生活的原则，它特别要在观念或思想中活动；第三，诗作为象征型艺术本身也有缺点：到了诗艺术本身开始解体，最后转向宗教和哲学。当然，人类精神发展史研究证明，黑格尔上述观点是为他的绝对唯心论哲学体系服务的，是不可取的。

②诗人应该具备的素质

按照黑格尔的理解，诗人应该具备的第一个素质就是具备只凭想象力去塑造形象的才能,而我们知道想象力按康德的经典说法是“一种即使对象不在场也能具有的直观能力”。当然,这种能力除了需要一定的天分外,还要经过长期深入生活,通过观察、培养才能具备。第二个素质是诗人能够深入精神内容意蕴的深处,把隐藏在那里的东西带到意识的光辉里,用语言表达出来。第三个素质是对他所表现的题材要有最深刻最丰富的内心体验,以便与其融为一体,达到物我同一的佳境。黑格尔这番教导是需要仔细领会的。

③诗的表现

黑格尔把诗的表现区分为三个要点:

第一,诗的观念(Vorstellung,观念、表象、意念、想象)。他认为诗作为一种语言艺术,其“真正根源”是观念(即思想或精神),也就是“[诗的]精炼的表现要从精炼的观念去找根源或出发点”,所以诗人的创造力表现为能把一个内容在心里塑造成形象,使其变成一种内在的对象。用我们的话来说,诗就是诗人把他心中的思想和情感自我对象化,即通过语言或文字的物质外壳表达出来。他还认为诗比散文要古老,还没有把一般和体现一般的个别事物割裂开来(《美学》,第三卷下册第20页)。因此诗的观念的功能是制造形象的功能,它带给人们的不是抽象概念,而是内心世界中事物的本质(概念)及其实际存在(现象)的一个整体,也就是类性与个性的统一体。他举例说,当说到“早晨”或“太阳”时,人们马上就懂得它的意思,而不必想到“早晨”和“太阳”的具体形象;但当诗人说“当晨曦女神伸出玫瑰色的手指向上升起的时候”,他就把早晨的太阳形象化了。当然,还不止如此,诗的观念还要展示现实世界现象的丰富完满,把事物和事物的内在本质融为一种原始的(未经分裂的)整体。这样,黑格尔就讲清了诗与造型艺术(建筑、雕塑、绘画)的区别,以及音乐与散文等艺术的区别,讲清了诗作为精神活动的产物,其观念性就是具体形象与思想内容的统一,一言以蔽之就是今天所说的“形象思维”(这一概念来自俄国革命民主主义理论家别林斯基所提出的诗歌“是寓于形象的思维”)。认清诗是形象思维的结晶,有助于避免诗歌创作的抽象化、概念化、口号化、说教化等不良倾向。这是值得细心领会的。

第二,诗的语言表现。黑格尔指出,诗人的想象同其他艺术家的创作方式的区别既然在于诗人必须将他的意向(腹稿)体现于文字而且用语言传达出去,那么他的任务就在于一开始就要明确心中的观念恰好能用语言所提供的手段传达出去。因为只有在观念已实际体现于语言的时候,诗才能真正称为“诗”。(同上，第三卷下卷第 63 页）因此黑格尔称诗的语言表现为“内心生活的表达”（同上，第三卷下卷第 65 页）。为此他提出几个要点。第一，要防止诗的表现方式落入平凡萎缩的散文领域，还要避免宗教信仰和科学思考的语调。第二，注意单词和谓语、词的安排、复合句结构。第三，弄清诗的语言的各个发展阶段，如在一个民族的早期，诗的语言初创，语句用法还比较简单；随着反省思索的出现，诗的语言表现日益流畅，并富于精神性；真正的诗既要避免宣讲式的修辞，也要避免用语铺张和文字游戏，诗的语言应当是自然的流露，给人以是由主题内核中自己生长出来的印象。

第三，诗的音律。这里的音律包括节奏和韵律两个方面。节奏是音节长短、声音轻重的规律性变化所带来的美感，包括扬抑抑格、抑抑扬格、扬抑扬格、抑扬格、扬抑格等；韵律就是每行的行尾押韵，或一韵到底，或交错变换。我国诗的音律与西方诗的音律亦有类似的地方。这样看来，音律确实是诗的语言特点。

总之，黑格尔的试论有许多合理的地方，不过在我们看来，既然诗歌是一种语言艺术，那么无论是外国诗还是中国诗，都包含情、意、韵三个基本要素。

④诗的分类

黑格尔把诗区分为史诗、抒情诗与戏剧体诗三类。

⑤西方抒情诗赏析举例

歌德（1749—1832），德国诗人，欧洲启蒙运动后期最伟大的作家，代表作有诗剧《浮士德》。抒情诗《对月》是歌德为施泰因夫人所作的，他将初稿寄给了施泰因夫人。本诗将诗人对施泰因夫人之爱跟对自然的感情美妙地融合在一起，为德国抒情诗中最高杰作，被世人称为“最美的月光诗”。曾由舒伯特、龙贝尔克等音乐家谱曲。

对月（歌德诗　钱春绮译）

你又把幽谷密林，注满了雾光，
你又把我的心灵，再一次解放。

你用慰藉的目光，照我的园邸，
就像知友的眼光，怜我的遭际。

哀乐年华的余响，在心头萦绕，

我在忧喜中彷徨，深感到寂寥。

流吧，可爱的小溪！我永无欢欣，
嬉戏、亲吻都消失，更何况真情。

但我曾一度占有，可贵的至宝！
永不能置之脑后，这真是烦恼！

喧响吧，莫要停留，沿山谷流去，
流吧，合着我的歌，鸣奏出旋律。

不论你是在冬夜，汹涌地高涨，
或是你绕着幼蕾，掩映着春光。

福啊，谁能无憎地、躲避开尘网，
怀里拥有一位知己，共同去欣赏：
那种不为人所知、所重的风流，
在胸中的迷宫里，作长夜之游。

该诗创作于1777年夏，当时歌德正身居魏玛宫廷，被一群平庸的贵族所包围，精神生活极其贫乏。而唯一能够给他带来慰藉的，便是一位值得托付内心情感的爱人。每当他闷闷不乐，他便置身于绚丽多姿的大自然中，欣赏月夜星空，谛听着潺潺流水，便不时写出优美的诗篇，以真挚的情感抒发他对大自然的热爱，寄寓他对心中情人的无限深情。诗中清丽、洁白的月光，指的是他心中的情人。诗人对明月、流水所诉的衷肠正是对内心情人披露的心声。这样，在诗篇中，爱情不再是与他的事业心相矛盾的感情，而是理想的寄托、事业的知音，让人读来深深地感到同情。

普希金(1799—1837)是俄国文学史上举世瞩目的伟大作家。他是近代俄罗斯现实主义文学的奠基人，是俄罗斯文学语言的创造者。果戈理曾评价说："一提到普希金的名字，就会立刻想到俄罗斯民族诗人。事实上，在我们的民族诗人中，没有一个及得上他，而且没有一个人能更适宜于被称为民族诗人……在他身上，俄罗斯的大自然，俄罗斯的精神，俄罗斯的语言，反映得这样的纯洁，这样的净美，有如突出的光学玻璃上面所反映出来的风景。”高尔基盛赞普希金是一位“伟大的俄国人民诗人”，他是“无论在诗句的美或是在感情和思想的表现力上，从来没有人能够超过的一位诗人”，他是“伟大的俄国文学之始祖”。

致大海（普希金诗　查良铮译）

再见吧，自由的元素！
最后一次了，在我眼前
你的蓝色的浪头翻滚起伏，
你的骄傲的美闪烁壮观。

仿佛友人的忧郁的絮语，
仿佛他别离一刻的招呼，
最后一次了，我听着你的
喧声呼唤，你的沉郁的吐诉。

我全心渴望的国度啊，大海！
多么常常地，在你的岸上
我静静地，迷惘地徘徊，
苦思着我那珍爱的愿望。

啊，我多么爱听你的回声，
那喑哑的声音，那深渊之歌，
我爱听你黄昏时分的幽静，
和你任性的脾气的发作！

渔人的渺小的帆凭着
你的喜怒无常的保护
在两齿之间大胆地滑过，
但你若汹涌起来，无法克服，
成群的渔船就会覆没。

直到现在,我还不能离开
这令我厌烦的凝固的石岸,
我还没有热烈地拥抱你,大海!
也没有让我的诗情的波澜
随着你的山脊跑开!

你在期待,呼唤……我却被缚住,
我的心徒然想要挣脱开,
是更强烈的感情把我迷住,
于是我在岸边留下来……

有什么可顾惜的? 而今哪里
能使我奔上坦荡的途径?
在你的荒凉中,只有一件东西
也许还激动我的心灵。

一面峭壁,一座光荣的坟墓……
那里,种种伟大的回忆
已在寒冷的梦里沉没
啊,是拿破仑熄灭在那里。

他已经在苦恼里长眠。
紧随着他,另一个天才
像风暴之声驰过我们面前,
啊,我们心灵的另一个主宰。

他去了,使自由在悲泣中!
他把自己的桂冠留给世上。
喧腾吧,为险恶的天时而汹涌,

噢,大海!他曾经为你歌唱。

他是由你的精气塑成的,
海啊,他是你的形象的反映;
他像你似的深沉、有力、阴郁,
他也倔强得和你一样。

世界空虚了……哦,海洋,
现在你还能把我带到哪里?
到处,人们的命运都是一样:
哪里有幸福,必有教育
或暴君看守得非常严密。

再见吧,大海!你壮观的美色
将永远不会被我遗忘;
我将久久地,久久地听着
你在黄昏时分的轰响。

心里充满了你,我将要把
你的山岩,你的海湾
你的光和影,你的浪花的喋喋,
带到森林,带到寂静的荒原。

普希金的这首《致大海》,1824年写于高加索,在诗人第二次被流放前夕,是一曲对大海的庄严颂歌,是对人生命运的深沉感叹,也是对自由的热情礼赞。该诗以大海为自由精神的象征,赞美自由奔放的大海,抒发了诗人强烈的思想感情。这是一首反抗暴政、反对独裁、追求光明、讴歌自由的政治抒情诗。诗人以倾诉为形式,多角度多侧面描绘自己追求自由的心路历程,使诗歌感情凝重深沉而富于变化,格调雄浑奔放而激动人心,读来让人产生共鸣。只是查良铮的译文无法严格遵循西方诗的音律,因此尚有不足。

⑥中国朦胧诗。中国诗歌,如《诗经》中的作品、楚辞、汉赋、唐诗、宋词、元

曲，就历史、艺术成就和数量来说都达到了世界性的巅峰，为人类精神文明做出了杰出的贡献。而朦胧诗则兴起于我国二十世纪七十年代末到八十年代的改革开放初期，是伴随着文学全面复苏而出现的一个新诗潮。一时间食指、北岛、顾城、舒婷、梁小斌、江河、杨炼、根子、海子等一批“文革”中成长起来的青年诗人破茧而出，通过全新的诗歌形式，对人的自我价值重新确认，对人道主义和人性的复归大声呼唤，对人的自由心灵进行探险。他们的诗先以“地下阅读”的形式流传，曾产生广泛的影响。朦胧诗的重要特征是意象化、象征化、立体化和非理想化，带有弗洛伊德主义的印迹，打破了当时现实主义创作教条一统诗坛的局面，为诗歌注入了新的生命力。朦胧诗在艺术上大量运用隐喻、暗示、通感等手法，丰富了诗的精神内涵，增强了诗歌的想象空间。当时中国正处于“文革”末期的上山下乡高潮中，许多知识青年普遍怀有一种模糊而又强烈的情绪：不解、怀疑、愤怒、无奈、对抗等交织在一起。一种被抛弃的失落感以及对幻灭了的理想的沮丧和坚执，以及对失去的家园的牵挂等，成了这一代人的主导情绪和情感基调。例如，郭路生（食指）写于1968年的《这是四点零八分的北京》，就是这种情绪的最初宣泄：

……
我的心骤然一阵疼痛，一定是
妈妈缀扣子的针线穿透了我的心胸
这时，我的心变成了一只风筝
风筝的线绳就在妈妈的手中
……
终于抓住了什么东西
管他是谁的手，不能松
因为这是我的北京
这是我的最后的北京

在我们看来，朦胧诗与意识流小说有异曲同工之妙，两者都打破了常规，以时空错乱的顺序描述作者心中的郁结，就此而言又很像抽象派绘画，其共同之处就是弗洛伊德主义的“本我”，即潜意识，打破了文学艺术的教条主义束缚，体现了人性的丰富性，真正恪守了文学艺术的使命。下面我们欣赏两首朦胧诗代表作。

1979 年 3 月,《诗刊》发表了北岛的《回答》,标志着朦胧诗正式由地下走上诗坛,从而形成了强烈的艺术冲击波。

回答(北岛诗)

卑鄙是卑鄙者的通行证,
高尚是高尚者的墓志铭,
看吧,在那镀金的天空中,
飘满了死者弯曲的倒影。
冰川纪过去了,
为什么到处都是冰凌?
好望角发现了,
为什么死海里千帆相竞?
我来到这个世界上,
只带着纸、绳索和身影,
为了在审判之前,
宣读那些被判决了的声音。
告诉你吧,世界,
我——不——相——信!
纵使你脚下有一千名挑战者,
那就把我算作第一千零一名。
我不相信天是蓝的,
我不相信雷的回声;
我不相信梦是假的,
我不相信死无报应。
如果海洋注定要决堤,
就让所有的苦水都注入我心中,
如果陆地注定要上升,
就让人类重新选择生存的峰顶。
新的转机和闪闪星斗,
正在缀满没有遮拦的天空。
那是五千年的象形文字,
那是未来人们凝视的眼睛。

这首诗宣泄了诗人面对过往和现实的无奈、悲哀、愤怒、觉醒、希望等复杂情感。请看:“卑鄙是卑鄙者的通行证,/高尚是高尚者的墓志铭”——在那个善恶颠倒的岁月,你仿佛看见了卑鄙者的暗中狞笑和高尚者的生命悲歌。“看吧,在那镀金的天空中,/飘满了死者弯曲的倒影”——这里你仿佛看到了万众仰望的圣洁天空下那些无辜者的尸山血海。“告诉你吧,世界/我——不——相——信!”——这里你看到了诗人的醒悟与怀疑。“我不相信梦是假的,/我不相信死无报应”——这里你看到了真理和正义的复归。“新的转机和闪闪星斗,/正在缀满没有遮拦的天空。/那是五千年的象形文字,/那是未来人们凝视的眼睛”——这里你看到了我们民族的希望。总之这首诗道出了逐渐醒来的人民的心声。

海子(1964—1989),原名查海生,生于安徽省怀宁县高河镇查湾村,北京大学法律系毕业,曾任教于中国政法大学。

他在短短的七八年间,创作了200多万字作品,包括短诗、长诗、诗剧和一些札记。

这里让我们欣赏海子的《答复》(1985年):

答复(海子诗)

麦地
别人看见你
觉得你温暖,美丽
我则站在你痛苦质问的中心
被你灼伤
我站在太阳痛苦的芒上
麦地
神秘的质问者啊
当我痛苦地站在你的面前
你不能说我一无所有
你不能说我两手空空
麦地啊,人类的痛苦
是他放射的诗歌和光芒!

在海子笔下,“麦地”不是一块普通的农田,而是诗人心中的一个意象。因为海子是农民的儿子,他迷恋泥土,对于伴随着时代发展而消亡的某些东西而感伤。他关注人类命运,是以诗和思揭示人生秘密的哲人。麦子是诗人承受痛苦的最敏感最细微的神经细胞,贫瘠的土地和生动富有的激情构成了海子对土地的深情厚爱,这种丰盛的精神财富最终要归还给土地。但是,诗人意识到个人在神圣的土地面前是那样的渺小和卑微,由此引发了痛苦:"诗人,你无力偿还/麦地和光芒的情义……"(《询问》)作为诗人,海子是幸福的,但在现实生活中,海子又是痛苦的。海子自己俨然成了一颗饱满的麦粒,那麦粒是诗人与人民之间的无法割断的牵连,平淡处有着至深的感动,因此这首诗读来自然会唤起深切的同情。

(6)表演艺术——戏剧

①戏剧的一般特点

戏剧属于表演艺术,因此是一种舞台艺术,受到空间的限制。黑格尔把戏剧放到戏剧体诗中去论述。按他的看法,戏剧的一般特点有三:第一,戏剧是诗乃至一般艺术的最高层;第二,语言是唯一适于展示精神的媒介,而戏剧在各种语言艺术中把史诗的客观原则与抒情诗的主观原则统一起来,即通过舞台表演,把本身完整的动作情节直接摆在眼前,达到生动鲜明的效果;第三,戏剧可把悲剧与喜剧两种相反的剧种结合起来,形成第三种剧种,即正剧。

②戏剧作品

A. 基本原则

按照黑格尔的观点,戏剧的任务是描述眼前人物的动作和情境以供读者或观众直观,因此它必须用剧中人物自己的语言来表达。这就要求:第一,戏剧是开化民族生活的产物,因此人物的目的、矛盾和命运必须达到"自由的自觉性";第二,必须把史诗的客观的实体性原则与抒情诗的主观的内心生活原则结合起来,使主体(人物)的具体心情发展为动机或推动力,使之成为外在的东西,即主体"把自己对象化",也就是使主体的动作成为戏剧的动作,使主体的意图和目的与他面对的现实融成一片,使之成为他自己的一部分,在其中"实现自己,观赏自己",并"以整个人格对凡是由自我转化为客观世界的一切负完全责任。[由]戏剧中的人物摘取他自己行动的果实"(《美学》,第三卷下册第246页);第三,因此最后,对戏剧的创作主体来说,首要的要求就是,他必须彻底地洞察到剧中人物的目的、斗争和结局是以内在的普遍力量,即理念,为根据的(同上,第三卷下册第276页),用今天的话来说,这里黑格尔所强调的是,戏剧作品应当是以一个民族的时代精神为依据的，这无疑是正确的。

B. 具体要求

第一，地点、时间和动作各自的整一性。这三个整一性原本是西方戏剧理论家的一种主张。对于地点的整一性，黑格尔主张采取“中庸之道”，既不要抽象地屈从于这种整一性，不更换场景（地点），也不要经常换境，而是根据动作（情节）的需要来安排。对于时间的整一性，也是如此，如果剧情的内容和冲突比较简单，时间就要紧凑些，否则就不能刻板性地限制时间。关键是动作的整一性。黑格尔认为，真正不可违反的规则是动作的整一性。他说：“戏剧的动作在本质上必须是引起冲突的，而真正的动作整一性只能以完整的[情节]运动过程为基础，在这个运动过程中，按照具体的情境，人物性格和目的的特性，这种冲突既要以符合人物性格和目的的方式产生出来，又要使它的矛盾得到解决。……因此，戏剧的真正结局，只有在剧中人物和全剧的关键，即动作的目的和旨趣，完全等同起来，紧密结合在一起的情况下才有达到的可能。”（同上，第三卷下册第252页）

第二，戏剧各部分的结构和发展。这里黑格尔强调三点。一是，戏剧不能像史诗那样描述整个世界情况（即时代背景），它不是实际行动，而是内心情欲的展现，因此在广度上比史诗窄，比抒情诗宽。二是，在进展速度上，戏剧比史诗快，向结局不断前进。三是，戏剧的幕数最好是三幕，以与情节本身的三阶段相适应：揭示冲突的苗头—展现冲突—矛盾的解决。

第三，戏剧的外在手段（媒介）。包括三种：一是戏剧的独特语言，二是独白、道白之类的区别，三是音律。

③戏剧与观众的关系

黑格尔强调以下几点：第一，戏剧冲突的解决一定要以人类普遍的旨趣和本民族的情致为基础；第二，戏剧作品不仅要表象观众也要有的一种“生命意识”，而且要使作品本身成为由情境、人物性格和动作情节形成的一种“有生命的实际存在”，这就是说剧本应该是引导观众积极向上的；第三，戏剧作品不仅应当是自觉性的独立创作的作品，而且还应当在作品中显示出绝对理性和真理的实现。当然，这里黑格尔所说的绝对理性和真理也就是马克思所追求的人类理想。

总之，黑格尔的戏剧理论有许多合理的地方，值得我们借鉴。

④两个赏析实例

这里让我们具体分析一下中西经典戏剧的两个实例：《罗密欧与朱丽叶》与

《西厢记》。

A.《罗密欧与朱丽叶》—— 一曲爱情悲剧的赞歌

故事梗概。《罗密欧与朱丽叶》是莎士比亚的代表作之一，是一部爱情悲剧。故事发生在意大利文艺复兴时代的维洛那城。在这个小城中，凯普莱特和蒙太古两大家族是积怨很深的世仇，大有不共戴天之势。在一次盛大华丽的宴会上，凯普莱特大人美丽多情的女儿朱丽叶与蒙太古大人英俊潇洒的儿子罗密欧一见钟情，罗密欧无法抑制自己对朱丽叶的爱，向她求爱，朱丽叶幸福地投入了他的怀抱，两人在花前月下互诉衷肠。但是两个家族的守旧势力却百般阻拦，最后酿成一对情侣双双殉情自杀的悲剧。这个悲剧由三个因素构成：

首先，是主人公罗密欧与朱丽叶两人的人物性格。罗密欧是一个具有人文主义生活理想的新时代青年，为了追求个人幸福生活，他敢于挣脱封建伦理观念的束缚。他出身于名门贵族，热爱生活，有理想，为了纯洁的爱情，他视死如归，虽赴汤蹈火也在所不辞。朱丽叶是名门闺秀，在同罗密欧相爱之前是一个循规蹈矩、唯命是从的贤淑少女。她热爱生活，天真纯洁，对罗密欧一见钟情。在月夜中，她自言自语，道出了对罗密欧的爱慕与思念；而当心上人突然出现在眼前的时候，她马上放下了少女的矜持，果敢地冲破了封建束缚，抛弃了封建家族观念，大胆地表达了自己的爱情，显示了她是一个坚定果敢的具有时代精神的新女性。但是由于受到不可克服的时代和家族的阻拦，两人必然会被逼上绝路。

其次，是情节（即所谓的“动作”）。爱情是文学作品永恒的主题，古往今来，不知有多少人为之倾倒和献身，用炙热的感情唱出一曲曲爱的挽歌。罗密欧与朱丽叶的爱情受到两个家庭的强烈反对，反而使爱情之火越燃越旺。他们私订终身，并在好心的神父劳伦斯的主持下举行了婚礼。朱丽叶望着身边英俊而多情的罗密欧，心中充满了对未来的憧憬。谁知，罗密欧在街上与凯普莱特的侄子提伯尔特相遇，提伯尔特反对罗密欧与朱丽叶相爱，因此故意挑衅罗密欧，两人发生了格斗，罗密欧杀死了对方，被逐出维洛那城。朱丽叶含泪送别了罗密欧，她的心和情已随着罗密欧去了，她失魂落魄地思念着罗密欧。然而，父亲却逼她忘了这个家族的仇人，逼她嫁给帕里斯伯爵。朱丽叶不敢背叛家族，又不愿意背叛心上人的爱情，她的心被痛苦和矛盾折磨着，左右为难。好心的劳伦斯神父再次帮助朱丽叶，让她吞服安眠药，以假死来搪塞帕里斯的求婚，拖延时间。不明真相的凯普莱特一家人信以为真，伤心地为朱丽叶送葬。这时罗密欧悄悄地潜回了维洛那城，他以为朱丽叶真的死了，急急忙忙地赶到墓地。望着安详的、苍白的、停止了呼吸的朱丽叶，他千呼万唤，悲痛欲绝，他无法离开他心爱的朱丽叶，他无法孤独地、没有爱情地活着，他喝下毒药倒在朱丽叶的身边。可不一会儿，朱丽叶的药性过了，她苏醒过来，惊喜地发现心上人就在身旁，但罗密欧告诉他，他快要死了，朱丽叶抱着他，不相信这一切，然而他一点点瘫软下去。朱丽叶不能离开罗密欧，哪怕赴黄泉，他们也不再分离，便毅然用短剑结束自己的年轻生命。他们拥抱着爱情升入了天国。这样，戏剧情节就以悲剧的发生而被推向了高潮。

最后，是结局。凯普莱特和蒙太古两大家族因罗密欧与朱丽叶双双死亡而和解。两个悲剧人物自由恋爱的理想或理念最终取得了胜利。这就是黑格尔所追求的悲剧冲突的解决方式：随着个别特殊人物的毁灭，永恒的伦理的实体和统一，即自由恋爱的至高理想和理念，又恢复过来了。

B.《西厢记》—— 一部爱情悲喜剧的杰作

故事梗概。《西厢记》是著名元杂剧作家王实甫的代表作，是一部舞台爱情喜剧的举世杰作，描写唐代一个大家闺秀崔莺莺与破落书生张君瑞（张生）一段悲欢离合的故事。前朝崔相国病死，老夫人郑氏携小女崔莺莺，送丈夫灵柩回河北安葬，途中因故受阻，暂住河中府普救寺。一天崔莺莺携丫鬟红娘到殿外玩耍，巧遇赴京赶考的穷书生张君瑞，两人一见钟情。张君瑞为与莺莺再见面，便借宿普救寺，住进西厢房。经过张君瑞闹到场、崔莺莺夜听琴、张君瑞害相思、张君瑞梦莺莺和张君瑞庆团圆五场戏，最后张君瑞考中状元，遂得以与莺莺成婚，使天下有情人终成眷属。下面我们从三个方面来分析：

首先，从《西厢记》的喜剧性来看。《西厢记》以唐代元稹的传奇小说《莺莺传》为底本改编。原本中张生考中状元，抛弃莺莺，以悲剧收场。现在人们会问，原本是悲剧，为何能以喜剧收场呢？

按照黑格尔的观点，如果说在悲剧里，永恒的实体性因素以和解的方式达到胜利，那么在喜剧里，“无限安稳的主体性却占着优势”。而真正的喜剧有三种情况：一是主体认真去行动，最终却以失败收场，因此令人发笑；二是相反的情况，个别人物本想实现实体性目的，但却起了相反的作用，致使这种实体性目的变成单纯的幻想，因此令人发笑；三是由于偶然事故的出现导致情境的复杂化，使人物性格和外在情况都成了戏剧性矛盾，因而令人发笑。但《西厢记》却不是一场单纯的喜剧，而是由悲剧转化而来的喜剧，倒很像黑格尔所归类的正剧。《西厢记》的喜剧成分与悲剧成分夹杂在一起，令人哭笑不得。这可从人物性格、情节和结局三方面来看。

其次，从两个主要人物的性格来看。张生是一贫弱书生，虽有追求恋爱自由的理想，但命运令人担忧，只因生性软弱，并长于幻象、沾沾自喜、自作多情，令人发笑，因此带有喜剧性格。例如，《西厢记》第一本第二折张生与红娘的一场戏：

> 【末(张生)迎红娘祗揖科】小娘子拜揖！【红云】先生万福！【末云】小娘子莫非莺莺小姐的侍妾么？【红云】我便是，何劳先生动问？【末云】小生姓张，名珙，字君瑞，本贯西洛人也，年方二十三岁，正月十七日子时建生，并不曾娶妻……【红云】谁问你来？【末云】敢问小姐常出来么？【红怒云】先生是读书君子，孟子曰："男女授受不亲，礼也。"君子"瓜田不纳履，李下不整冠"。道不得个"非礼勿视，非礼勿听，非礼勿言，非礼勿动"……今后得问的问，不得问的休胡说！【下】【末云】这相思索是害也！

这里张生一出场就被红娘认定是一个"傻角"，这就是张生性格的可笑之处。

莺莺是大家闺秀，虽一方面怀抱恋爱自由情怀，但另一方面又信守封建礼教，因此常常口是心非，让人哭笑不得。例如，《西厢记》第三本莺莺听琴后派红娘问候张生一场：

> 【旦上云】自那夜听琴后，闻说张生有病，我如今着红娘去书院里，看他说甚么。【叫红科】【红上云】姐姐唤我，不知有甚事，须索走一遭。【旦云】这般身子不快呵，你怎么不来看我？【红云】你想张……【旦云】张甚么？【红云】我"张"着姐姐哩。【旦云】我有一件事央及你咱。【红云】甚么事？【旦云】你与我望张生走一遭，看他说甚么，你来回我话者。【红云】我不去，夫人知道不是耍。【旦云】好姐姐，我拜你两拜，你便与我走一遭！

这里莺莺明明是思念张生，但又拘于小姐的身份，假装正经，口是心非，在遭红娘拒绝后才袒露真情，又恳求红娘，令人发笑。

第三，从情节来看。《西厢记》剧本原本并不乏悲剧情节，例如第四本第三折：

【夫人长老上云】今日送张生赴京,十里长亭,安排下筵席;我和长老先行,不见张生小姐来到。

【旦、末、红同上】【旦云】今日送张生上朝取应,早是离人伤感,况值那暮秋天气,好烦恼人也呵!“悲欢聚散一杯酒,南北东西万里程”。

【正宫】【端正好】碧云天,黄花地,西风紧,北雁南飞。晓来谁染霜林醉?总是离人泪。

……

【红云】姐姐今日怎么不打扮?【旦云】你那知我的心里呵?

……

【做(扮作)到】【见夫人科】【夫人云】张生和长老坐,小姐这壁坐,红娘将酒来。张生,你向前来,是自家亲眷,不要回避。俺今日将莺莺与你,到京师休辱末了俺孩儿,挣揣一个状元回来者。【末云】小生托夫人余荫,凭着胸中之才,视官如拾芥耳。【洁云】夫人主见不差,张生不是落后的人。【把酒了,坐】……

【夫人云】小姐把盏者!【红递酒,旦把盏长吁科云】请吃酒!

【上小楼】合欢未已,离愁相继。想着俺前暮私情,昨夜成亲,今日别离。我谂知这几日相思滋味,却原来比别离情更增十倍。

【幺篇】年少呵轻远别,情薄呵易弃掷。全不想腿儿相挨,脸儿相偎,手儿相携。你与俺崔相国做女婿,妻荣夫贵,但得一个并头莲,煞强如状元及第。

【夫人云】红娘把盏者!【红把酒科】……【红云】姐姐不曾吃早饭,饮一口儿汤水。【旦云】红娘,甚么汤水咽得下!

【快活三】将来的酒共食,尝着似土和泥。假若便是土和泥,也有些土气息,泥滋味。

【朝天子】暖溶溶玉醅,白泠泠似水,多半是相思泪。眼面前茶饭怕不待要吃,恨塞满愁肠胃。“蜗角虚名,蝇头微利”,拆鸳鸯在两下里。一个这壁,一个那壁,一递一声长吁气。

【夫人云】辆起车儿,俺先回去,小姐随后和红娘来。【下】……

【旦唱】【四边静】霎时间杯盘狼籍,车儿投东,马儿向西,两意徘徊,落日山横翠。知他今宵宿在那里?有梦也难寻觅。张生,此一行得官不得官,疾便回来。【末云】小生这一去白夺一个状元,正是"青霄有路终须到,金榜无名誓不归"。【旦云】君行别无所谓,口占一绝,为君送行:"弃掷今何在,当时且自亲。还将旧来意,怜取眼前人。"【末云】小姐之意差矣,张珙更敢怜谁?谨赓一绝,以剖寸心:"人生长远别,孰与最关亲?不遇知音者,谁怜长叹人?"

【旦唱】【耍孩儿】淋漓襟袖啼红泪,比司马青衫更湿。伯劳东去燕西飞,未登程先问归期。虽然眼底人千里,且尽生前酒一杯。未饮心先醉,眼中流血,心内成灰。

【五煞】到京师服水土,趁程途节饮食,顺时自保揣身体。荒村雨露宜眠早,野店风霜要起迟!鞍马秋风里,最难调护,最要扶持。

……

【末云】有甚言语嘱咐小生咱?【旦唱】【二煞】你休忧"文齐福不齐",我只怕你"停妻再娶妻"。休要"一春鱼雁无消息"!我这里青鸾有信频须寄,你却休"金榜无名誓不归"。此一节君须记,若见了那异乡花草,再休似此处栖迟。

【末云】再谁似小姐?小生又生此念。【旦唱】……

【收尾】四围山色中,一鞭残照里。遍人间烦恼填胸臆,量这些大小车儿如何载得起?

……

这里的悲剧气氛被描述得淋漓尽致,不禁令人唏嘘。

至于喜剧情节也不乏例证,请看第二本第二折:

【夫人上云】今日安排下小酌,单请张生酬劳。道与红娘,疾忙去书院中请张生,着他是必便来,休推故。【下】【末上云】夜来老夫人说,着红娘来请我,却怎生不见来?我打扮着等他。皂角也使过两个也,水也换了两桶也,乌纱帽擦得光挣挣的。怎么不见红娘来也呵?【红娘上云】老夫人使我请张生。我想若非张生妙计呵,俺一家儿性命难保也呵。

……

【红敲门科】【末云】是谁来也?【红云】是我。

他启朱唇急来答应。

【末云】拜揖小娘子……请书房内说话。小娘子此行为何?【红云】贱妾奉夫人严命,特请先生小酌数杯,勿却。【末云】便去,便去。敢问席上有莺莺姐姐么?……今日夫人端的为甚么筵席?

【红唱】【幺篇】第一来为压惊,第二来因谢承。不请街坊,不会亲邻,不受人情。避众僧,请老兄,和莺莺匹聘。

【末云】如此小生欢喜。

【红】只见他欢天喜地,谨依来命。

……

【末云】小生想来:自寺中一见了小姐之后,不想今日得成婚姻,岂不为前生分定?【红云】姻缘非人力所为,天意尔。

……

【末云】小娘子先行,小生收拾书房便来。敢问那里有甚么景致?

【红唱】【耍孩儿】俺那里有落红满地胭脂冷,休孤负了良辰媚景。夫人遣妾莫消停,请先生勿得推称。俺那里准备着鸳鸯夜月销金帐,孔雀春风软玉屏。乐奏合欢令,有凤箫象板,锦瑟鸾笙。

……

【末云】小娘子先行,小生随后便来。

……

还有第二本第三折:

……【末上见夫人施礼科】【夫人云】前日若非先生,焉得有今日;我一家之命,皆先生所活也。聊备小酌,非为报礼,勿嫌轻意。【末云】"一人有庆,兆民赖之。"此贼之败,皆夫人之福。万一杜将军不至,我辈皆无免死之术。此皆往事,不必挂齿。【夫人云】将酒来,先生满饮此杯。【末云】"长者赐,少者不敢辞。"【末做饮酒科】【末把夫人酒了】【夫人云】先生请坐!【末云】小子侍立座下,尚然越礼,焉敢与夫人对坐。【夫人云】道不得个"恭敬不如从命"。【末谢了,坐】【夫人云】红娘,去唤小姐来,与先生行礼者!【红朝鬼门道唤云】老夫人后堂待客,请小姐出来哩!【旦应云】我身子有些不停当,来不得。【红云】你道请谁哩?【旦云】请谁?【红云】请张生哩?【旦云】若请张生,扶病也索走一遭。【红发科了】【旦上】免除崔氏全家祸,尽在张生半纸书……【旦唱】【乔木查】我相思为他，他相思为我，从今后两下里相思都较可。酬贺间礼当酬贺，俺母亲也好心多。

……

【末见旦科】【夫人云】小姐近前拜了哥哥者！【末背云】呀，声息不好了也！【旦云】呀，俺娘变了卦也！【红云】这相思又索害也。……

【夫人云】红娘看热酒，小姐与哥哥把盏者！……【旦把酒科】【夫人央科】【末云】小生量窄。【旦云】红娘接了台盏者！……【夫人云】再把一盏者！【红递盏了】……

【夫人云】红娘送小姐卧房里去者！【旦辞末出科】【旦云】俺娘好口不应心也呵！……

【末云】小生醉也，告退。夫人根前，欲一言以尽意，未知可否？前者贼寇相迫，夫人所言，能退贼者，以莺莺妻之。小生挺身而出，作书与杜将军，庶几得免夫人之祸。今日命小生赴宴，将谓有喜庆之期；不知夫人何见，以兄妹之礼相待？小生非图哺啜而来，此事果若不谐，小生即当告退。【夫人云】先生纵有活我之恩，奈小姐先相国在日，曾许下老身侄儿郑恒。即日有书赴京唤去了，未见来。如若此子至，其事将如之何？莫若以金帛相酬，先生拣豪门贵宅之女，别为之求，先生台意若何？【末云】既然夫人不与，小生何慕金帛之色？却不道"书中有女颜如玉"？则今日便索告辞。

……

从上述情节来看，张生的懦弱、自作多情等性格被表现得淋漓尽致，这就构成了令人发笑的喜剧气氛。

最后，从结局来看。张生与莺莺虽有性格不足的一面，但因张生得中状元、老妇人又怕莺莺辱没家门而最后做出妥协，致使莺莺与张生的恋情以大团圆的结局收场，而令观众感到轻松愉快，这正是脍炙人口的喜剧效应。

总之，《西厢记》是一部悲喜剧的经典杰作，对我国后世的戏曲作品产生了深远的影响。

(7)表演艺术——电影

①电影的一般特点

电影是一种广受欢迎的表演艺术形式，是由活动影像画面构成的视觉和听觉的现代艺术形式,也是一门可以容纳悲喜剧的艺术品种,并且是融合文学戏剧、摄影、绘画、音乐、舞蹈、文字、雕塑、建筑等多种艺术形式的现代科技与艺术的综合体。电影又是二十世纪以来发展迅速、影响巨大的传播媒体,是政治、经济、文化三位一体的创意产业。特别是受意识形态的影响,电影更成为政治宣传的重要工具。

但电影又具有独自的特征,它在艺术表现力上不但具有其他多种艺术形式的特征,又因可以运用“蒙太奇”(法语:Montage)和“意识流”等艺术性突跃的电影组接技巧,而具有超越其他一切艺术的表现形式,而且影片可以大量复制、放映。随着现代社会的发展,电影已深入人类社会生活的各个方面,是人类精神食粮的不可或缺的一部分。

②电影理论与创作

现代电影理论的具体范围大致可以涵盖三个方面:

A. 电影的本质、本性、本体、基本特征,如电影究竟是什么,电影有别于其他艺术的特质何在,电影艺术语言应是什么样的,电影形式的规律性究竟如何等;

B. 与创作方法相联系的电影理论,如革命现实主义电影理论,社会主义现实主义电影理论,新现实主义电影理论,现代主义电影理论,“新左派”电影理论等;

C. 电影具体创作理论,如电影剧作理论,电影导演理论,电影表演理论,电影摄影理论等。

这里我们只能简单、笼统地加以介绍。二十世纪五六十年代,随着电影研究进入各国大学的课堂,其他学科的学者渐渐对电影艺术感兴趣,而且电影艺术本身的发展从传统时期进入现代时期,电影理论也发生了深刻的变化。其表现是:与传统电影理论注重自身特性的探讨相比,现代电影理论更多的是把电影放在整个人类文化背景中去考察,使电影理论具有了人文科学的性质;与传统电影理论封闭式的研究方法相比,现代电影理论显示出一种开放的特点,运用其他人文科学学科的方法论多角度、多层次地展开电影研究;与传统电影理论通过传统的艺术学和美学概念来探讨电影的一般规律相比,现代电影理论通过一系列逐步形成的特有概念来探讨电影的一般规律。这些都使现代电影理论呈现出一种崭新的面貌。

特别是苏联,从二十世纪六七十年代以来,电影理论研究也有了新的进展。

其主要标志是:突破了以“影像—镜头”或“蒙太奇句子”为出发点的研究方法,而从社会特性和审美特性的角度去研究电影形象的本性;批判吸收西方多学科研究的理论成果,将电影研究与哲学、美学、心理学、社会学、符号学、结构主义、信息论、系统论等学科的方法论结合起来,把电影理论推进到一个新阶段。

电影理论在我国还是一个发展中的学科。二十世纪七八十年代,我国电影理论工作者开始突破以往仅从政治层面和技巧层面研究电影的现象,围绕着“电影非戏剧化”“电影语言现代化”“电影文学性”“电影民族化”“电影观念”“巴赞(法国电影理论家)电影美学实质”等论题进行热烈讨论,把电影研究提高到电影本体的层面上,从而对此后我国电影艺术创作的走向产生了深远的影响。当前,我国广大电影理论工作者正以马克思主义美学观为指导,博采各国电影理论研究之所长,结合我国文化传统和电影创作经验,力求建立具有中国特色的电影理论体系。

回顾历史,匈牙利籍的巴拉兹(1884—1949)试图用马克思主义观点总结第二次世界大战前电影艺术的经验,把电影的新的表现方法归结为四条基本原则:第一,在同一场面中,改变观众与银幕之间的距离,这样就使场面的面积在画格和画面构图的界限内发生了变化;第二,把完整的场景分割成几个部分或几个“镜头”;第三,在同一场面中改变拍摄角度、纵深和“镜头”的焦点;第四,蒙太奇,其含义是,按照一定的顺序把镜头联结起来,其中不仅是各个完整场面的互相衔接,而且还包括最细致的细节画面,这样,整个场面就仿佛是由一大堆形形色色的画面按照时间顺序排列而成的。

苏联著名电影理论家爱森斯坦(1898—1948)在二十世纪二十年代所创立的蒙太奇理论是一种比较丰富而复杂的电影理论,后经不断修改,成为很有影响的定义理论。爱森斯坦同时也是一位有创见的电影导演,他亲自实践了自己的理论构想。爱森斯坦在早期著作里,提出电影中最小的单位是镜头,但认为单个镜头本身是单纯的心理刺激物,只有在同另一个镜头相连接时才产生意义。他指出,“这里的问题在于,我首先被这样一个事实所迷惑,就是两个互不相关的镜头,根据剪辑者的意志而被对列在一起时,就经常不顾它们本身的内容而产生‘某种第三种东西’并且变成互有关联”,提供了“更多地去思考各种对列的可能性,对于被对列的镜头本身,却没有给予应有的分析性的注意”。于是爱森斯坦在接下来改造他的蒙太奇理论时,仍保持他原来对蒙太奇的根本观点:“两个蒙太奇镜头的对列不是二数之和,而更像二数之积[蒙太奇—系统效应——读者郭]——这一事实,以前是正确的,今天看来仍然是正确的。”所不同的是他把重点从形式转向了内容,指出蒙太奇的基本目的和任务是条理贯通地阐述主题、情节、动作、行为,阐述整场戏、整部影片的内部运动,因此在运用蒙太奇手段时,应该注意的是那基本的既能够同等地奠定“镜头内部”内容,也决定这些单独的内容在结构上的相互对列的东西,也就是那总体的、统一的内容。这样来看待蒙太奇,就不论是各个镜头或是它们之间的对列,都有了正确的相互关系。于是爱森斯坦对“对列”作了新的解释:“镜头甲是从所要展示的主题的因素中选取出来的,镜头乙也是以同样的根据选取出来的,但在对列之下,从中却产生了能够最鲜明地体现出主题内容的形象来。”

但与此同时,从二十世纪二十年代起欧美作家受非理性主义的伯格森直觉学说和弗洛伊德潜意识学说的影响,将“意识流”方法应用于小说创作中。意识流的方法打破了传统小说基本上按本事内容呈现的先后次序或者按内容之间的逻辑而展开的构造,反映了审美意识的直觉性、多样性与复杂性。受意识流小说的影响,意识流方法于二十世纪五十年代进入电影作品之中,产生了意识流电影。意识流电影打破了时间、中央的界线,把时间、中央自由地扭结在一起,使电影语言更加丰富和深刻,更能表现人性的复杂内涵。意识流电影的“闪回”“倒叙”却不同,不是为核心事情服务,而是完整地按照人的潜意识的不规矩活动而混在一起的,从而起到深化主题的作用。瑞典导演英格玛·伯格二十世纪五十年代执导的影片《野草莓》、法国导演阿伦·雷乃二十世纪五十年代执导的影片《广岛之恋》、法国著名导演罗贝尔·昂里哥二十世纪七十年代执导的著名影片《老枪》都是典型。于是意识流电影就异军突起,与蒙太奇电影互相影响,共创了现代影视艺术的辉煌。

③实例欣赏:墨西哥经典影片《叶塞尼亚》—— 一曲爱情的赞歌

《叶塞尼亚》的故事发生在十九世纪中叶墨西哥的一个小城。叶塞尼亚是一个吉卜赛姑娘,她像一朵迎风吐艳的野玫瑰,年轻、美丽、纯洁,泼辣多情又不乏自尊。白人军官奥斯瓦尔多上尉偶然遇到了叶塞尼亚,两人一见钟情,演绎了一场充满传奇色彩的荡气回肠、韵味无穷的爱情故事。奥斯瓦尔多与叶塞尼亚相恋后,来到叶塞尼亚所在的部落,请求部落的头人允许他和叶塞尼亚结婚。但让吉卜赛姑娘嫁一个白人,这是头人和其他吉卜赛人所不能准许的。这时,叶塞尼亚的“外婆”玛亨达要求和头人单独谈话。头人知道了其中的秘密，同意叶塞尼亚和奥斯瓦尔多结婚。俩人的婚礼在吉卜赛部落营地按吉卜赛礼节、由吉卜赛头人主持进行。婚后奥斯瓦尔多带着叶塞尼亚搬到了在城里租到的一套舒适住宅里，建立起幸福的小家庭。

而回过头来看，大庄园主胡利奥家中却产生了裂痕，原因是外孙女路易莎的母亲玛丽塞拉同其父亲胡利奥多年不说话，这使路易莎感到迷惑和痛苦。而同时，路易莎又患有严重的心脏病，这也使全家人都感到不安。

奥斯瓦尔多毅然投入墨西哥民主革命将领华莱士的军队，有一次，他因执行任务而被敌人逮捕，被关进监狱，因此同叶塞尼亚失去了联系。更由于奥斯瓦尔多派去给叶塞尼亚送信和钱的战士被害，而叶塞尼亚却不知实情，她在丧失经济来源的困境下，坚持等待自己的丈夫，在忍受了好几个月的贫困、饥饿与痛苦之后，只得跟一个一直爱着她的同部落青年巴尔多回到自己原来的部落。

不久墨西哥民主革命取得了胜利，奥斯瓦尔多被营救出狱，回到教父家中休养，这时妻子叶塞尼亚已经离去，他无法知道妻子的下落。但事有奇巧，奥斯瓦尔多的教父罗曼先生却是路易莎的爷爷。于是，奥斯瓦尔多认识了路易莎。没有多长时间，路易莎以她少女的单纯和热情，热烈地爱上了奥斯瓦尔多，而奥斯瓦尔多在内心却仍然爱着叶塞尼亚，但由于生怕拒绝了路易莎的爱情会加剧她的病情，才决定答应同路易莎结婚。随后在一个偶然的机遇里，路易莎的外婆认出了叶塞尼亚正是由其丈夫胡利奥送给吉卜赛女人玛亨达的另一个亲生外孙女。叶塞尼亚的吉卜赛人“外婆”玛亨达把叶塞尼亚送回胡里奥家中。正是由于刚出生的叶塞尼亚被送人，造成了叶塞尼亚和路易莎的母亲玛丽塞拉同其父胡利奥(叶塞尼亚与路易莎的外公)多年的隔阂。当心地善良的路易莎得知自己的未婚夫竟是自己的亲姐姐叶塞尼亚的丈夫时，她毅然舍弃了自己的爱情，把未婚夫奥斯瓦尔多让给了姐姐叶塞尼亚，同爷爷罗曼先生一起去欧洲旅行和治病，使得叶塞尼亚同奥斯瓦尔多终于夫妻团聚，重新按白人的风俗举行了隆重的婚礼。影片巧妙地运用蒙太奇和意识流等手法，突破时空的限制，使情节快速推进、跌宕起伏、悬念四起，展现了多面人性的精彩画图，令人神魂荡漾，感触多多，回味无穷。

下面我们从影片中的一些经典对话来看看两位主人公的性格。

女主角叶塞尼亚刚出生就被抱走，后在吉卜赛人中长大。她年轻、野性、漂

亮、迷人,但又自尊自重、桀骜不驯。请看一组对话:

叶塞尼亚跳着野性的吉卜赛舞蹈出场,三个白人绅士在一旁观看,其中一个说:"这女人多漂亮!"另一个却说:"你看见他们的头人没有,还有那些吉卜赛人,我们白人要想接近她们这些女人,你就不要想活了……"可先说话的那个白人却说:"谁要不想活,就上去把她搂住,尽管这样我也愿意。"

叶塞尼亚过去要给这几个白人算命,被其中一个白人伸手抱住,于是叶塞尼亚警告说:"从你的眼神看,你就没打好主意,可你这金币还不坏……你看那边腰里别着刀子的十个男人,可是不饶人的……你害怕了,傻小子,别走啊,大老爷,你还是先去买一把薄荷闻一闻,就不会吓得乱哆嗦了。"

男主角奥斯瓦尔多是一名白人军官,他高高的个头,英俊潇洒,狂傲无比,但却突破种族界限,与吉卜赛姑娘叶塞尼亚一见钟情,并执着坚守到底。下面请看两人定情的一组对话:

叶:"我看见一个黑头发的女人,你一定会爱她,她也爱你,爱情会使你们结合……"

奥:"那就看这个女人长得是不是跟你一样美……"

叶:"我看一样。"

奥:"明天下午我在河边等你……"

叶:"当兵的,你不等我啦? 你不守信用。"

奥:"我已经等了三天了。"

叶:"呵呵呵,我没跟你说我要来。那你去哪?"

奥:"我想到你们那去,去找你。非要让你……"

叶:"怎么? 哦,瞧你呀,你要是这么板着脸去,连怀抱的孩子也要吓跑了,哈哈哈。"

奥:"你就是喜欢捉弄人对不对? 我可是不喜欢人家取笑我,我要教训教训你。"

叶:"不,不,放开我,放开! ……我教训教训你,倒霉蛋。你以为对吉卜赛人想怎么着就怎么着,那你就错了。我,我不想再看见你了。听见吗……怎么他流血了? 你这是活该,怪谁呢? 怎么你死了? 不,你这家伙别这样，求求你把眼睛睁开，你知道，你要是死了我就得去坐牢的。”

奥：“你想杀死我？”

叶：“是的，是你逼的我。”

奥：“你就这么讨厌我亲你？”

叶：“只有两相情愿，才能叫人愉快。如果强迫，只能叫人厌恶。”

奥：“好吧，对不起，我不该这样，可这还是你的错。”

叶：“我的错？”

奥：“你没有发现自己长得很美吗？这能怪我吗？”

叶：“你要是再来亲我的话，我就砸碎你的脑袋。我们吉卜赛人说了算。”

奥：“不，我只想看看你眼睛。”

叶：“我，我不是来看你眼睛的，你别胡思乱想了。”

奥：“谢谢。”

叶：“还疼吗？”

奥：“你的手真重，可我心里的创伤比头上的伤还重。没想到我会这么喜欢你。我不像你那么会算命，可我觉得我配得上你。我爱你，吉卜赛人。”

叶：“奥斯瓦尔多，我们必须分手了……”

奥：“必须分手？！为什么？”

叶：“我们的人，绝不会答应的！”

奥：“不，我爱你！不论谁，不论什么，都不能把我们分开！”

叶：“我也爱你！……我爱你！奥斯瓦尔多！”

再看奥斯瓦尔多获救时与战友哈克的对话：

哈：“你自由了，奥斯瓦尔多，我们胜利了！”

奥：“我以为等不到这一天了，艾考。叶塞尼亚呢？她在哪？……怎么了？怎么了？你说呀！”

哈：“叶塞尼亚，她走了，她等不下去了。”

奥：“这是不可能的，我托人把钱给了她，还给她写过信呢！”

哈:“这个我不知道。……她带着自己的东西走了。”

奥:“跟谁?”

哈:“一个吉卜赛人。”

还有奥斯瓦尔多与叶塞尼亚别后重逢时的一段对话:

奥斯瓦尔多:“看看我的手纹,你可以看到我一片真心地爱过她,可是那个女人背叛了我,抛弃了我。”

叶塞尼亚:“我却看到你虚伪地抛弃了别人,抛弃了把全部生命都给了你的女人。”

奥斯瓦尔多:“撒谎!那个女人跟别人走了。”

叶塞尼亚:“她曾经爱过你,可实在等不下去了,她就带着自己的东西回去了。”

奥斯瓦尔多:“他给你写过信,还稍过钱。”

叶塞尼亚:“要是撒谎的话,那就是你。你一走就毫无音信,我饿着肚子在等你。”

奥斯瓦尔多:“我发誓,我说的是真话。你听我说,叶塞尼亚,上校交给我一个机密的任务,可我被捕了,关了好几个月。我无时无刻不在想念着你。”

叶塞尼亚:“奥斯瓦尔多……”

最后还有叶塞尼亚同亲生母亲玛丽塞拉说的话:

叶塞尼亚:“好吧,你一定让我说,我就全说了吧。我到这儿来并不是你所想的那样,来寻求什么家庭温暖,而是要把早就属于我的都要回来,可路易莎却要把它们夺走……奥斯瓦尔多……他是我的丈夫。”

从上面的经典对话中我们可以充分看出吉卜赛姑娘野性的浪漫与珍重、白人青年军官的狂傲与不羁,更可以充分看出叶塞尼亚与奥斯瓦尔多两人的爱情是多么离奇而真诚,充分体现了人性的善良和崇高,这里只有真挚的爱情和丰富、坚定的个性,而没有任何种族主义和等级观念的色彩,给人以极大的精神享受和深刻的道德启示。

(8)语言艺术——小说

黑格尔的《美学》虽然没有小说论,但却在艺术理想的“定性”或“特殊性”中详细论述了文艺作品的时代背景、人物性格、戏剧情节、戏剧冲突、冲突的解决等重要艺术理论问题，这些问题完全适用于小说的创作与欣赏。小说是以刻画人物为中心，通过完整的故事情节和具体的环境描写反映社会生活的一种文学体裁，属于语言艺术。小说有三个要素：典型环境、人物形象、故事情节。故事情节又可以分为开端、发展、高潮、结局四个阶段。

①一般理论

A. 艺术的本质

按黑格尔说法：艺术品是“作为人的活动的产品”，即作为“自由人”和“主体”的人的“心灵的产品”或“心灵的表现”，而心灵也就是“精神”，因此艺术品同时也就是人的“精神产品”，所以艺术“属于心灵的绝对领域”，而艺术美的根本特性是“自由性”，因为“美本身却是无限的，自由的”。

B. 艺术理想

黑格尔所谈的是“艺术的理想”，实际就是美的理想，它构成了黑格尔艺术理论的核心部分，主要归纳为四个方面。

第一，是理想本身（美的个性）。在黑格尔看来，既然美是理念的感性显现，而理念就是观念性的统一体或灵魂的统一体，于是他认为“灵魂集中在眼睛里”，灵魂不仅通过眼睛去看外面的事物，而且还要通过眼睛给别人看见。艺术把它的每一个形象（身体形状、面容、行动、事迹、语言、声音等）都化成眼睛，“人们从这眼睛里就可以认识到内在的无限的自由的心灵”。其中小说是语言艺术，就是供眼睛阅读和耳朵听的。黑格尔要求：一，艺术作品通体要有生气灌注，通过眼睛直通心灵或灵魂；二，艺术要把现象中不符合概念的东西清洗出去；三，艺术理想的本质就是使外在事物还原到心灵性的事物，使外在现象符合心灵，成为心灵的表现，因此理想就是从个别偶然的东西中拣回来的现实，显现为“活的个性”，即他在《精神现象学》中所说的“这一个”，即今天所说的“典型”。但这种作为内容的理想与作为外在因素的形象（形式）是密不可分的。这种外在因素这就是典型人物的外在表现，包括自然风景、人的面貌和表情等。他认为，这些外在因素都是“经过心灵［精神］掌握的东西”，都受到“心灵［精神］渗透和影响的”，因此是“观念化过的”。

第二，是一般世界情况与具体情境。一般的世界情况，即人们所说的时代背景或时代精神；具体情境是世界情况的特殊化，其中包括冲突。

第三，是动作（即情节）。有了产生冲突的环境，就必定会产生动作，而动作（情节）就表现为各种理想性的旨趣的互相斗争，这种斗争是艺术的伟大动力，如为家庭、祖国、荣誉、爱情而奋斗等。而动作的中心就是人物性格。而人物性格则是“这一个”，即典型，具有丰富性、个性和坚定性。

第四，是小说的特点。与戏剧相比，小说至少有以下几个特点：一是不受空间环境的限制，可以随便改换场景；二是不受时间长短限制，短篇小说时间跨度可少至几天，长篇小说时间跨度长度可多至几十年；三是可用文字直接对人物作形象和心理描写；四是语言不受韵律限制。

总之，黑格尔的文艺理论完全符合恩格斯给文艺创作的现实主义方法所下的经典定义：“现实主义的意思是，除细节的真实外，还要真实地再现典型环境中的典型人物。”

C. 实例赏析：《静静的顿河》（长篇小说：人性的扭曲的悲剧）与《红高粱》（中篇小说：生命悲剧的赞歌）。

a.《静静的顿河》—— 一曲人性扭曲的悲歌

《静静的顿河》是诺贝尔文学奖获得者、苏联著名作家肖洛霍夫的长篇巨著，是一部具有史诗意义的伟大悲剧。肖洛霍夫因该作品获得了 1965 年诺贝尔文学奖，震惊了世界文坛，诺贝尔奖评委会的颁奖词是：“由于这位作家在那部关于顿河流域农村之史诗作品中所流露的活力与艺术热忱——他借这两者在那部小说里描绘了俄罗斯民族生活之某一历史层面。”但苏联文学评论界和我国文学评论界历来对其评价多有分歧，究其原因是该作品有许多费解之处，就像作者肖洛霍夫在给读者打哑谜一般。首先，我们来看故事梗概。

在紧靠顿河边上的鞑靼村，有三百户人家，绝大多数都是哥萨克族人。麦列霍夫家住在村头，北面靠着顿河。潘苔莱（老麦列霍夫的儿子）的小儿子葛利高里身强力壮、勤劳英俊，而略带野性。他爱上了邻居司杰潘的妻子阿克西妮娅，阿克西妮娅勤劳泼辣，但常受到丈夫虐待，缺少家庭温暖，更不用说爱情。所以她在司杰潘入营去参军期间爱上了葛利高里，并与他秘密同居。司杰潘回家后得知此事，不仅毒打了妻子，还与葛利高里爆发了一场恶斗，但仍阻止不了这对情人的暗中来往。潘苔莱为了拴住儿子的心，为他娶了勤劳善良的邻村姑娘娜塔莉雅为妻，但葛利高里并不爱自己的妻子，还是暗恋着阿克西妮娅，甚至与她私奔，到远处一地主家打工，弄得妻子娜塔莉雅羞愧难当，差点自杀身亡。葛利高里入伍后回家休假，发现阿克西妮娅与地主少爷通奸，愤而回到自己家里，与妻子和好，不久娜塔莉雅为他生了一男一女的双胞胎。

工人出身的施托克曼到鞑靼村安家，他参加过 1905 年的革命，是一个布尔什维克。他以铁匠铺为据点，把贫穷的哥萨克群众聚集在一起，向他们灌输革命思想，并成立了一个有 10 个哥萨克人参加的核心小组。

第一次世界大战爆发，葛利高里应征入伍，在战斗中勇敢杀敌，被授予十字勋章。后来他负伤住进医院，在医院里，遇见机关枪手、布尔什维克贾兰沙，贾兰沙向葛利高里尖锐揭露帝国主义战争的实质，动摇了葛利高里对沙皇、祖国和哥萨克军人天职的信念。但重返前线时，他却仍然保持着哥萨克传统，勇敢疯狂、忘我战斗。他的心肠变硬了，开始冷淡蔑视地玩弄别人和自己的生命，因而得到了许多勋章和奖章。这时工人出身的布什维克彭楚克在军队中宣传列宁主义，主张让俄国在战争中失败，建立无产阶级专政，致使前线士兵处于瓦解状态。不久，俄国爆发二月革命，推翻了沙皇的统治，克伦斯基组成了临时政府。接着，列宁领导十月革命取得胜利，建立了苏维埃政权。这年 12 月，沙皇军官科尔尼洛夫、邓尼金等人想依靠顿河哥萨克人的支持，建立一个顿河流域自治政府，结果许多人加入了反革命武装。国内战争开始了，顿河流域成为革命与反革命争夺的战场，遭到了前所未有的灾难和痛苦，而鞑靼村的哥萨克族人，一些倒向红军，另一些则倒向白军。

葛利高里与哥哥彼得罗都成为红军军官，但彼得罗心狠手辣，滥杀无辜。葛利高里看到彼得罗下令处死全部俘虏时，眼睛充满了泪水，他曾向往布尔什维克的心，开始犹豫和冷却。于是他不辞而别，决定回家养伤。苏维埃政权接管了村子。此时他对阿克西妮娅已无恋情，而对娜塔利亚渐生好感。不久，反革命叛军又来到鞑靼村，打退了红军，鞑靼村又被叛军占领了，葛利高里被选为村哥萨克军事头目，开始与红军作战。但葛利高里却厌倦了战争，又返回了鞑靼村，这时他对娜塔利亚冷淡下来，在返回部队前，他在顿河边上遇见婀克妮西亚，两人相视许久，又燃起了爱情的火花。

不久村苏维埃政权建立，大批红军被派过来，击退了叛军，苏维埃政府向富户摊派军粮，村里传遍要把哥萨克族人全部消灭的消息，沿岸各村庄的哥萨克族人开始暴动起来了。葛利高里怀着盲目的仇恨，决心要把红军从哥萨克土地上驱逐出去，可他心里又发生着矛盾：这是财主和穷人的斗争，并不是哥萨克和俄罗斯的斗争……但是他又狠狠地赶走了这些念头。在他的哥哥彼得罗被红军杀死后，他变得凶狠残暴，他竟把抓到的30个红军俘虏全部杀掉为彼得罗报仇。在叛军里，他由团长升为师长，望着这支大部队，他想：我率领他们去反对谁呢？谁是对的呢？在一次战斗中，他砍死了4个红军，然而自己却突然倒在雪地上哭泣起来，喊叫着："我杀死的是什么人呀？弟兄们，不能饶恕我！为了上帝，砍死我吧……"此后，他带着负罪心情，释放了被关押的200多名红军家属，营救被俘的红军朋友，并用酗酒和放荡来驱逐自己沉重的精神负担。他想带着阿克西妮娅随白军逃往海外，但未成功。又带着赎罪感参加红军布琼尼骑兵师，任连长。在与白军作战的过程中他表现英勇，由此受到了嘉奖，不久，复员回到了鞑靼村。这时，葛利高里的家完全变了样，父母、妻子都已死了，妹妹杜妮亚和村苏维埃主席珂晒沃依结了婚，孩子由阿克西妮娅带着。珂晒沃依坚持要葛利高里去苏维埃政权登记，但他惧怕肃反委员会清算旧账，再度出走，被迫加入了从红军中叛变出来的弗明的队伍。1922年春，弗明想组织起哥萨克人叛乱，但叛乱很快被镇压了。而葛利高里则回家找到阿克西妮娅，带着她骑马潜逃，阿克西妮娅在逃跑途中中弹身亡，他用战刀挖坑把恋人阿克西妮娅埋葬后，像狼一样在森林里流浪。最后，他回到村里，孤独地站在自家的门口，抱住了儿子，他不愿再失去这世上唯一的亲人。但等待他的却是苏维埃政权的无情惩罚。

这里我们看见了一部因主人公的人性扭曲所造成的史诗般的悲剧。造成这部悲剧的是二十世纪初俄罗斯所处的国内外社会环境。一是第一次世界大战，这场大战是欧亚资本主义列强争夺殖民地和世界贸易霸权的战争，根本没有正义可言，正是这场战争打乱了俄罗斯顿河沿岸哥萨克人民自由自在的平静生活，他们都是些无辜的人，却被迫抛妻离子上了前线。二是十月革命后的国内战争也给顿河两岸的哥萨克人民带来了巨大的灾难。

其次，我们来看人物性格。

《静静的顿河》的两个主人公是格里高利和阿克西妮娅，故事以这一男一女的悲欢离合为主轴展开，演绎了一场轰轰烈烈、可歌可泣的爱情悲剧。

葛利高里原本是一个生龙活虎的哥萨克青年,他从小热爱劳动,有敏锐的感受力、深厚的同情心和丰富的内心世界,他尊敬父母,热爱乡土,当然也自幼受到哥萨克习俗与偏见的深刻影响。由于第一次世界大战和残酷的国内战争,他那颗原本单纯善良的心变得不再单纯,当他亲眼看见交出了武器的波得捷尔珂夫、彭楚克等七十多名布尔什维克被残酷地绞杀枪毙时,他的眼里再没有泪水,他的心已经被灌进了仇恨的黑水,正如书中所说,葛利高里的生活变得像野火烧过的草原一样黑了,已经不再战栗、不再刺痛了,“那种对人类的痛惜心情”,在残酷的对抗中渐渐消退,取而代之的是一种对自己和别人生命的冷淡和蔑视。总之是帝国主义的第一次世界大战和残酷的国内战争的时代背景把原本善良、幼稚、鲁莽的葛利高里推向了人性扭曲的悲剧人生之路。环境改变人,这大概是铁律吧!

我们再从主人公的爱情生活方面来看其性格。葛利高里与阿克西妮娅、娜塔莉雅的爱情婚姻关系贯穿主人公的一生。哥萨克族人在对待妇女的态度上在很大程度上掺杂着对妇女的占有欲。而葛利高里对于阿克西妮娅,在其丈夫司杰潘面前就有一个“好强心”问题。他甚至用对待妇女的这种占有态度来比喻他们的战争:“我们是为土地打仗,就像为一个姑娘打仗一样。”葛利高里与阿克西妮娅的关系一开始完全是一种戏谑、乱伦的关系,最后由于他与娜塔莉雅结婚后,婚后生活使他失望,他才意识到跟阿克西妮娅的旧情还没有断绝,就像心上留着“一根刺”一样。最后他由一开始的激情占有而产生了爱情,终于使他与阿克西妮娅旧情复发,并双双逃出家园。这样他就抛弃了自己做丈夫的责任,为最后的悲剧结局种下了一粒苦果。而娜塔莉雅第一次见到葛利高里时就爱上了他,嫁给葛利高里是她心甘情愿的,娜塔莉雅勤劳、善良、淳朴、贤惠,保持着对自己真实感情的贞节忠守。而葛利高里对于娜塔莉雅开始时还总想承担丈夫的责任,当他发现自己与阿克西妮娅在心里还是藕断丝连时,对于来自阿克西妮娅“酸溜溜”的挑逗,他总是用含含糊糊的话应付过去。但最后当阿克西妮娅背叛了葛利高里,葛利高里才又爱上了娜塔莉雅。可是葛利高里那种对感情的含糊与摇摆使他又与阿克西妮娅重归于好,葛利高里与阿克西妮娅之间裹挟着戏谑、肉欲、乱伦、癫狂的爱情关系,既是作为一个哥萨克族人的创造力和自由精神以及声名观念的体现,又是导致娜塔莉雅身亡的原因。它与两场残酷的、灭绝人性的战争交融在一起，共同酿成了葛利高里、阿克西妮娅、娜塔莉雅无可挽回的爱情悲剧的命运。

最后，我们来看结局。《静静的顿河》的结局没有任何悬念：娜塔利雅被葛利高里抛弃，在绝望中堕胎，死于大流血，成了爱情的牺牲品；阿克西妮娅誓死跟随葛利高里，在逃避红军的追杀时被子弹打中，死在葛利高里的怀里；葛利高里像狼一样流窜，最后不得不回家与自己的儿子相聚，但布尔什维克政权绝不可能饶恕他，等待他的只能是苏维埃政权对他的屠杀。但回过头来看，主人公的悲剧下场虽然不可避免，但作者的内心情感和诉求却成了千古之谜。

b.《红高粱》—— 一曲生命悲剧的赞歌

莫言(1955—)，生于山东高密，中国当代著名作家。香港公开大学荣誉文学博士，青岛科技大学客座教授。他二十世纪八十年代以乡土作品崛起，充满着"怀乡"以及"怨乡"的复杂情感，被归类为"寻根文学"作家，作品深受魔幻现实主义影响。莫言在小说中构造独特的主观感觉世界，天马行空的叙述，陌生化的处理，塑造神秘超验的对象世界，带有明显的"先锋"色彩。2012 年 10 月 11 日，莫言因其作品"用魔幻现实主义将民间故事、历史和现代融为一体"获得诺贝尔文学奖。中篇小说《红高粱》是其代表作之一。

我们先看小说的故事情节。《红高粱》是通过第一人称讲述了"我奶奶"戴凤莲和"我爷爷"余占鳌的故事，借用意识流的表现方法，以时空错乱的顺序，叙述了昔日发生在山东高密某乡村的一曲生命的颂歌。小说中的"我奶奶"和"我爷爷"，浑身上下焕发着旺盛的生命力："我奶奶"戴凤莲十六岁那年，"已经出落得丰满秀丽，走起路来双臂挥舞，身腰扭动，好似风中招展的杨柳"。她"渴望躺在一个伟岸的男子怀抱里缓解消除孤寂"，可谁知贪财的父亲却把她嫁给了富甲一方的单家患有麻风病的儿子单扁郎，致使一个年轻生命刚刚结出花蕾，就面临凋零。这时"我爷爷"出场了，我"我奶奶"的美丽"唤醒了他心中伟大的创造新生活的灵感"，他劫走了三日后回娘家的"奶奶"，俩人以原始炽烈的生命热情，在红高粱地里翻云覆雨，共享生命的欢乐与灿烂，共播生命的种子。接着"我爷爷"在"我奶奶"回门时杀了单家父子，终于和"我奶奶"生活在了一起，从此"我奶奶"像鲜花一样饱满地开放了。可日本人说来就来，使一对情侣的生命为了民族大义，而和抗战联系在一起。管家刘罗汉大爷为保护"我奶奶"和她家的财产被日本人剥皮杀害，“我奶奶”端出纪念刘罗汉大爷的血酒，让已经成为民间土匪武装司令的“我爷爷”余占鳌喝下，去打日本人。战争是悲壮而惨烈的，“我爷爷”带着儿子豆官（“我父亲”），扛着土炮，在日本兵的枪林弹雨中英勇厮杀。“我奶奶”为给“我爷爷”他们送饭，而血染战场，最后壮烈牺牲，临终前她仰望天空，为自己这样激情地走过一生而感谢上苍。小说中的“我奶奶”和“我爷爷”完全不像以往的革命战争小说中的英雄形象，为了理想信念，为了国家民族去战斗去献身，而是在生命力的驱动下，去生活、恋爱、繁殖、杀人、越货、抗日、牺牲。他们为解放生命而活，又为生命解放而死，无“是”无“非”，但在抗日这一民族大义上却不含糊，敢作敢为，演绎了一场超越意识形态的拼死搏斗的壮烈悲剧，他们可以说是生命意识层面上的“草莽英雄”。马克思曾高度赞扬人所赋有的自然力和生命力，而小说《红高粱》正是一曲生命悲剧的赞歌。

我们再看人物性格。小说《红高粱》塑造了许多个性鲜明的人物形象，这里我们主要分析两位主人公的性格。

“我奶奶”戴凤莲，是女中豪杰，生性多情、豪爽、义气、机智、刚烈、勇敢、视死如归。她有如下性格：

一是多情的恋爱观。奶奶被单家看中后曾“盼着有一个识字解文、眉清目秀、知冷知热的好女婿”。“但从女伴的话语中隐隐约约听到单家公子是个麻风病患者，奶奶的心凉了”，“奶奶想这一双乔乔金莲，这一张桃腮杏脸，千般的温存，万种的风流，难道真要由一个麻风病人去消受？如其那样，还不如一死了之”。而当她被蒙面的余占鳌劫走后，到了高粱地里余占鳌撕掉蒙面黑布露出真面目时，她又惊喜起来：“是他！奶奶暗呼苍天，一阵类似幸福的强烈震颤冲激得奶奶热泪盈眶。”接着就是两个主人公痛快淋漓的野合，这就是“我奶奶”的爱情追求。

二是英雄气概。在作者看来，“我奶奶也应该是抗日的先锋，民族的英雄”，而且，“我奶奶什么事都敢干，只要她愿意。她老人家不仅仅是抗日英雄，也是个性解放的先驱，妇女自立的典范”。例如，作者去高密调查时，遇到村里一个九十二岁的老太太唱快板道：“东北乡，人万千，阵势列在墨河边……女中魁首戴凤莲，花容月貌巧机关，调来铁耙摆连环，挡住鬼子不能前……”可见“我奶奶”的英雄事迹已传颂十里八乡。

三是机智。“一个鬼子兵慢慢向奶奶面前靠。父亲看到这个鬼子兵是个年轻漂亮的小伙子，两只大眼睛漆黑发亮，笑的时候，嘴唇上翻，露出一只黄牙。奶奶趺趺撞撞地往罗汉大爷身后退。罗汉大爷头上的白口子里流出了血，满头挂色。两个日本兵笑着靠上来。奶奶在罗汉大爷的血头上按了两巴掌，随即往脸上抹两抹，又一把撕散头发，张大嘴巴，疯疯癫癫地跳起来。奶奶的模样三分像人七分像鬼。日本兵愕然止步。小个子伪军说：‘太君，这个女人，大大的疯了的有。’”

四是豪爽和义气。土匪司令“我爷爷”与国民党系抗日支队冷队长谈判联合伏击日军，“八仙桌上，明烛高烧，余司令和冷队长四目相逼，都咻咻喘气。奶奶站在他们二人当中，奶奶左手按着冷支队长的左轮枪，右手按着余司令的勃朗宁手枪。奶奶说：‘买卖不成仁义在嘛，这不是动刀动枪的地方，有本事对着日本人使去。’”随后奶奶举酒说：“这酒里有罗汉大叔的血，是男人就喝了，后日一起把鬼子汽车打了，然后你们就鸡走鸡道，狗走狗道，井水不犯河水。”奶奶说着，咕咚咕咚把酒喝了。这种豪爽、义气的性格不能不给读者留下深刻的印象。

五是刚烈。“奶奶胸口里，揣着一把锋利的剪刀，它可能是为单扁郎准备的，也可能是为自己准备的。”成亲那天夜里她见到患麻风病的单扁郎时，“他站起来，对着奶奶伸出一只鸡爪状的手，奶奶大叫一声，从怀里摸一把剪刀，立在炕上，怒目逼视着那男人”，吓得那麻风病男人再没敢动弹。这种刚烈的性格跃然纸上，令人由衷敬佩。

六是勇敢。奶奶听到余司令让她给队伍送饼，就喊：“乡亲们，回去凑面擀饼吧。”待饼做好，奶奶挑着一担饼，王文义的妻子挑着两桶绿豆汤，匆匆地往墨水河大桥赶。她们本来想斜穿高粱地，直插东南方向。但走进高粱地后，才发现挑着担子寸步难行。奶奶说：“嫂子，走直路吧，慢就是快。”于是我奶奶挑着一担饼，王文义妻子挑着一担绿豆汤，轻松地望见了墨水河中凄惨的大石桥。奶奶欣慰地对王文义妻子说：“嫂子，总算挨到了。”这时日本人的三挺歪把子机枪架在汽车顶上，枪声沉闷，像雨夜中阴沉的狗叫。父亲眼见着我奶奶胸膛上的衣服啪啪裂开两个洞，奶奶欢快地叫了一声，就一头栽倒，扁担落地，压在她的背上。对一个农村妇女来说，为了抗日，这是何等的勇敢的精神！

七是视死如归。奶奶虽然受伤倒下了，但“奶奶幸福地看着在高粱阴影下，她与余司令共同创造出来的我父亲那张精致的脸，逝去岁月里那些生动的生活画面，像奔驰的走马掠过了她的眼前”，“奶奶极力想抬起手臂，爱抚一下我父亲的脸，手臂却怎么也抬不起来了。奶奶正向上飞奔，她看到了从天国射下来的一束五彩的强光，她听到了来自天国的，用唢呐、大喇叭、小喇叭合奏出的庄严的音乐”，最后，“奶奶高喊：我的亲人，我舍不得离开你们！”“奶奶完成了自己的解放，她跟着鸽子飞着，她的缩得只如一只拳头那么大的思维空间里，盛着满溢的快乐、宁静、温暖、舒适、和谐”。奶奶心满意足，她虔诚地说：“天哪！我的天……”“奶奶躺在高粱下，脸上印着高粱的暗影，脸上留着为我爷爷准备的高贵的笑容”。在那个时代，一个血性的农家女人虽然没有什么知识，更没有什么远大的政治理想，但在民族大义面前表现出来的是多么崇高的精神品格啊！

“我爷爷”余占鳌，是土生土长的庄稼汉，既没有感受到阶级、阶级压迫与阶级斗争，更没有被灌输过革命思想，他像所有高密乡下的男子汉一样，胸中燃烧着的只是生命的冲动，心中唯一的追求就是活着、爱情、生育和奋斗。如小说所描写的：“我的爷爷……他就是余占鳌余司令。那时候他二十啷当岁，是东北乡打棺抬轿这行当里的佼佼者……我爷爷辈的好汉们，都有高密东北乡人高粱般鲜明的性格。”其中主要是余占鳌这个人物的爱情、粗鲁、仗义、倔强、勇敢等性格特点。

一是他的爱情性格特点。迎亲队伍走在高粱小径上，已不像迎亲的队伍，倒像送葬的仪仗。小说描写道：“在奶奶脚前的那个轿夫——我后来的爷爷余占鳌，他的心里，有一种不寻常的预感，像熊熊燃烧的火焰一样，把他未来的道路照亮了。奶奶的哭声，唤起他心底早就蕴藏着的怜爱之情。”“轿夫们中途小憩，花轿落地。奶奶哭得昏昏沉沉，不觉把一只小脚露到了轿外。轿夫们看着这玲珑的、美丽无比的小脚，一时都忘魂落魄。余占鳌走过去，弯腰，轻轻地，轻轻地握住奶奶那只小脚，像握着一只羽毛未丰的雏鸟，轻轻地送回轿内……余占鳌就是因为握了一下我奶奶的脚唤醒了他心中伟大的创造新生活的灵感，从此彻底改变了他的一生，也彻底改变了我奶奶的一生。”这是多么令人赞美的原始的爱情冲动。

二是他的粗鲁性格。“我爷爷”余占鳌出于对“我奶奶”的同情与爱，在她回门的路上把她劫走。然后以粗暴的方式占有了她：“余占鳌把大蓑衣脱下来，用脚踩断了数十棵高粱,在高粱的尸体上铺上了蓑衣……奶奶心头撞鹿,潜藏了十六年的情欲,迸然炸裂。奶奶在蓑衣上扭动着。余占鳌一截截地矮,双膝啪嗒落下,他跪在奶奶身边,奶奶浑身发抖……余占鳌粗鲁地撕开我奶奶的胸衣,让直泻下来的光束照耀着奶奶寒冷紧张、密密麻麻起了一层小白疙瘩的双乳上。在他的刚劲动作下,尖刻锐利的痛楚和幸福磨砺着奶奶的神经,奶奶低沉喑哑地叫了一声'天哪……'就晕了过去。"

三是仗义。"毛驴高亢的叫声,钻进高粱地里来,奶奶从迷荡的天国回到了残酷的人世。她坐起来,六神无主,泪水流到腮边。她说:'他真是麻风。'爷爷跪着,不知从什么地方抽出一柄二尺多长的小剑,噌的一声拔出鞘,剑刃浑圆,像一片韭叶……爷爷说:'三天之后,你只管回来!'奶奶大惑不解地看着他。爷爷穿好衣。奶奶整好容。奶奶不知爷爷又把那柄小剑藏到什么地方去了。爷爷把奶奶送到路边,一闪身便无影无踪。"结果"我爷爷"为了爱情杀掉了单家父子,变成了杀人犯。

四是倔强。国民党系的冷支队长要收编余司令的队伍,余占鳌怒骂:"舅子,你打出王旅的旗号也吓不住我。老子就是这地盘上的王,吃了十年饼,还在乎王大爪子那个驴日的!"冷支队长冷冷一笑,说:"占鳌兄,兄弟也是为你好,王旅长也是为你好,只要你把杆子拉过来,给你个营长干。枪饷由王旅长发给,强似你当土匪。""谁是土匪?谁不是土匪?能打日本就是中国的大英雄。老子去年摸了三个日本岗哨,得了三支大盖子枪。你冷支队不是土匪,杀了几个鬼子?鬼子毛也没揪下一根。"余司令的倔强性格掷地有声。

五是勇敢。余占鳌为了抗日建立起农民武装,那时候,余司令牵着他儿子的手在高粱地里行走,三百多个乡亲叠股枕臂、陈尸狼藉,流出的鲜血灌溉了一大片高粱……余司令大喊一声:"日本狗!狗娘养的日本!"从此他为了民族正义出生入死、勇往直前。现在余司令看见日军车队来了,就对大家说:"丑话说到前头,到时候谁要草鸡了,我就崩了他。咱要打出个样子来给冷支队看看,那些王八蛋,仗着旗号吓唬人。老子不吃他的,他想改编我?我还想改编他呢!"待日军车队上大桥,"枪弹压住了爷爷和爷爷的队伍。有几个不慎把脑袋露出堤面的队员已经死在了堤下。爷爷怒火填胸。汽车全部上了桥,机枪子弹已飞得很高。爷爷说:'弟兄们,打吧!'……随着爷爷的枪声,道路东西两边的河堤后,响起了几十响破烂不堪的枪声，又有七八个日本兵倒下了”。这是一场血腥的伏击战，“我爷爷”表现得英勇顽强，充分体现了中华民族的民族大义，体现了他的英雄本色，可歌可泣。

最后我们看看故事结局。小说《红高粱》表现的无疑是一场悲剧，它至少表现为以下几点：首先，在这场生死存亡的民族斗争中，普通的高密农村遭受了沉重的灾难，村民家园被毁坏，生命遭杀戮；其次，“我爷爷”余占鳌的爱侣“我奶奶”戴凤莲牺牲，使他感受到切肤之恨；第三，余占鳌本人虽然大难不死，但由于失去战友和爱人，而在心中留下了永久的创伤。可以说，这场悲剧是日本帝国主义发动的侵华战争给中国人民造成的世纪悲剧的一个缩影。因此我们要感谢小说作者给我们创作的这曲惊天动地的生命悲歌。

第八章 社会美

中国古代儒家经典《礼记》中说："大道之行也，天下为公。选贤与能，讲信修睦，故人不独亲其亲，不独子其子，使老有所终，壮有所用，幼有所长，矜寡孤独废疾者，皆有所养。男有分，女有归。货恶其弃于地也，不必藏于己；力恶其不出于身也，不必为己。是故，谋闭而不兴，盗窃乱贼而不作，故外户而不闭。是谓大同。"马克思说："社会的性质是整个[共产主义]运动的一般性质；正像社会本身创造着作为人的人一样，人也创造着社会。[人的]活动及其成果的享受，无论就其内容或其存在方式来说，都是社会的，是社会的活动和社会的享受。自然界的属人的本质只有对社会的人说来才是存在的；因为只有在社会中，自然界对人说来才是人与人联系的纽带，才是他为别人的存在和别人为他的存在，才是人的现实的生活要素；只有在社会中，自然界才是人自己的人的存在的基础。只有在社会中，人的自然的存在对他说来才是他的人的存在，而自然界对他说来才成为人。因此，社会是人同自然界的完成了的本质的统一，是自然界的真正复活，是人的实现了的自然主义和自然界的实现了的人本主义。"(《手稿》，第 75 页)可见中国古代先贤的大同社会理想与马克思的社会主义共产主义社会理想有很大的相似性。

不过这里要区分两种关系：一是人与自然之间的关系，这里是人本主义；二是人与人之间的关系，这里是人道主义。而自由自觉的劳动是这两种关系的核心，没有劳动就不会发生人与自然的关系，没有劳动也不会发生人与人的关系，而没有人与人之间的社会关系就没有社会美。现在我们着重考察人与人之间的社会关系。按照马克思的唯物史观，人与人之间的社会关系，属于生产关系的范畴，包括：1. 生产资料的所有制形式，即劳动资料和劳动对象归谁所有；2. 人们在生产过程中形成的地位及相互关系；3. 由以上两个关系形成的分配、交换、消费关系，其中生产资料的所有制形式起主要作用。马克思在《政治经济学批判》序言中表述说："人们在自己生活的社会生产中发生一定的、必然的、不以他们的意志为转移的关系,即同他们的物质生产力的一定发展阶段相适合的生产关系。这些生产关系的总和构成社会的经济结构,即有法律的和政治的上层建筑竖立其上并有一定的社会意识形态与之相适应的现实基础。物质生活的生产方式制约着整个社会生活、政治生活和精神生活的过程。不是人们的意识决定人们的存在,相反,是人们的社会存在决定人们的意识,社会的物质生产力发展到一定阶段,便同它们一直在其中活动的现存生产关系或财产关系(这只是生产关系的法律用语)发生矛盾。于是这些关系便由生产力的发展形式变成生产力的桎梏。那时社会革命的时代就到来了。随着经济基础的变更,全部庞大的上层建筑也或慢或快地发生变革……无论哪一个社会形态,在它们所能容纳的全部生产力发挥出来以前,是决不会灭亡的;而新的更高的生产关系,在它存在的物质条件在旧社会的胎胞里成熟以前,是决不会出现的……大体说来,亚细亚的、古代的、封建的和现代资产阶级的生产方式可以看作是社会经济形态演进的几个时代。"应当说,马克思的社会历史理论不仅蕴藏着精深的内容,而且具有恢宏的气势,其中的一些基本原理至今仍不乏现实意义。

人类数千年的历史发展已经证明了马克思的理论的正确性,现在我们就来看一下具有普遍意义的人类理想,正是这些理想体现了人类社会的美。社会美是以生产力一定发展阶段为基础的社会关系中所体现出来的美,主要包括:1. 劳动美(体力劳动美,如原始狩猎画、采茶扑蝶舞,以及农工业生产中的美,如麦田、菜地、工厂、油井等景象);2. 道德美(体现在社会关系中的以仁为道的人道主义,这种社会关系包括家庭关系、亲友关系、情侣关系、师生关系、邻里关系、社群关系、经济交往、政治交往、文化交往,等等)(吴云生:《论道德美的美学特征》,《江西大学学报》(社会科学版),1990 年第 1 期);3. 人体美(童真之美、阴柔之美、阳刚之美、阅历之美);4. 心灵美(善良之心、恻隐之心、正义之感、大公之心);5. 制度美(自由与民主、公平与正义、富裕与幸福、完美与和谐)。

这是人们心灵中长期积淀起来的美的理想或理念(即模式、模型、范式等)的感性显现。这里让我们重点看看劳动美、人体美与制度美。

1. 劳动美

劳动美是人们在生产劳动中所形成和表现出来的美,是人们内心的劳动美的外在表现,直接表现为人的体力、智力、才能、品格等特点。劳动美是社会美的最基本的内容,它使人的自由、自觉的创造活动以及体力、智力、品格、意志、情感等本质力量最直接、最集中地体现在生产劳动之中。

马克思认为，劳动创造了美。首先表现在劳动使劳动自身成为审美对象，使劳动者、劳动过程、劳动工具、劳动场面、劳动环境、劳动对象、劳动产品成为审美对象；其次表现在人类的生产劳动作为调节人和自然关系的感性活动，是合目的性和合规律性相统一的活动，是显现和外化了的人的本质力量的活动，也就是劳动创造的美；第三，表现在随着社会历史的不断进步，劳动美的真正美学性质才会完全恢复，生产劳动的美才会摆脱一切束缚，充分展现和发展起来；第四，表现在在社会主义和共产主义条件下，劳动已成为乐生的第一需要，因此人们比以往任何时候都更深刻地感受到劳动本身的美，包括劳动过程、劳动环境、劳动工具、劳动组织、劳动产品、劳动成果以及劳动主体——劳动者自身的美（包括服饰、身姿、动作、力量、技巧等之美）。

原始人狩猎场面的勇敢美，古代劳动号子的歌声美，采茶姑娘的身姿美，铁匠打铁的力量美，现代机械轰鸣的高亢美，油井耸立的崇高美等，按照黑格尔的说法，所有这些美都是受到"心灵[精神]渗透和影响的"的美，是"观念化"了的美。（《美学》，第一卷第215页）

2. 人体美

早在古希腊时代，人体雕刻就已成为时尚，黑格尔把人体雕刻列为古典型艺术的范畴，进行了详细的论述。他认为，"人的形体，作为精神的表现，对于艺术家来说是现成的。……在躯体的形状、特点、姿势和习惯等方面，艺术家也发见到人的体形是精神的内在生活的反映"（《美学》，第三卷上册第127页）。而在他看来希腊人的形象最"符合美的理想"。例如，他专门论述了希腊人的面部轮廓、身体姿势和运动、服装。在他看来，从面部轮廓看，希腊人的额和鼻联结起来，中间不断，使面孔显出一种美妙的和谐；从身体姿势和运动看，达到了"完美和自由"；至于服装，黑格尔认为最好是"遮盖得尽量地少"，尽量不把生动的圆形和波浪似的曲线遮盖住。因此他在提到在一次节日盛典中，美女弗里涅出场时赞叹道："这个最美的女人裸体跳出水来，面对着希腊全境的人们。"（同上，第三卷上册第132页）黑格尔对人体着装的要求在现代社会中已得到兑现，例如，现代女性的着装不仅流行露腿、露臂、露脐、露背，还有比基尼三点式泳装，甚至还有裸体浴场。但雕刻中人体形象的缺陷是没有眼睛的目光和皮肤的颜色，这些缺陷只能在浪漫型艺术中得到弥补。当然，我们不可能赞成黑格尔鼓吹希腊人的形体美的观点。但人体美确如黑格尔所指出的那样，是人的内在精神生活的表现，是内在精神和外在形象的协调一致。因此我们欣赏人体美切不可单看其外表，更重要的是通过其外在的形象美透视其内在的灵魂美。

下面我们考察一下我国人体美从古典美到现代美的演变。

首先，我们看我国古典人体美。我国古典文学作品中对人体美的正面描写不多。例如，描写女性人体阴柔之美："闭月羞花之貌，沉鱼落雁之容。"具体是如写妲己"乌云秀发，杏脸桃腮，眉如春山浅淡，眼若秋波宛转；隆胸纤腰，盛臀修腿，胜似海棠醉日，梨花带雨"，写杨贵妃"云想衣裳花想容，春风拂槛露华浓。若非群玉山头见，会向瑶台月下逢"(李白)，"天生丽质难自弃……云鬓花颜金步摇……芙蓉如面柳如眉……雪肤花貌参差是……"(白居易)。再具体一点如写潘金莲"但见他黑鬒鬒赛鸦鸰的鬓儿，翠弯弯的新月的眉儿，香喷喷樱桃口儿，直隆隆琼瑶鼻儿，粉浓浓红艳腮儿，娇滴滴银盆脸儿，轻袅袅花朵身儿，玉纤纤葱枝手儿，一捻捻杨柳腰儿，窄星星尖翘脚儿""这妇人年纪不上二十五六，生的这样标致。但见：眉似初春柳叶，常含着雨恨云愁；脸如三月桃花，暗带着风情月意。纤腰袅娜，拘束的燕懒莺慵；檀口轻盈，勾引得蜂狂蝶乱。玉貌妖娆花解语，芳容窈窕玉生香。吴月娘从头看到脚，风流往下跑；从脚看到头，风流往上流"(《金瓶梅》)。

又如，描写男性人体阳刚之美的有：刘备，身长七尺五寸，两耳垂肩，双手过膝，目能自顾其耳，面如冠玉，唇若涂脂；张飞身长八尺，豹头环眼，燕颔虎须，声若巨雷，势如奔马；关羽，身长九尺，髯长二尺，面如重枣，唇若涂脂，丹凤眼，卧蚕眉，相貌堂堂，威风凛凛；曹操，身长七尺，细眼长髯；诸葛亮身长八尺，面如冠玉，头戴纶巾，身披鹤氅，飘飘然有神仙之概。

我们再看我国当代关于人体美的描述。如温柔型女孩："白皙的皮肤在太阳的照耀下似乎吹弹可破。细长的柳叶眉下面一双大大的眼睛，红宝石般的瞳孔映出周围的一切，长长的睫毛随着眼睛的眨动上下飞动。小巧而不失细致的鼻子均匀地呼吸，如蔷薇般诱人的红唇可爱地嘟着。深红色的秀发被故意高高地扎起了一个歪歪的马尾，耳朵后面别着故意留下来的两缕头发。白色的T恤，没有任何图案，只是单纯的白色，金色的绲边，外面套着及胸的黑色小外套，披着黑白格子的大围巾。黑色的短裙，及膝的带有蕾丝的长筒白色的袜子，脚下是一双灰色的长筒女王靴。”这就是典型的现代女性。

再如粗野男孩：“只见他身材伟岸，肤色古铜，五官轮廓分明而深邃，犹如希腊的雕塑，幽暗深邃的冰眸子，显得狂野不拘，邪魅性感。他的立体的五官刀刻般俊美，整个人发出一种威震天下的王者之气，俊美的脸上此时噙着一抹放荡不拘的微笑。”这就是具有阳刚之美的典型男孩形象。

以上所述就是我国古典和现代人体美的“审美思维结构”，即康德所说的“图式”“图型”“理念”或“理想”，它们既与感性直观同类，又与知性概念同类，是感性直观与知性概念的“中介”或“桥梁”。而随着时代的变迁，我国人体美的理念或理想（即外貌和气质的统一体）的变化非常大。正是这种储藏在人们心灵中的理念或理性（模式、图型）成为拉兹洛所说的青年人求偶交友、老年人择婿选媳的“审美思维结构”。看得出这种思维结构在历史长河中绝不是静止不动的，而是不断演变的。现在我们可以得出结论：审美活动的本质无非是人们把心中所储存的图式或图型提取出来，与感官印象进行配比，从而做出审美判断的过程。因此不理解“审美思维结构”，就不能真正理解审美活动。

3. 制度美

早在古希腊时代，柏拉图就提出了“制度美”概念，认为制度美是“理念”的“分有”。所谓的制度美在我们看来，无非是人们的美好社会理想在人与人之间的社会关系结构中体现出来的美，即给人带来愉悦情感的东西。其中包括婚姻结构、政治结构、经济结构等。这里我们只谈谈社会理想的政治结构美，包括自由、民主、人权与法制等内容。

（1）自由。在康德看来，自由是一种理念，是“自己决定的能力”。我们知道，马克思的政治理想是建立“自由人联合体”，并提出“每个人的自由发展是一切人自由发展的条件”（《共产党宣言》）。卢梭在《社会契约论》中说：“人是生而自由的，却无往不在枷锁之中。”裴多菲诗曰：“生命诚可贵/爱情价更高/若为自由故/两者皆可抛。”电影《夜半歌声》插曲《热血》（田汉词，冼星海曲）唱道：“谁愿意做奴隶/谁愿意做马牛/人道的烽火燃遍了整个欧洲/我们为着博爱平等自由/愿付任何的代价/甚至我们的头颅/我们的热血地伯尔河似地奔流/任敌人的毒焰胜过科利色姆当年的猛兽/但胜利终是我们的/我们毫无怨尤/瞧吧/黑暗快要收了/光明已经射到古罗马的城头……”

我们的革命先烈正是满怀这种自由美的理想英勇奋斗、流血牺牲、前赴后继，才迎来了新中国的。我国宪法赋予了人民以广泛的自由权，就是证明。

（2）民主。中共创始人陈独秀说："政治上的民主主义和经济上的社会主义，是相成而非相反的东西。"邓小平说："没有民主就没有社会主义。"我们党是高喊"自由""民主"的口号，同国民党反动派进行殊死搏斗而最后赢得胜利的。目前我们的政治体制改革的核心内容就是实行社会主义的民主政治。可见，高举民主旗帜、建立民主政治制度，已经成为我国各民族人民的美好理想。

（3）人权。众所周知，在欧洲启蒙运动时期，格劳秀斯、斯宾诺莎、霍布斯、洛克、卢梭等人就提出了"天赋人权论"，认为人人都平等享有自然权利，包括生命权、财产权、自由权等。1948 年联合国更通过了《世界人权宣言》，我国是签约国。该宣言是人权史上具有里程碑意义的文件。例如，宣言第一条宣称："人人生而自由，在尊严和权利上一律平等。他们赋有理性和良心，并应以兄弟关系的精神相对待。"第二条宣称："人人有资格享有本宣言所载的一切权利和自由，不分种族、肤色、性别、语言、宗教、政治或其他见解、国籍或社会出身、财产、出生或其他身份等任何区别。并且不得因一人所属的国家或领土的政治的、行政的或者国际的地位之不同而有所区别，无论该领土是独立领土、托管领土、非自治领土或者处于其他任何主权受限制的情况之下。"与《世界人权宣言》相关的文件还有我国政府于 1998 年 10 月签署的联合国《公民权利与政治权利国际公约》。所有这些文件都体现了天赋人权精神，被包括我国政府在内的世界上绝大多数国家所遵守。

（4）法制。人们在行使自由、民主和人权的天赋权利时，并不是为所欲为的，而必须受相关法律的保护与约束，这就是法制。例如，《世界人权宣言》就明文规定：

"人人在任何地方有权被承认在法律前的人格。"（第六条）

"法律之前人人平等，并有权享受法律的平等保护，不受任何歧视。人人有权享受平等保护，以免受违反本宣言的任何歧视行为以及煽动这种歧视的任何行为之害。"（第七条）

"任何人当宪法或法律所赋予他的基本权利遭受侵害时，有权由合格的国家法庭对这种侵害行为作有效的补救。"（第八条）

"任何人不得加以任意逮捕、拘禁或放逐。"（第九条）

总之，上面所谈就是人类文明的制度美的例证，应被人们正确理解。

结　束　语

《人本主义美学概论》到此可以结束了,相信我已经把自己的基本观点说清楚了。不过这里我还想重申以下几个问题。

首先,关于马克思的1844年《手稿》。《手稿》是马克思主义生成史上的里程碑,是马克思主义的真正诞生地和秘密,但一百多年来,人们对它的历史意义却有许多误解,这主要表现在西方马克思主义者力图把他拉向人道主义,而教旨主义的马克思主义者们则想把它引向阶级斗争论、暴力革命论和无产阶级专政论,为此他们不惜贬低它的理论价值,甚至指责它具有不成熟性。但我们所关心的是《手稿》中所包含的美学思想,这些思想主要包括:1.“人化了的自然界”思想;2.“劳动创造了美”的思想;3.劳动是“自由自觉的活动”的思想;4.“自然的人本主义”与“人的自然主义”相统一的思想;5.“从理论方面来说”,植物、动物、石头、空气等自然物是“科学的对象”和“艺术的对象”,是“人的意识的一部分”,是“人的精神的无机自然界”,是人的“精神食粮”的思想。这些思想的美学价值是无比珍贵和不容置疑的,理应成为马克思人本主义美学的指导思想。

其次,关于唯心主义。在主流派意识形态中,唯心主义成了过街老鼠,人人喊打。我们知道,二十世纪五十年代初,在中共中央直接领导下,我国开展了对知识分子的“思想改造运动”,随后就开展了对形形色色资产阶级思想进行的大判断。正是在这一历史背景下,由《文艺报》带头,起把朱光潜的美学思想作为资产阶级唯心论进行全面清算。早在1954年10月16日毛泽东主席给中共中央政治局和其他有关同志的《关于〈红楼梦〉研究问题的信》中就提出对唯心论进行批判。毛主席认为俞平伯的《红楼梦》研究是胡适派资产阶级唯心论,在古典文学领域毒害青年三十余年。根据毛主席的指示,中国文联、中国作协连续召开扩大联席会议,展开了对资产阶级唯心论的斗争。1955年1月26日,中共中央发出《关于在干部和知识分子中组织宣传唯物主义思想,批判资产阶级唯心主义思想的演讲工作的通知》,4 月 11 日,《人民日报》发表《展开对资产阶级唯心主义思想的批判》社论,把反对唯心主义作为一场在思想战线极其复杂和尖锐的阶级斗争来对待。这样一来,在美学大讨论中就谁也不敢沾上唯心主义的边了。于是著名翻译家和美学家吕荧由于与美学家高尔泰坚持美的主观性观点,被不加区别地扣上主观唯心主义帽子加以批判和否定,最后以悲剧收场,含冤去世。但今天回过头来,我们应该为唯心主义正名,再也不能对它作全面否定了。众所周知,马克思在 1845 年《关于费尔巴哈的提纲》中说:“和[旧]唯物主义相反,能动的方面却被唯心主义抽象地发展了。”因此即使是真正的唯心主义,也不能全盘予以否定,例如,本书对康德的主观唯心主义美学观点和黑格尔的客观唯心主义美学观点所包含的合理内容就作了充分的肯定。而相反,对所谓的唯物主义美学家们的贡献却似乎乏善可陈。

第三,关于人本主义美学。我们一再申明,我们的人本主义美学是以马克思 1844 年《手稿》为指导思想的,我们相信我们的论述是比较充分的,如果谁还要以机械唯物论的“反映论”观点为武器来指责我们的观点是唯心主义的,那就公开站出来批驳马克思《手稿》中的美学思想,或指出我们对马克思《手稿》中相关论述的曲解。

第四,关于美的教育。“德智体美全面发展”是我们新中国成立之初就提出的响亮口号,这是完全符合马克思关于人的全面发展的理论的。因此从儿童起对他们大力进行美的教育,培养正确的审美意识,是我们民族兴旺发达、避免以阶级斗争为纲、恢复传统精神文明的重要保证,希望各级教育部门引起高度的重视。

感谢与希望。本书的出版首先要感谢江西高校出版社,其不仅肯定了本书的学术价值,而且安排了专业水平很高的编辑陈永林、涂亮进行审稿和编辑。这里,本书作者还希望得到专家学者和广大读者的批评指导,以便对本书加以改进和提高,更希望有兴趣的青年学者参与进来,共同推进人本主义美学研究。

2017 年 8 月 7 日于黑龙江大学

主要参考文献

[1]马克思. 1844 年经济学—哲学手稿[M]. 刘丕坤,译. 北京:人民出版社,1979.

[2]亚里士多德. 形而上学[M]. 吴寿彭,译. 北京:商务印书馆,1981.

[3]康德. 判断力批判[M]. 邓晓芒,译. 北京:人民出版社,2002.

[4]黑格尔. 美学[M]. 朱光潜,译. 北京:商务印书馆,1979.

[5]拉兹洛. 系统、结构和经验[M]. 李创同,译. 上海:上海译文出版社,1987.

[6]陈兆复、邢琏. 原始艺术史[M]. 上海:上海人民出版社,1998.

[7]北京大学哲学系美学教研室编. 西方美学家论美和美感[M]. 北京:商务印书馆,1980.

[8]费尔巴哈. 费尔巴哈哲学著作选集[M]. 荫庭等,译. 北京:三联书店,1962.

[9]斯托洛维奇. 审美价值的本质[M]. 凌继尧,译. 北京:中国社会科学出版社,1984.